浙江省现代职业教育研究中心后期资助项目"地方政府履行发展职业教育职责研究"（2017jdhq01）研究成果

全国教育科学"十二五"规划教育部重点课题"地方政府履行发展职业教育职责的实证研究"（课题编号DJA120297）研究成果

现代职业教育研究前沿论丛

丛书主编：方展画 胡正明

地方政府履行发展职业教育职责研究

DIFANG ZHENGFU LVXING FAZHAN
ZHIYE JIAOYU ZHIZE YANJIU

翁伟斌 著

ZHEJIANG UNIVERSITY PRESS
浙江大学出版社

"现代职业教育研究前沿论丛"总序

职业教育是国家教育体系中不可或缺的重要一翼。伴随着现代化建设进程的加快,我国职业教育的规模不断壮大。时至今日,我国已经建成了世界上规模最大的职业教育体系,党的十八大报告中提出的"加快发展现代职业教育"更是将职业教育由"大"变"强"作为共同愿景上升到了国家战略的高度,表明了我国加强现代职业教育的决心和信心。职业教育不仅大有可为,而且大有作为。作为其中重要的理论支持,职业教育研究也应当大有可为,大有作为。

一个领域的研究水平往往代表着这个领域的发展水平,作为教育学中的"后生",我国职业教育研究的历史并不算长,但研究热情之高、总体趋势之好、形式内容之丰富都是前所未有的。一大批职业教育人将职教研究作为追求的方向与目标,积极回应和破解职业教育改革发展中的现实问题、重点问题、难点问题,积极探索中国特色职业教育的发展路径,取得了一批高水平、有影响、可借鉴的研究成果,推动了职业教育的发展。

但同时也应该看到,职业教育研究的总体成就与其他学科相比仍有差距,在国际舞台上的声音还不够响亮。职业教育尚有许多理论问题和实践问题需要通过深入的科学研究来进一步厘清和解决。在这样的时代需求中,"现代职业教育研究前沿论丛"的主编单位——浙江省现代职业教育研究中心应时而谋,顺势而生。中心前身为金华职业技术学院高职教育研究所,作为浙江省成立较早的高职教育研究所之一,多年来致力于专深的职教研究。为适应新常态、谋求新作为、实现新发展,2012年5月,金华职业技术学院联合浙江省教育科学研究院成立了浙江省现代职业教育研究中心。2013年1月,中心获批成为"浙江省哲学社会科学扶持型研究基地";2015年2月,中心正式成为"浙江省哲学社会科学重点研究基地",是浙江省目前唯一依托高职院校的省级哲学社会科学重点研究基地。浙江省现代职业教育研究中心成立虽然只有四年时间,但以金华职业技术学院高职教育研究所为起点,则有着十余年的发展历史。十余年来,依托国家示范性高职院校建设项目,中心取得了丰硕的成果。

作为职业教育的实践者、思考者和记录者,中心始终紧扣改革主题,专注现代职业教育研究,不断发挥其在职教研究领域中的先导作用,形成了相当高的知名度和相当大的影响力。

现代职业教育的快速发展需要强有力的科学研究做支撑,而"现代"两字凸显发展职业教育的时代性,赋予职业教育新目标和新内涵,同时给职业教育研究提出了新命题和新要求。身处五年发展的交越期,职业教育即将进入一个全新的发展阶段,职业教育研究不仅要因势而动、积极求变,更要有的放矢、精准发力,围绕在新常态下职业教育的新议题展开一系列的思考和探索,用职业教育理论来说明和阐释职业教育实践,用职业教育实践来丰富和发展职业教育理论,使两者互为补充、齐头并进。这既是现代职业教育发展的现实要求,也是广大职业教育人的责任担当。浙江省现代职业教育研究中心正是抱着这样的初衷出版"现代职业教育研究前沿论丛"的,作为中心的一员,我深感快慰。

丛书由中心主任方展画和常务副主任王振洪共同主编,旨在通过优秀成果的集中展示反映当前职业教育的研究水平,可谓是职业教育研究者的一次集体思想行动。丛书的研究选题关注目前职业教育中的一些热点、难点问题。这套丛书基本代表了现阶段职业教育的理论前沿,将陆续呈现给读者。期待未来能有更多的职业教育研究者加入到这一集体行动中来,将先进思想通过"现代职业教育研究前沿论丛"落地生根,为职业教育走向未来注入新理念、新智慧和新方法,使更多人因此认识职业教育、认可职业教育、推崇职业教育!

借此机会,把这套丛书推荐给广大职业教育的支持者、改革者和实践者,同时瞩望浙江省现代职业教育研究中心继往开来、砥砺奋进、乘势而上,取得新的更丰硕的研究成果!

是为序,更为盼。

亚洲职业教育学会(AASVET)会长
中国职业技术教育学会副会长兼学术委员会执行主任
华东师范大学职成教研究所所长、教授、博士生导师
浙江省现代职业教育研究中心学术委员会主任

2016 年 7 月于上海

目　录

第一章　发展职业教育：
实现社会和谐的题中应有之义

职业教育是在现代工业逐步发展中产生的一种教育类型,在促进现代社会经济发展的同时也展现了良好的发展前景,并为人们提供了更多更好的就业机会,改善了就业困难的现状,减轻了社会及国家的负担。目前,我国新型工业化、农村城镇化和服务现代化的经济发展道路迫切需要大批技能型人才和熟练劳动者。作为宏观调控经济发展和促进社会进步的政府管理部门,应该顺应社会需求,及时掌握人才需求,谋划教育发展。人才的培养离不开学校教育,传统的普通学校难以做到将理论与实践相结合,难以培养出新型工业化所需人才,教育管理部门自然应该担负起帮助学校培养适应性人才的责任。在进行宏观调配和管理的同时,一个负责的政府应该秉承"管理即服务"的理念,切实履行发展职业教育的职责。

职业教育作为教育体系的重要组成部分,在构建和谐社会的进程中扮演着重要的角色。和谐社会的特征是"民主法治、公平正义、诚信友爱、充满活力、安定有序、人与自然和谐相处"。而职业教育在调整国家经济结构、提高劳动者素质、加快人力资源开发、拓宽就业渠道、促进劳动就业和再就业、解决"三农"问题等方面发挥着巨大的作用。发展职业教育是实施科教兴国战略和人才强国战略的内在要求。大力发展职业教育,有助于提高整个社会成员的综合素质与能力,为构建和谐社会提供人才保障。职业教育是造就高素质技术人才的重要手段;也是解决农村剩余劳动力,实现农业人口向城市人口转移的重要途径;还是调整人们的知识结构,培养创新型人才的重要措施;更是实现人力资源强国和落实科学发展观,促进社会和谐的根本保证。

当前,推进职业教育的进一步发展是时代的呼声。职业教育发展状况在一定程度上决定着芸芸众生的幸福和尊严。在现实中,当人们所期盼的职业教育并不能带来预期的效果时,对现状的任何抱怨,都只能加深自身的痛苦体验。超越纷繁复杂的现实,找到问题的症结和解决问题的思路,明确地方政府履行发展职业教育的职责,是解决我国职业教育问题的有效途径之一。

政府是一个社会政治组织的核心,是国家公共行政权力的象征,需要履行管理整个国家行政事务的职责。政府对国家行政事务的管理,一般而言,是通过行政权力的行使来实现的。在目前有关职业教育的研究中,绝大多数研究者都认为政府有必要介入到职业教育中,因为发展职业教育不仅使个人受益,而且公众和国家也会从中受益。相比企业和行业协会,政府在职业教育发展中具有调动全社会的人力、物力和财力的权力。职业教育对国家的经济意义被充分肯定,它的政治、文化和社会价值也越来越被重视和得到进一步证实。新中国成立以来,地方政府主导的职业教育发展是支撑我国职业教育发展的主要力量。我国在职业教育发展过程中所取得的成就(如普职在校生人数多年保持1∶1)主要源于地方政府的推动。因此,地方政府履行好发展职业教育职责,继续发挥地方政府推动职业教育的积极性,是促进我国职业教育改革和发展的主要途径,这一点已经充分反映在 2010 年 7 月党中央、国务院颁布的《国家中长期教育改革和发展规划纲要(2010—2020 年)》(简称《教育规划纲要》),以及随后印发的《关于开展国家教育体制改革试点的通知》(国办发〔2010〕48 号)的精神之中。

面对职业教育发展的现实和政府对职业教育在我国社会和经济发展转型期所具有的新的使命的认识,地方政府如何履行发展职业教育职责的话题备受重视。当今,"更少的统治、更多的治理"已经成为世界教育管理体制改革的大趋势。在走向教育公共治理的过程中,政府转变和履行教育职能是关键。在公共治理范式下,地方政府教育职能的转变是一个动态发展的复杂过程,其中,教育组织需要合理定位自身职能,需要让渡"不该管"也"管不好"的职能。在我国,地方教育组织是一个极其重要的教育行政环节,起着承上启下的作用,同时承担着最为繁杂的教育行政事务,其教育职能的定位与履行关系到教育整体的兴衰。

不管是国家层面还是地方层面,政府履行发展职业教育职责是人们关注的焦点。实事求是地看,各级政府在履行发展职业教育职责方面是有成效的,但也存在代价较大、成本较高的问题。从现状和趋势看,我国职业教育的改革历程远未结束,肯定还要继续下去。近年来,我国政府连续、密集地颁布各种职业教育改革发展政策,说明职业教育又进入了改革的高潮。职业教育既是整个教育体系的一部分,又是整个社会体系的一个子系统,地方职业教育的发展,离不开区域社会经济发展所提供的条件和所提出的基本要求;地方职业教育的发展,不仅要认真贯彻全国职业教育发展的方针和政策,还要认清地方经济社会发展的特殊背景。同时,地方职业教育的发展、地方人口素质的提升,对促进区域经济社会发展有着直接和间接的支持和帮助。因此，在区域综合发展过程中，加强对地方政府履行发展职业教育职责的研究，探索有利于促进地方经济社会良性发展的职业教育发展策略，因地制宜地贯彻国家的职业教育方针和政策，对地方的整体发展具有重大的现实意义。

第一节　我国职业教育的发展历史与政策发展趋势

一、我国职业教育发展的历史轨迹

（一）职业教育体系的初步建立

我国公共职业教育系统始建立于 19 世纪末，但在此之前已经建立了一个可以培训技术工人的体系。1917 年，由黄炎培、蔡元培牵头在上海成立了"中华职教社"，该社以推广职业教育为目的；1920 年，中华职教社成立了职业指导部。此外，在 1913 年至 1933 年间，国民政府颁布了与教育有关的各种法律，其中包括《职业学校法》。中华人民共和国成立后，随着对旧社会教育的改造，职业教育进一步融入国民教育体系之中。

（二）职业教育体系的进一步发展

1.全球职业教育体系的塑造

在现代社会工业化和民主国家形成的过程中，许多国家纷纷成立了职业教育管理部门。从社会氛围和规范出发，这一举措在很大程度上被认为是为年轻人以后参与工作而做的准备。鉴于每个国家的特殊情况，这些教育部门的发展虽然具有相似的目标，即努力建立一个大众教育制度而不是专属于精英的机构，但具体表现各异。这一时期提供更高层次教育的需求发生了重大变化，以满足越来越多的新出现的专业和技术的需要。然而，似乎并不是所有国家都努力使职业教育部门的进程和目标与这些发展水平相一致。因此，政府在促使职业教育制度提升方面的角色变得越来越突出。

2.我国职业教育的进一步发展

在我国传统上，手工行业长期处于次要地位。长久的封建制度和儒家思想深深扎根于中华文化之中，使得大众在很长一段时间里高度尊重公务员，但对蓝领和商人存在偏见。由于中国社会持有这种普遍的态度，许多年轻人寻求高等教育而非职业教育。另外，我国占主导的儒家哲学思想认为，"劳心者治人，劳力者治于人"。职业教育往往得不到应有的重视，被认为是没有资格进入高等教育体系的人接受教育的途径。因此大多数中国父母并不愿意将他们的孩子送到职业教育机构,取而代之的是迫使孩子去追求更高的教育学历。

若要社会同等重视高等教育和职业教育,只有将学术与职业教育结合起来才行。长期以来,培训主要发生在农业部门。但随着中国工业化的进一步发展,经济发展需要更多的高素质人才,这就要求职业技术技能培训的标准要更高,技术培训的服务也要更好,特别是提高离开农村就业的工人的素质应是未来十年的主要任务之一。由此,20 世纪 80 年代的一系列改革政策促使学者对职业技术教育研究的兴趣不断增加。1996 年 5 月,第八届人民代表大会通过了《中华人民共和国职业教育法》(简称《职业教育法》),于同年 9 月 1 日正式实施。该法明确指出,"职业教育是国家教育事业的重要组成部分,是促进经济、社会发展和劳动就业的重要途径"。随后,1998 年教育部制定的《面向 21 世纪教育振兴行动计划》指出,"积极发展职业教育和成人教育,培养大批高素质劳动者和初中级人才,尤其要加大教育为农业和农村工作服务的力度"①。这一系列法律政策的颁布和实施,从法律层面上确立并保证了职业教育在我国教育系统中的地位,标志着职业教育的发展与我国经济和社会的发展紧密相连,从此职业教育的发展进入了新纪元。

(三)职业教育政策的完善和遗留问题

经过初步建立和进一步发展的阶段,我国的职业教育在法律和大量政策文件的保驾护航下得到了快速有效的发展。但这一时期的成绩是学习西方发达国家取得的,其负面效应便是没有与中国实际情况相联系,缺乏教育体系的连续性,因此越来越多的教育决策者呼吁建立具有我国自身特色的职业教育与培训机制。根据 1996 年颁布的《职业教育法》,国家有义务在全国建立全面的职业教育体系。这项义务包括国家需要颁布职业标准、实施认证制度和鼓励行业通过激励措施参与培训;鼓励雇主在其公司开发培训体系并允许其申请经济支持,同时雇主还必须根据公司的条件和要求为工人提供延伸服务;每个人都应该在学校进行至少 9 年的教育,在进入劳动力市场之前需要接受职业培训。时任国务院总理温家宝在 2005 年 10 月 7 日指出,中国每年需要 2400 万名新的劳动力,这只有在农村人口接受培训的情况下才能提供。

因此,自《职业教育法》颁布以来,诸如《教育规划纲要》等一系列强而有力的政策文件,都强调了各级政府的职责,强调了地方政府要发展职业教育以服

---

① 面向 21 世纪教育振兴行动计划[EB/OL][2017-08-16]. http:// baike. baidu. com/ view/486181. htm.

务于农村发展,解决"三农问题",最终实现城乡一体化。这不仅与国际发展特征紧密相连,更重要的是,在紧密结合自身的实际特征、体现时代潮流的同时,还能通过建立具有中国特色的、灵活的、连续的、系统性高的现代职业教育体系反映出体现时代水平的职业教育发展的新气象。

二、我国现代职业教育政策的趋势特征

(一)受全球化的影响,彰显时代发展特征

全球化(globalization)包括了经济转型与文化变革,尽管学界对于全球化存有争议,但任何人都不可否认,这是一个重大的社会变革。有关全球化的争议主要集中在这个加速国际化进程的变革在多大程度上是由特殊的时代造成的,而不仅仅是在长期以来的历史趋势的延续这个问题上。但现在的关键问题不在于探讨全球化是否是一种新的变革,而在于嵌入这种复杂现象中的矛盾的本质,即它将采取什么形式,它应该采取什么形式,以及利益和成本分别是什么。总的来看,全球化是包含各国、各民族、各地区,在政治、文化、意识形态、价值观念等多层次、多领域的相互联系、影响、制约的多元概念。这种全球化的趋势是必然的,它对教育领域也产生了深刻的影响。

1.强调将职业教育事业摆在突出地位

全球化不可逆的时代背景使得职业教育的发展给一个国家的经济社会发展带来的影响越来越大。随着我国开始着手将经济从低成本、低技能出口模式向基于服务、创新和消费需求的经济模式的转变,需要对职业教育和培训(vocational education and training,VET)系统的结构、组织和规模进行重新评估和调整。一方面,经济扩张的能力是建立在有足够技术水平的工人身上的,因此培养所需的劳动力需要持续不断的教育,这主要是通过职业教育培养社会发展需要的技能;另一方面,职业教育为许多学生提供了未来生活的可能,即为将来有偿就业岗位做准备。美国著名教育学家杜威提出了职业教育的两个主要目的:第一,确定个人适合的职业;第二,协助他们发展有效的职业能力。杜威积极支持职业教育,认为职业训练是教育上的革新,是教育适应正在形成中的新社会生活的需要的一种努力。他反对狭隘的职业训练,要求将职业训练与文化修养有机结合起来,使从业者乐业,并了解所从事职业的社会意义。

为了应对经济社会发展的挑战,确保各级各类职业学校的人才培养和具体工作顺利地实现有机衔接,为学生提供足够的劳动力市场所必备的素质,职业教育的发展成为政府、社会、学生共同的需求。职业教育就是在这样的时代

要求刺激下而不断发展的。但目前社会对职业教育还存在一定的误解：一方面，需要职业教育培养人才，学生及家长也希望通过职业教育提升就业技能进而实现生活幸福；而另一方面，企业、学生及家长又认为职业教育相比于普通教育低人一等，因为现实存在只有学习不好的人才会进入职业院校这一社会普遍认可的假设。对此相关的职业教育政策法规文件直接反映了国家对于职业教育的重视，将职业教育事业的发展提升到了国家战略高度。例如，在《教育规划纲要》中就明确将职业教育与经济发展、就业、民生问题以及"三农"问题联系在一起，将其看作是解决这些重大问题的途径。这样不仅可以为职业教育发展提供好的政策环境，也可以为职业教育发展提供有力的舆论环境，使优质生源的纳入成为可能。

国家的有关政策体现了将职业教育与终身教育结合起来的发展理念，也体现了职业教育发展紧跟时代潮流的特征。例如，有关中等职业教育的重要政策提及职业教育的发展目标，即"到 2020 年，形成适应经济发展方式转变和产业结构调整要求、体现终身教育理念、中等和高等职业教育协调发展的现代职业教育体系，满足人民群众接受职业教育的需求，满足经济社会对高素质劳动者和技能型人才的需要"①。终身学习政策旨在通过寻求增加一般学习水平和技能水平的方式来应对这些全球经济变化。在终身教育理念的影响下，教育的目的是通过促进公民在完成义务教育和高等教育后积极参与继续教育，并鼓励公民更多地接受成人学习及继续教育和培训。由此可见，强调学习终身性的重要性，是满足劳动力为适应由于技术和组织变化而产生的技能需求的必要条件。然而，终身学习型社会的愿景远不止促进正式学习和有组织的学习的增加，还从根本上提高了学习类型的多样性。就政府层面而言，学习型社会是满足学习需求的最实惠和最适应的应对方式，建立学习型社会可以最终实现由人口大国向人力资源强国的历史性转变。

2.重塑地方政府的职能定位

对于公共政策领域而言，全球化的影响是显而易见的，因为治理理念的变化和公共部门的管理方式的改革是显而易见的。谈及全球化的政治方面，学者 Cerny 说道："全球化作为一种政治现象，基本上意味着政治竞争环境的形成在绝对单位内越来越多地被重新确定，即相对自主和分级组织的国家结构。它来自在多层次制度运动领域中，上方和跨界以及国家边界的多层次游戏的

---

① 国家中长期教育改革和发展规划纲要（2010—2020 年）[EB/OL]. [2013-05-20].
http://www.gov.cn/jrzg/2010-07/29/content_1667143.htm.

复杂凝聚。"①教育作为主要的公共政策之一,不免受到管理主义和市场化的强大的变革浪潮的影响,这使它在全球的公共管理中变得非常受欢迎。

"新公共管理""财政分权""有限政府"的理论和相应的全球实践无疑影响了当前我国政府对地方政府在职业教育的管理中职责的改革和调整。职业教育政策中强调了地方政府是职业教育发展的主导者,强调了地方统筹的职责,而且近些年也在逐渐将职业教育的财政权力慢慢转移到地方政府手中。这在一定程度上表明,全球化使得地方政府角色地位空前提升,地方政府不再仅仅充当政策的执行者和参与者,更重要的是还承担了主导者的角色。

（二）权力下放成为不可逆趋势,地方政府角色更加突出

过去二十年来,大多数发达国家的职业教育和培训监管工作几乎在不断地发生变化,已经形成了传统普教思维、理念和现代职教思维、理念的碰撞,新旧制度间的碰撞。制度不完善时期的制约因素与扩展需要并存,由此所引发的论争增添了改革的内容。

1.权力下放,强化地方统筹已成国际教育管理改革中的共同趋势

很多发达国家对教育工作的监管和治理已经远离了中央政府对教育进程的直接管理控制,尽管教育管理权下放的形式多种多样,但都是以最大限度地调动地方办教育的积极性、促使地方对本地教育的发展给予极大的关心和投入为宗旨的。许多国家的政府已经开始将中央各部门和机构的职能定位为按目标进行指导而不是进行实际的管理。② 在这种情况下,中央政府负责制定总体目标以及部署战略任务,较低级别的政府和机构负责思考如何实现这些目标以完成任务。政府和相关机构实施绩效考核制度,绩效可以根据目标设定和资金激励措施来进行衡量。虽然目标设定和评估可能涉及新形式的中央控制模式,例如英国采用国家课程和标准,但是新形式的中央控制模式的实际效果通常被认为是教育分权的表现形式。

权力下放的具体表现形式在每个国家政府中都不尽相同。一些国家的学校教育——例如在西班牙或比利时的语言社区里——已经大大下放了权力。北欧国家,特别是芬兰、挪威和瑞典,其更为典型的变化模式表现为将更多的责任下放到了直辖市和地方一级,减少了中央政府和地方当局的行政职能。

① Cerny P G. Paradoxes of the competition state: The dynamics of political globalization [J]. *Government and Opposition*, 1997, 32(2): 251-274.

② Green A. The many faces of lifelong learning: recent education policy trends in Europe[J]. *Journal of Education Policy*, 2002, 17(6): 611-626.

英国和荷兰等国家降低了中间层级的权力,并将这些机构的行政和预算权力大大赋予具体执行的教育机构。虽然各国权力下放的形式多种多样,但不可否认的是,这些变革的方向都是一致的,即更倾向于将主要决策权放在区域和地方当局,并将部分决策权放在市场及相关机构。

地方政府作为国家政治体制的必要组成部分,其存在保障了国家政治统治的稳定和社会的发展,对推动社会进步具有重要的作用。首先,我国近年来的地方财政收入约占国内生产总值的8%,预算外收入(主要来自土地的收入)占国内生产总值的3%,预算外支出接近国内生产总值的14%,预算外支出增加占国内生产总值的2.5%。[①] 职业教育制度的管理可以理解为中央政府和教育部门与地方当局、职业教育机构、企业、商业组织以及非政府组织之间的有效互动,旨在确保更好地运作、发展职业教育机构,以提高其在国际教育服务市场的竞争力,并获得高质量的职业培训成果。地方职业教育管理是地方和教育部门、地方政府、职业教育机构(无论其所有权和行政从属地)的整合过程,其目的是切实实施地方性教育政策,形成地方教育环境,确保未来专业的职业培训质量,全面提高从地方到全国的教育服务市场中的职业教育机构的竞争力。在我国的一系列关键政策文件中,权力下放以加强地方统筹的责任和能力已成为改革不可动摇的方向,并已深入实践层面。中央政府正在寻求将某些决策下放到地方一级,因为下放的结果会比通过更集中的治理制度更为直接和更容易实现。

《教育规划纲要》明确指出"强化省、市(地)级政府发展农村职业教育的责任,扩大农村职业教育培训覆盖面,根据需要办好县级职教中心",在中等教育领域,要求进一步强化各级地方政府履行发展职业教育的职责,将发展中等职业教育落到实处,进一步加大对中等职业教育的投入;在高等职业教育领域,再次强调了"强化地方政府统筹发展职业教育的责任"以及"以地方政府为主的管理体制",这与《教育规划纲要》中提出的"加强省级政府教育统筹管理"的要求是一脉相承的。此外,中央财政自2014年开始,对高等职业教育的经费投入主要以一般性转移支付的方式下放给了省级政府。[②] 由此可以看出,省级政府对区域内发展职业教育事业负有更重要的职责。

---

① Gordon R H, Li W. *Provincial and Local Governments in China: Fiscal Institutions and Government Behavior*[M]. Chicago: University of Chicago Press, 2012: 337-369.

② 林宇. 准确把握和落实高等职业教育创新发展行动计划[J]. 中国职业技术教育,2016(4):10-11.

2.强调职业教育支持力量来源的多样性、灵活性以及协调性

职业教育在地方经济中的作用越来越大。在当下,职业教育被认为是教育、科学和工业之间综合互动的完整性系统,是促进学生成长、为终身学习做好准备,且让学生能够进行某种专业活动,并提高其在劳动力市场竞争力方面的必要手段。由于这种突出的作用,国家为达成社会控制的目的,完全可以独自掌控职业教育的发展。然而,在多数国家,政府向社会伙伴下放更多的权力却是一个明显的趋势,尤其是鼓励雇主投入以促进更多更高质量的职业类培训。经费投入往往是影响职业教育发展的决定性因素。在这方面,政府作为经费支持的主要来源直接影响着职业教育的发展,其支持力度体现出政府履行职业教育发展职责的实际水平。除此之外,职业教育资源来源的多元性、灵活性和整体协调性也是地方职业教育健康快速发展所需要的。许多发达国家非常注重在政府投入为主体的基础上,积极培育多元化职业教育经费投入机制,从而形成中央政府、地方政府、企业、个人多方筹资的经费投入系统,从而为职业教育的科学发展提供可靠的经费保障。

当前,我国以政府投入为主,多教育者合理分担,其他多种渠道筹措经费的职业教育经费投入机制正在形成。地方财政性教育经费投入的比重超过国家的投入比重正成为一种趋势。2011年,全国中等职业教育的国家财政性教育经费投入占中等职业教育经费总投入的76.84%。在全国31个省、自治区和直辖市(不包括港澳台)中,有22个省份中等职业教育的财政性教育经费投入占中等职业教育经费总投入的比重超过国家水平(76.84%)。其中,西藏最高,达到99.60%,其次是内蒙古为90.65%,再次是青海为88.26%,最低的两个省份分别是湖南66.28%和湖北66.31%。[1]在以地方政府投入为主的情况下,我国职业教育发展中企业、行业协会的参与也逐渐增多,不仅仅表现在经费投入这一单一方面,也表现在更加直接地参与职业教育过程。国家提倡在职业教育中发展学徒制的政策,正好为企业、行业协会参与职业教育的课程建设、学生培养等提供了支持。

---

[1]　苏敏.我国职业教育经费投入的成绩、问题与政策建议[J].职教论坛,2013(25):5.

（三）与我国实情紧密结合，强调农村职业教育的发展

1.我国农村教育问题的严峻性和紧迫性

目前我国教育事业发展最重要的目标在于实现由人口大国向人力资源强国的转变。2017年，我国13亿多人口中农村居民约占8亿，随着城乡劳动力的流动，农村劳动力在城镇化进程中的作用愈加凸显。因此，农民接受的教育质量与社会经济发展息息相关，这在某种程度上比中国农村的整体问题更应该受到权力部门的重视。教育对农村经济发展具有重要意义，农村教育与城市教育的区域差异也是经济增长不平衡的重要因素。大量的研究显示，中国农村教育呈现区域差异化的明显特征；区域之间存在显著差异，而且差距越来越大。

教育发展在很大程度上由经济发展水平决定，即教育投入水平在一定程度上决定教育发展水平，经济落后导致教育供给不足，经济和文化的不平衡发展再次引起了地区差距的巨大变化，从而出现两极分化的趋势。Azardis 和 Drazen 的研究表明，中国在人力资本积累和教育投资中存在着"低发展陷阱"[①]。社会经济区域差异和城乡两极分化带来的直接后果是区域差异，城乡教育投资与社会差距、教育差距的扩大加剧了区域发展差异，差异可进一步扩大区域教育差异，从而成为一个闭环的循环圈。要最终解决经济发展差距问题，达到均衡发展的目标，其中一个关键在于协调不同领域的农村教育的发展：贯彻通过教育的普及扶持穷人的思想观念，改变教育资源配置不平等的局面，避免"低发展陷阱"。通过教育扶持穷人意味着通过提高农村居民，特别是落后农村的教育水平和居民的专业技能，促进当地经济发展。教育本身不仅对经济社会有长远和根本的影响，更重要的是通过经济方式扶持穷人。这充分说明农村教育问题的严重性和急迫性，作为农村教育中的一部分，农村职业教育的发展问题不仅需要在国家层面通过财政转移的措施支付平衡省域间的不平衡，更重要的是通过地方政府的努力来实现地区职业教育的发展。

2.职业教育指导政策中的"农村倾斜"

职业教育是一项重要而有价值的教育事业，其目标和进程旨在满足社会、经济和个人的需求，让受教育者获得某种职业或生产劳动所需要的职业知识、技能和职业道德的教育，通过满足个人的就业需求和工作岗位的客观需要，进而推动社会生产力发展。《教育规划纲要》明确提出"面向农村的职业教育"，这要求当地政府承担起本地区职业教育的发展任务。同时，这一政策趋势也

---

① Azardis C, Drazen A. Threshold externalities in economic development[J]. *Quarterly Journal of Economics*, 1990, 105(2)：501-526.

充分地展现了我国职业教育体系经过改革开放四十年的探索,在不断借鉴国外先进的实践经验的过程中,开始注重自己国家的发展实情和面临的独特挑战和困局。农村问题是我国实现富强繁荣的关键,党的十七届三中全会通过的《中共中央关于推进农村改革发展若干重大问题的决定》指出,"建立促进城乡经济社会发展的一体化制度,到 2020 年,城乡经济社会发展一体化体制机制基本建立城乡一体化"①。2002 年,国务院颁发了《关于大力推进职业教育改革与发展的决定》,提出农村和西部地区的职业教育是今后一段时期职业教育发展的重点。自十一届三中全会以来,党和政府就对"三农"问题倾入大量的关注,在实施农村改革的同时,恢复了农村职业教育的地位,使农村职业教育担负了更多的职能,并使其受到政策决策者的高度重视。职业教育政策向农村倾斜,积极促进发展"面向农村的职业教育",要求地方政府承担起主导者的角色,这不仅是保证农村职业教育发展最为根本的途径,也是我国特色的职业教育政策最明显的体现。

第二节　政府必须切实履行职业教育发展的职责

当今中国面临的最大的问题是民生问题,在教育、就业、分配、社会保障等四大民生问题中,教育问题是民生问题的核心。优先发展教育、大力发展职业教育是解决民生问题的重要途径之一。随着社会的转型发展,职业教育在我国处于一种矛盾和复杂的状态:第一,职业教育作为一种不可替代和缺少的教育,无论是对于国家还是对于社会和个人,都有着十分重要的价值,是一种世界各国高度重视,并放在重要战略地位的教育;第二,在传统社会观念中职业教育不被"欣赏"和"青睐",被打上"次等教育"的印记,是"学业失败者"的选择。在现实中职业教育存在与其"战略地位"不相协调之处,表现在:在满足社会和个人需要上,它的发展水平和质量还不令人满意;在开放性上还是一种可以没有门槛的教育;它的办学条件和经费保障还有待提高。这些从根本上影响职业教育的价值实现和进一步发展。经过三十多年的实践,面对职业教育发展的现实和政府对职业教育在我国社会和经济发展转型期所具有的新的使命的认识,职业教育在新时期受到很大关注,被我国政府视为促进和实现社会和谐与公平的重点之一。

---

① 中共中央关于推进农村改革发展若干重大问题的决定[EB/OL]. [2017-02-05]. http://news. xinhuanet. com/newscenter/2008-10/19/content_10218932. html.

改革开放以来,我国职业教育实行的是"地方政府主导型"的教育管理体制,地方政府是职业教育发展的行政管理主体,各级政府从国家、省、市、县的教育行政主管部门中均设立了主管职业教育的机构(如教育部的职业教育与成人教育司、省教育厅职业与成人教育处、市教育局的职成教处、县教育局职成教科)进行统筹管理,这些机构需要落实上级主管部门职业学校学历教育、编制职业的专业目录和教学指导文件、制定教学评估标准并指导实施工作、指导职业教育教学改革和教材建设、指导社会力量举办各类职业教育学校的工作,以及职业资格证书考试等诸多职业教育的重要工作,在协调职业教育发展中发挥了重要作用。尽管目前地方政府已经开始挑起发展职业教育的重担,但是在社会特权、文化偏见以及各种强大的精英活动的影响下,该领域从来没有被真正地赋予应有的完全合法性,建设的道路依然充满曲折和坎坷。我们需要清楚的是,这些观点的后果将导致职业教育在公众和科学话语中被看作是狭隘的、无用的和面向低能力的个人的教育,致使它的全部潜力及其在其他教育和资金筹集方面的作用发挥得比以往更为有限。职业教育不仅能让学生掌握科学文化理论知识,而且更注重对学生实际操作技能和职业能力的培养,从这个意义上看,相比普通中、高等教育,职业教育与国家产业结构的调整与转型有着更加直接而密切的联系。这些都需要地方政府充分履行职教发展的职责,与该教育领域的人员一同认清现时的问题所在,不断根据各地实情,借鉴成果经验,谋求各级各类职业教育的进一步发展。

一、发展职业教育是政府的公共责任

根据公共部门经济学理论,政府的基本职能和应尽责任就是向全体国民提供公共服务,公共服务的非竞争性决定了其只能由非营利性组织承担,构建基本公共服务体系是政府转变职能的重要方面。这要求科学界定政府职能与市场功能的边界,准确区分公共服务与非公共服务、基本公共服务与一般性公共服务。通常而言,那些具有公共产品性质的社会服务项目依靠市场机制难以实现充分供给时应该由政府提供一般性公共服务,同时,政府对一般性公共服务负有责任。

教育产品的相对性表明,政府要承担教育责任,但只承担教育发展的基本责任,并不对各级各类教育承担完全等同的责任,而是根据实际情况,对不同的教育承担不同的责任。从政府层面看,职业教育的顺利发展取决于政府对职业教育的干预方式和程度。作为公共政策的重要组成部分,职业教育政策本身是社会利益的"平衡器"和"晴雨表",政府通过法律和政策规范职业教育的发展,保障对职业教育的投资,推动职业教育的健康发展。职业教育的公益性要求国家从法律、政策、经费等层面统筹规划与科学发展,政府须承担起主导职业教育财政的公共责任。职业教育的区域性要求地方政府承担主要的管理职责,加大经费投入和制度供给,激励行业企业加大对职业教育的投入和参与。国际经验表明,政府介入劳资关系,置职业教育于"国家战略"地位进行统筹推进和制度设计,是职业教育成功的根本途径。[①] 例如,德国构建法制化的校企合作模式成功实现"双元制"教育;澳大利亚政府通过政策杠杆主导构建"培训包体系",成功促进校企合作机制的变革。我国现阶段发展教育的重点是促进教育公平,政府有责任规划教育发展、构建教育体系、保障教育条件、制定教育标准、监督教育质量,并为推动区域教育发展提供指导与服务。各级政府既要对职业教育规模、结构、布局进行宏观调控,又要对区域职业教育发展进行主导和指导;既要制定职业教育政策法规,又要提供有效的制度并承担制度推行的责任;既要为职业教育发展提供经费保障和条件,又要为创新教育发展机制提供公共服务。我国已确立教育优先发展、优先投入的法律地位,为促进职业发展出台了一系列法规政策,但这些政策的真正落实还存在许多问题(如缺乏操作性强的实施细则),最突出的是在教育经费投入和企业参与等方面缺乏地方性制度规制与地方政府问责。地方政府理应在责任担当中成为"责任政府",既要将教育作为财政支出重点领域予以保障(按财政性教育经费支出占 GDP 的 4% 计算),又要通过系统化设计、综合性制度改革和政策安排,保证区域职业教育的整体质量。

二、地方转变经济社会发展方式需要大力发展职业教育

当前,我国各地依靠加工贸易和基础建设投资推动经济发展的传统方式已经难以为继,必须转变经济发展方式、优化产业结构。各地经济发展水平各异,转变经济发展方式的目标、路径也就不同,但转变经济发展方式必须依靠科技进步和提高劳动者素质已成为共识。东部地区转变经济发展方式应全面实现由数量向质量、由速度向效益、由高资源消耗向低能源消耗、由低技术含量向高技术含量、由技术引进向自主创新的转变,使东部地区经济发展质量达到更高的层次;西部经济发展方式转变则应着眼于数量到质量的转变。由于西部还处于建设与发展并存的阶段,这要求其在经济发展方式转变过程中不

---

① 〔英〕琳达·克拉克(Linda Clarke),克里斯托弗·温奇(Christopher Winch).职业教育:国际策略、发展与制度[M].翟海魂,译.北京:外语教学与研究出版社,2011:103.

应过分强调质量本身层次的提升,而应注重数量与质量并重、速度与效益统一、技术引进与自主创新结合,逐步实现由数量到质量的转变。不管是东部地区全面实现由数量向质量转变,还是西部地区的数量和质量并重,都需要大量技术技能人才。处于不同环境和发展阶段的各地区,虽然经济社会发展目标不同,但都面临缺乏各种类型技能人才的现状。技能型人才的培养需要依靠大力发展职业教育,而这是地方政府在新时期面临的课题。

三、地方政府履行发展职业教育职责面临着不同的职责任务

我国不同地区在经济社会发展取得长足进步的同时,也存在发展阶段、发展水平上的差异。职业教育是与经济社会发展联系最为紧密的教育类型,我国职业教育的发展,必须面对经济社会由农业社会向工业社会转变、工业社会向信息社会转变的现实。从总体上看,我国进入了工业化中期的后半段,但各地工业化水平参差不齐、差异明显。其中,长三角、珠三角、环渤海地区已经进入工业化中后期,东北地区处于工业化中期,而中部、西部地区还处于工业化初期。从省级区域看,上海、北京已经实现工业化,进入后工业化社会;天津和广东则进入工业化后期的后半段,浙江、江苏和山东进入工业化后期的前半段,而陕西、青海、湖南、河南、安徽、江西等地区还处于工业化初期的后半段,西藏处于前工业化阶段。也就是说,我国各地工业化进程落差巨大。[①] 根据世界银行报告的数据,按照人均 GDP 的地区差异,可以把我国 31 个省、自治区、直辖市分为 4 类地区:第一类地区有天津、上海、北京,人均 GDP 超过12400 美元;第二类地区有江苏、浙江、辽宁、广东、山东、福建、内蒙古、吉林 8个地区,人均 GDP 超过 6000 美元;第三类地区有湖北、黑龙江、山西、湖南、河南、江西、重庆、陕西、宁夏、新疆、青海、四川、河北、海南 14 个地区,人均 GDP在 4000 到 5300 美元之间;第四类地区有安徽、广西、西藏、甘肃、云南、贵州 6个地区,人均 GDP 不足 4000 美元。[②] 这说明我国省与省之间差异较大,事实上,既使同一个省内不同地区之间的差异也很明显。比如,山东省的胶东半岛和鲁西南之间、江苏省的苏北和苏南之间都有着很大的社会经济发展差距。这说明不同地方政府履行发展职业教育职责有着不同的背景,不同经济发展阶段和水平要求地区政府履行的职责不同。

---

① 陈佳贵,黄慧群,钟宏武. 对我国工业化进程的基本认识[EB/OL][2017-08-10] http://theory.people.com.cn/GB/49154/49155/6955194.html.

② 王尔德. 中国未来五年潜在经济增速在 8%～9%之间[N]. 21 世纪经济报道,2012-09-26.

第三节　发展职业教育：地方政府的现实使命

一、地方政府的内涵界定

地方政府(local government)是国家政权的一个重要组成部分,在国家政权中居于"基石"位置,是国家权力在特定地域上的物化形态。在任何一个国家中,经济、政治、文化和社会发展都离不开地方政府的有效运作。可以说,地方政府是国家政府体制中的一个组成部分。学术界对"地方政府"概念有不同的界定。例如,《世界百科全书》把"地方政府"定义为：一个国家统治或管理的各色各样分支机构,与最高政府相区别。①

《美国百科全书》指出："地方政府,在单一制国家中,是中央政府的分支机构;在联邦制国家中,是成员政府的分支机构。"②从这可以看出,地方政府从属于国家政府或联邦政府、州政府。从属地位带来的是拥有主权的高一级政府可以创设或解散地方政府机构,也可以增加或减少其职权。在一国政府体系中,地方政府是最低一级,中央政府是最高一级,位于中央政府和地方政府之间的是中间政府,如州、地区、省政府等。地方政府负责一系列的公共事务管理与公共服务管理,包括一个地区的交通运输、公共住宅、教育、社会福利、医疗卫生、基础设施等。它与全国性的政府是相对的,是一种区域性的政府。

在中国,大多数词典都把"地方政府"作为"中央政府"的对应物。除中央政府以外的各个层级的政府都是"地方政府"。对于"地方政府"的内涵,《辞海》《简明政治学词典》等都将其解释为地方行政机关。《中外政治制度大辞典》中有广义与狭义的两种解释：狭义的"地方政府"指地方行政机关,广义的"地方政府"则是由地方代议机关与行政机关组成的整体。本研究中的地方政府是狭义上的地方政府,也就是法律意义上的地方政府。中华人民共和国1954年《宪法》第四十七条规定,"中华人民共和国国务院,即中央人民政府,即最高国家权力机关的执行机关,是最高国家行政机关";1982年《宪法》第一百〇五条规定,"地方各级人民政府是地方各级国家权力机关的执行机关,是

---

① Encyclopaedic Dictionary of the World: Volume Ⅶ[Z]. New Delhi: Ashdecp Publishing House,1989:225.

② 薄贵利.近现代地方政府比较[M].北京:光明日报出版社,1988:1.

地方各级国家行政机关"，这是对地方政府内涵界定的最好的法律依据。

目前，我国地方政府是一个复杂而庞大的体系。宪法意义上的地方政府分为三个层次：省级、县级、乡级。实际上，中国地方政府纵向上分为四个层次，即省级、市级、县级、乡级。一般认为地方政府就是地方国家行政机关。《中国大百科全书·政治学》认为，中华人民共和国地方各级人民政府是中华人民共和国地方各级人民代表大会的执行机关、地方各级国家行政机关，包括省、直辖市、市、县、乡、民族乡、镇等各级人民政府；自治区、自治州、自治县等各级民族自治地方的人民政府，也是地方政府。① 本研究中的地方政府是指管理一个国家行政区事务的政府组织的总称，包括省级政府（省政府、自治区政府、直辖市政府）、地级政府（地级市政府、自治州政府）、县级政府（县政府、自治县政府、县级市政府、市辖区政府、旗政府）和乡级政府（乡政府、镇政府）。发展职业教育的职责是指各级地方政府（省级政府、地级政府和县级政府）为发展职业教育应尽的责任。

二、地方政府负有发展职业教育的责任

我国职业教育之所以取得较为显著的成就，关键在于有政府的主导。在职业教育发展的各个时期，无论其实行怎样的管理模式，各级政府都有相关教育行政职能部门为政府实施对职业教育的协调管理提供组织保证。职业教育在发展规划的制定和实施、职业教育培训目标的制定、体系的构建、管理体制和领导体制的建立、办学行为的规范方面，在职业教育与国民经济的结合、职业教育与其他类型教育的衔接方面，特别是在经济体制转型期，在理顺政府、学校、企业及社会的关系，职业教育深化改革和发展上，都依赖于政府的支持和协调，这是任何其他组织和个人力所不及的。《职业教育法》颁布后，明确了"县级以上地方各级人民政府应当加强对本行政区域内职业教育工作的领导、统筹、协调和督导评估"的责任。在各政府层级中，县级政府主办职业教育，但它们只是制度的执行者而非制定者，而省（包括直辖市）、市政府和一些具有政府委托行政管理职能的行业组织是主管各类不同层次和种类公立职业学校的主体。比如，省级政府主管高等职业教育，市级政府主管中等职业教育。

地方政府是一个国家行政管理制度的重要组成部分，每一个国家只有一个中央政府，却有许多个地方政府，地方政府与民众的日常生活更为息息相关。我国地方教育行政部门承担着代表当地政府进行区域教育统筹规划与发

---

① 中国大百科全书·政治学[M].北京：中国大百科全书出版社，1992：582.

展的职责。对于我国的教育体系而言，现代职教体系建设是一个突破口；对于国家经济社会发展而言，现代职教体系建设是解决就业问题的主要途径。在这一话语体系下，职业教育通过服务新型城镇化和产业转型升级，培养大批高素质的技术技能型劳动者，将是对我国教育综合改革和经济社会发展的双重贡献。因此，服务经济社会发展和建设现代职业教育体系是中国职业教育发展的两条相辅相成的主线，都是实现《国务院关于加快发展现代职业教育的决定》所提出的目标的出发点和落脚点。在职业教育发展环境上，地方政府应该充分发挥行政职能来予以全面优化。这也是政府推动职业教育改革发展的基本职责。在职业教育资源配置上，政府应该充分借助市场杠杆来予以全面优化。当然，这必须以政府责任全部得到履行为基础。

我国是农业大国，要提高农业现代化水平和缩小城乡差距，就要大力培育新型农民，转移大量的农村劳动力到城市。尤其是城镇化进程的整体推进，要求将大量的农村剩余劳动力向城镇（劳动密集型）生产部门转移，促进区域经济增长和社会和谐发展。职业教育与培训是劳动力发展的基本途径，地方政府必须为区域劳动力转移和劳动力发展提供必要的职业教育和培训机会。

在职业教育发展过程中，政府制定和推行的职业教育政策及其相关措施，具有促进职业教育发展的协调作用。职业教育事业是一个庞大的系统工程，组成这个系统的各个要素之间存在着各种各样的关系和结构。此外，职业教育系统还与教育母系统、社会系统之间发生着复杂的物质、信息、能量的交换，它们之间有时是"相得益彰"的，有时却是冲突矛盾的。职业教育政策之所以具有协调功能，是因为职业教育政策是有关职业教育的权利和利益的具体体现，作为利益的"显示器"和"调节器"，只有政府推行的职业教育政策才具有卓越的协调功能，这也是由职业教育政策的本质属性决定的。政府承担对职业教育的责任是历史的也是现实的，这种责任在当代社会显得尤为重要。政府能否切实履行发展职业教育的职责是职业教育发展成功与否的关键。发展职业教育不仅要充分发挥中央政府的作用，而且离不开各级地方政府的大力支持。《国家中长期教育改革和发展规划纲要（2010—2020 年）》明确指出，"政府切实履行发展职业教育的职责"，"强化省、市（地）级政府统筹职业教育发展的责任，健全县域职业教育培训网络，根据需要办好县级职教中心"。我国东西之间、南北之间经济发展水平、所处的发展阶段、产业布局、行业特色等各不相同，在这样一个幅员辽阔的国家里，国家层面的职业发展须得到地方政府的积极响应和参与才能顺利进行，国家层面的职业教育改革和发展任务必须通过项目分解落实到地方政府的职责中才能顺利完成。根据《国家中长期教育改革和发展规划纲要(2010—2020 年)》和《关于开展国家教育体制改革试点的通知》的内容,我国教育改革的目标明确,政策措施包括职业教育在内的教育改革十大试点任务与改革试验专项。职业教育资源在地方,服务重点在地方,收益主体在地方,创新活力也在地方,政府发展职业教育,必须发挥地方政府积极性。《教育规划纲要》颁布实施以来,国家确定了北京、上海、广东、辽宁等省市和宁波、长春、青岛等城市共 26 个职业教育综合改革试点地区,这些地区已经就贯彻落实《教育部关于推进中等和高等职业教育协调发展的指导意见》编制了实施方案。例如,上海提出完善中高职衔接的职业教育人才培养机制,优化职业教育层次结构,形成中等、高等职业教育布局合理,优势互补,协调发展的职业教育格局;湖南株洲市提出选择对接株洲支柱产业的重点专业试办四年制的高职,并开展与湖南工业大学合作培养高端应用型、技能型的人才试点项目,探索在应用型本科大学内试点培养高端技能型人才专业硕士制度;浙江宁波市提出"到 2015 年基本建立有中职、高职、本科相互衔接的职业教育培养体系,高素质高技能人才培养规模与质量明显提高"的改革目标,并承诺在两年内将市属高职院校生均经费拨款标准提高到本科同类专业标准,对参与中高职一体化试点的中职专业,试点期内生均拨款标准按照普通高中的 3 倍执行。可以说,全国各地政府正积极开展履行发展职业教育的职责行动。

尽管职业教育的规模持续扩大,职业教育发展所取得的成就前所未有,然而当前职业教育仍然是现代国民教育体系中的主要薄弱环节之一,其可持续发展面临着诸多困境与挑战,尤其是政府职责的越位、不到位、缺位问题。伴随着职业教育的快速发展,制约职业教育发展的各种深层次问题日益暴露,要求政府履行发展职业教育职责的重要性日益凸显。然而,政府履行发展职业教育职责的现状怎样,政府在职业教育发展中越位、不到位、缺位的原因何在,政府要在职业教育改革和发展中扮演什么角色,政府和职业教育发展关系的未来走向如何,这些不仅已成为职业教育决策者和职业教育主管领导面临的现实问题,而且理应成为职业教育理论工作者关注的重要领域。

三、地方政府履行发展职业教育职责的现实意义

进入 21 世纪,我国政府为履行"亲民"的执政思想,把职业教育放在了重要的位置。政府通过逐步改变对职业教育的投资方式,强化各级政府的责任,加大对职业教育弱势群体的帮助和支持。随着近年来国家对民生的重视,职业教育在改善民生中的意义逐渐凸显出来,地方政府履行发展职业教育职责

的功能与作用日益彰显,主要包括以下几点。

(一)地方政府发展职业教育可以阻断贫困代际转移,提高劳动者的素质

贫困群体由于各种因素的限制,其子代往往也很难摆脱贫困,这就造成了贫困的"马太效应"。有学者指出,贫困的代际收入流动性较低,其代际收入弹性为非贫困群体的1.6倍,父代贫困引致子代贫困的概率达60%,而人力资本有助于促进代际收入流动且具有较高的贡献度[①],而教育是形成人力资本最重要的途径。教育作为一种重要的代际流动机制,有助于促进弱势群体的子女实现经济社会地位的跃升,具有较强的促进代际流动的功能。[②]

美国学者奥斯卡·刘易斯(Oscar Lewis)提出的贫困文化理论认为,贫困文化是贫困群体在与环境相互作用的过程中形成的行为反应,并且内化为一种习惯和文化观念,主要表现为对自然的屈从感、对主流社会价值体系的怀疑等。[③] 人们习惯于贫困地区的生活和环境,形成了一种安于现状、无所追求的生活态度,进而内化为一种观念上的定势和行为上的习惯,贫困文化又反过来支配着人们的日常生活,形成了"经济贫困—贫困文化—经济贫困"的恶性循环。从意识形态上转变贫困人口的文化观念需要通过教育让劳动者获得必备的知识和技能,培养他们成为治理贫困的行为主体。美国学者舒尔茨认为,贫困地区落后的根源不在于物质资源的匮乏,而是人力资本的缺乏;教育对形成人力资本、转换经济结构和可持续发展经济具有重要的意义。[④] 治理贫困的关键是要有高素质的劳动者,职业教育可以彰显其特有的功能。

从社会发展的角度而言,促进区域经济社会的进步离不开劳动力、劳动对象和劳动工具,发展职业教育的最终结果是提高生产力,其作用机制就是教育作用于生产力。通过职业教育对劳动力施加直接影响,可以提升劳动力的综合素质,促进生产力的发展。劳动力是能够满足一定社会生产需求的劳动者,这就要求劳动者必须具备必要的知识和技能,从而提高劳动生产率。职业教育可以使劳动者具备改善劳动条件的基本素质。欠发达地区其实并不缺乏生

---

① 黄潇.如何预防贫困的马太效应——代际收入流动视角[J].经济管理,2014,36(5):153-154.

② 郭丛斌,闵维方.中国城镇居民教育与收入代际流动的关系研究[J].教育研究,2007(5):5.

③ 沈红,周黎安,等.边缘地带的小农——中国贫困的微观理解[M].北京:人民出版社,1992:187.

④ 刘维忠.新阶段新疆农村扶贫开发模式与对策研究[D].乌鲁木齐:新疆农业大学,2010:98.

产资料,缺少的是能充分发掘、利用生产资料的高素质劳动力,通过职业教育可以实现劳动力综合素质的提升,进而实现对地方生产条件的改造,提高欠发达地区的生产力水平。

（二）地方政府发展职业教育可以避免"挤出效应",改善就业

以往地方政府最常用的扶贫方式是"救济式扶贫",主要是向贫困地区输入大量资本,贫困地区的人口成为扶贫的被动接受者,事实证明这是一种短期的、不可持续的扶贫方式,这种方式能够快速解决贫困人口当前的生计问题,却养成了贫困人群严重的依赖思想。这种"救济式扶贫"不仅会产生"思想"上的"挤出效应",而且还会对劳动力市场产生"真实"的"挤出效应",减少劳动力的供给,对社会生产造成不利的影响。

地方政府发展职业教育可以在一定程度上避免"挤出效应",并且还可以改善就业,其作用主要表现在两个方面:第一,在就业范围上,受教育水平的提高为贫困人口的就业提供了更多选择;第二,在就业质量上,受教育水平的提高为贫困人口升入更高一级的劳动力市场提供了更大的可能;第三,在就业性质上,教育水平的提高为从事农业生产的人口参与非农就业提供了机遇。

（三）地方政府发展职业教育有助于抵御贫困脆弱性,提高收入

通过"救济式扶贫"摆脱贫困的人口,其抵御贫困脆弱性的能力较弱,返贫的可能性较大。相比之下,发展地方职业教育不是追求物质上的保障,而是赋予贫苦人口"造血"的功能,帮他们利用所获得的知识、技术、能力改善生活现状,从而摆脱贫困。有研究显示,教育程度越高,脆弱性越低,职业教育通过影响收入水平的方式影响脆弱性,相对于其他的改善贫困脆弱性的措施,更根本也更可持续。[①] 在经济不断增长的大环境下,就业范围的扩大、就业质量的提升以及就业性质的改变,必然会导致贫困人口的收入有所提升。即便对于劳动力市场上的非正规就业来说,这种改善也是明显的。

（四）地方政府发展职业教育有助于促进迁移

在人口可以自由流动,也就是人口可以按照市场的方式自主决策是否进行迁移时,职业教育发挥的作用就更加明显。在城市到乡村、乡村到城市、城市到城市、乡村到乡村四种迁移类型中,规模最大、影响最大的就是乡村到城市的迁移。这种迁移主要通过两种形式实现:第一,学龄人口通过升学的方式

---

① 李丽,白雪梅.我国城乡居民家庭贫困脆弱性的测度——基于 CHNS 微观数据的实证研究[J]. 数量经济技术经济研究,2010（8）：61-62.

进入城市接受高等教育，这其中教育的作用毋庸置疑；第二，农村劳动力通过"进城务工"等形式进入城市劳动力市场。根据王德文和蔡昉的研究，只有拥有较高人力资本的农民工才能穿越城市的"无形之墙"，农民工主要是青壮年劳动力，平均受教育年限比农村不流动劳动力多出 1 年左右，基本接近城市劳动力的平均水平。[①]　由此可见，教育水平的提高大大提升了农村劳动力迁移的概率和非农就业的机会。

第四节　政府职责：一个持续的研究热点

本书的研究对象是地方政府履行发展职业教育职责的相关内容，旨在论述地方政府履行发展职业教育职责的主要内容、面临的挑战，在借鉴国外相关经验的基础上，提出我国地方政府履行发展职业教育职责的思路与策略。以此为考量，就课题组查阅有关文献的情况来看，关于政府在职业教育发展中的作用研究，国内学者进行的专门探讨较多，取得了不少研究成果，但在关于地方政府履行发展职业教育职责方面的研究不是很多，可用来参考和借鉴的内容有限。

国外学者对地方政府履行发展职业教育职责的研究，坚持从公平的观念出发，认识和分析政府在职业教育发展中的作用。例如，有学者总结了德国"双元制"职业教育的发展，从政府推动开始，在立法、资金、约束机制等多方面对其提供强有力的保障，促进企业与学校积极联动，缩短了企业用人和学校育人之间的距离，从而使其成为"经济腾飞的秘密武器"。国外学者在研究中指出，在职业教育较为发达的国家中，政府和职业院校在职业教育发展中的职责与权利大都是通过法律形式给予明确规定的。法律手段是职业教育管理的根本手段，它决定了职业教育的管理体制、职业教育体制的运行、相关职能部门的权限与职责等。尽管各国的情况有所不同，但通过立法手段来管理职业教育是各国政府共同关注的重点。通过立法加大各级政府对职业教育的重视程度，提高职业教育的社会地位，规定职业教育发展的资金投入，指导职业培训工作的开展，从多方面保证职业教育健康有序地发展。日本在法律中就明确规定了政府只对职业教育进行宏观管理，而企业协会、科技协会和学术协会负责职业教育的具体管理工作。加拿大的法律规定，联邦政府对职业教育的发展提供间接支持和导向，各省政府对职业教育实行宏观管理，职业院校运作与

---

① 王德文，蔡昉.中国农村劳动力流动与消除贫困[J].中国劳动经济学，2006(3)：47.

管理则由其董事会负责。在法国,政府掌握着职业技术教育的管理权,职业技术教育的宏观管理与业务领导主要由教育部负责。根据相关法律,法国教育部制定有关职业教育的方针政策,以及职业学校的教学计划和大纲等。而对于英国来说,职业培训自由化算得上是其传统了,但英国政府非常重视职业教育的法规制定,建构了职业教育法制体系,依法设立了职业教育管理机构,使职业教育真正做到有法可依、依法治教、违法必究。这一体系为职业教育管理提供了法律保障,从而推动了英国职业教育健康有序的发展。

对于政府政策对职业教育的导向和推动作用,有研究认为其主要表现在:一是为职业教育的发展提出明确的目标。如《中国教育改革和发展纲要》就对20世纪末我国教育发展的总目标作了如下规定,即"全民受教育水平有明显提高,城乡劳动者的职前、职后教育有较大的发展;各类专门人才的拥有量基本满足现代化建设的需要;形成具有中国特色的、面向 21 世纪的社会主义教育体系的基本框架"。二是推出一整套旨在促进职业教育事业发展的重大措施。如《中国教育改革和发展纲要》推出了如下八点措施,即深化教育改革,坚持协调发展,增加教育投入,提高教师素质,提高教育质量,注重办学效益,实行分区规划,加强社会参与。这些措施的提出,对促进教育事业的发展,有着积极的导向作用。

政府干预与市场调节的关系问题一直是职业教育发展领域颇有争议的话题。伴随政府与市场在国家发展中地位的消长,职业教育发展也发生着政府干预和市场调节交替的局面。有研究者重视政府在职业教育中的地位和作用,如黄日强指出,职业教育的功能和作用决定了发展职业教育是政府的职责。[①] 雍开涛提出发展职业教育的主要责任在地方,认为当前我国职业教育发展中诸多问题的出现,最根本的原因是政府的统筹作用没有发挥好。[②] 要强化市(地)人民政府在统筹职业教育发展方面的责任,市(地)人民政府统筹职业教育有很多优势,具备相关条件。统筹主要是统筹规划,统筹政策,统筹办学,统筹资源。对于政府履行发展职业教育职责,国内学者的研究主题主要有:一是在"政府、市场与职业教育关系"方面,代表学者有李栋学等(2004)、董仁忠(2009)、谢丽惠等(2010)、周适等(2011),他们提出政府和市场缺一不可,要突出政府作用并兼顾运用市场机制,与国际相比,实证分析中国职业教育的

① 黄日强.政府在发展职业教育中的作用[J].济南职业学院学报,2007 (1):67.

② 雍开涛.浅谈市地政府对职业教育的统筹[J].河北工程技术职业学院学报,2004 (1):59.

发展趋势、办学主体和经费来源。二是在"政府职责与农村职业教育发展"方面，学者陈雪梅(2004)、皮江红(2006)、董仁忠(2009)、李文政(2009)、刘新智(2010)、董天鹅(2011)进行了研究，提出加大政府投入力度，发挥市场机制作用；加强政府统筹；推动城乡职业教育资源整合；实行中职教育免费的各级政府财政合理分工；促进教育券成为农村职业教育发展的重要举措之一。三是在"政府职责与职业教育"方面，有研究者曾骊(2004)、马树超(2006)、韩先满(2007)、段莉(2010)、姚文峰(2010)、董仁忠等(2011)、邢晖(2012)、王玲等(2011)、李娟(2009)、史慧武(2006)、马丽萍(2011)提出，强调政府主导；加大政府经费投入；拓宽投资渠道；加强政府统筹；制定强有力的职业教育政策法规；强化政府的管理监督职能；建立服务体系。四是在"县级政府与县域职业教育"方面，有学者王琴(2007)、佛朝晖(2010)、齐润雨(2011)提出，应以《中华人民共和国职业教育法》和《国务院关于大力发展职业技术教育的决定》为依据，强调县级政府的关键作用并明确其职责。五是"地方政府与职业教育"方面，学者杜世禄(2006)、顾坤华(2007)、庄西真(2008)、金花(2010)、黄营满(2009)、陈建华(2009)、董天鹅(2012)、张淑真(2009)等提出，加强省级政府统筹管理协调的决策权；地方政府需要扶持、引导和协调职业教育发展；提出三种地方政府制度创新行为。在职业教育发展的推动作用上，有研究认为，其主要表现为职业教育政策及其相关政策针对职业教育发展的方向和速度所起的作用。政府配置职业教育资源的目的是推动职业教育的发展，其实现方式主要是通过制定和实施职业教育政策及其相关政策。事实上，在当代社会，职业教育政策及其相关政策的制定和实施也总是围绕向谁分配资源、怎样分配资源等问题展开的。

综观相关研究，尽管各自视角不同，关注的侧重点不同，但是普遍意识到要重视发挥政府的主导作用，政府对发展职业教育要切实履行财政支持、统筹协调、监督管理以及其他方面的职责，且大都提出了若干具体设想。然而，相关研究的不足也较为明显，未能从理论上根本解决地方政府履行发展职业教育职责的问题。其一，主要在一般意义上研究政府发展职业教育的职责问题，而未能系统、深入地探讨地方政府履行发展职业教育的职责问题。其二，主要立足于职业教育发展现状来研究职业教育发展中的政府职责问题，而未能从地方政府视角来研究地方政府履行发展职业教育的职责问题。其三，主要基于政策演绎或经验总结来阐明政府履行发展职业教育职责的重要性与角色定位问题，而未能采用科学的实证研究方法收集资料并开展相关研究。

虽然政府履行职业教育职责研究在不同方面开展，也应用了不同的理论和方法进行研究，并取得了重要的成果，但地方政府履行发展职业教育的系统研究不多，不少研究流于空疏，大大减弱了其决策参考与理论重构的价值。本研究试图为开展广泛的政府履行职业教育职责研究起到抛砖引玉的作用，为解决职业教育实践中的问题起到积极作用。

研究地方政府切实履行发展职业教育职责，是对现阶段我国职业教育研究的丰富，也是寻求解决职业教育发展问题的一种尝试。政府如何履行职业教育发展职责的研究能丰富现有的职业教育理论研究的内容，有助于促进职业教育的实践发展，充分发挥职业教育对社会发展的积极影响。同时，也能促进职业教育政策的完善，进一步明确政府对职业教育的责任和职能，达到职业教育的公平发展。

通过研究，总结地方政府履行发展职业教育职责的主要形式，提供更具典型性、可推广性、可操作性的模式，提高职业教育政策的有效性。同时，通过广泛的调查研究和深入的案例分析，总结、提炼、创新地方政府发展职业教育的经验，以期为其他地方政府发展职业教育提供更具典型性、可推广性、可操作性的模式。

通过研究，提高地方政府执行国家职业教育政策的有效性。地方政府是执行国家职业教育政策的主体，政策是政府管理职业教育的主要手段，是实现职业教育公平的制度保障。它为职业教育政策的制定提供了价值选择的依据。而地方政府执行国家职业教育政策的有效性则是本研究的重要内容之一。本研究将提出提高国家职业教育政策执行有效性的对策建议，以此作为决策参考，以期提高地方政府执行国家职业教育政策的有效性。

第二章 地方政府履行发展
职业教育职责的理论基础

第一节 职业教育是准公共产品

一、职业教育的不同诠释

职业教育作为教育结构中的重要组成部分,与其他种类教育一起构成一个完整的教育体系。厘清"职业教育"的内涵是认识政府履行发展职业教育职责的前提和基础。职业教育在不同国家与其他种类的教育在层次上存在不同程度的交叉和重叠,与其他教育并存。我国将教育划分为普通教育、职业教育、成人教育三大类,这是按照教育内容、层次和受教育者年龄三重标准划分的。学者在探讨"职业教育"概念时的侧重点不尽相同,导致目前有关职业教育的概念繁多。

国内外学者对"职业教育"提出了不同的定义。例如,美国学者杜威(John Dewy)很早就提出职业教育的概念,他认为"职业教育就是使学生将课堂所学知识转化为科学、熟练运用技术的一个经常性训练的过程"①。马尔科姆·斯修贝克(Malcolm Skilbeck)等人将职业教育定义为:"这种教育无论是否以有偿工作的形式出现,都旨在为个人和团体日后的工作、生活做准备。"②沃尔(G. I. Wall)提出职业教育是一个教育计划,精心选择全部或大部分教学内容,发展一些学生在专业能力依赖方面需要的最重要的能力。③ Giroux 则认为职业教育强调与学生未来参与社区和国家经济领域相关的知识、技能和态度的发展。④

---

① Dewey. *Social Change*, *Economic Development and Natural Science*[M]. Dewey Research Center Documentary Library. Iuinois, USA, 1982(7):203-204.

② Connell H, Lowe N, Skilbeck M, et al. *The Vocational Quest*: *New directions in Education and Training*[M]. London: Routledge, 2002:9.

③ Wall G I. The concept of vocational education[J]. *Journal of Philosophy of Education*, 1968, 2(1): 51-65.

④ Giroux, H. Introduction[M]//P Freire (ed.). *The Politics of Education*: *Culture, Power and Liberation*. Boston: Bergin & Garvey, 1985:98.

在中国,作为近代职业教育的首倡者,黄炎培指出:"职业教育,以广义言之,凡教育皆含职业之意味,盖教育云者,固授人以学识、技能而使之能生存于世界也。若以狭义言,则仅以讲求实用之知能者为限,亦犹实业教育也。惟实业教育,兼含研究学说之意味,而职业教育,则专重实用,纯为生活起见。"①也有学者强调职业教育的时代性和专门性。例如,董操在《职业技术教育手册》中提出:"职业技术教育是适应社会和经济发展的要求,在一定文化水平的基础上,培养受教育者将来从事某种职业的一种专门化教育。"②王川认为,职业教育是指"职业教育者按照一定社会的要求和教育规律,为引导学生掌握在某一特定的职业或行业或某类职业或某类行业中从业需要的实际技能、知识和认识,通过一定的职业教育方式对有关资源进行有效利用,达到为促进社会生产方式发展和人类自身生产的一种实践活动"③。陈拥贤将职业教育定义为:"以提升学生职业素质为意图,以学生从事一般职业作为努力的结果,是持续提升人们从事一般职业的素质教育活动。"④顾明远在《教育大辞典》中将职业教育定义为:"职业教育是种特殊类型的教育,有广义和狭义之分。广义职业教育包括普通教育中的职业入门教育、准备从事各项职业的职业准备教育和职后进一步提高的职业继续教育;狭义职业教育则专指后两种教育。"联合国教 科 文 组 织(United Nations Educational, Scientific and Cultural Organizaton, UNESCO)与国际劳工组织(International Labour Organization, ILO)对职业技术教育和培训的定义为:"除普通教育外,职业技术教育和培训涉及教育过程的各个方面,包括技术和与之相关的科学的学习,以及在经济和社会生活中各个领域与职业相关的人际技能、态度、理解和知识的获得。"

总的来说,职业教育的概念有广义和狭义之分,广义的职业教育(technical and vocational education and training,TVET)是指对各级培养技术人员和技术工人等应用人才所进行的教育及培训的总称。狭义的职业教育(vocational education,VE)即以技术工人为培养目标,传授某种技能型职业或生产劳动所需要的知识、技能和工作态度等的教育;广义的职业教育占据了越来越重要的地位,这是时代需要,也是全球各国职业教育发展的共同趋势,同时,广义的职业教育有利于学界更加深入、灵活地研究职业教育的发

　　① 黄炎培.新大陆之教育[M].上海:商务印书馆,1917:6.
　　② 刘育锋.论职业教育的本质属性[J].职教论坛,2004(4上):34.
　　③ 王川.论职业教育的内涵和本质属性[J].职教论坛,2005(6上):42.
　　④ 陈拥贤.对职业教育概念的探讨[J].职教论坛,2004(31):11-12.

展机制和格局。众多学者对职业教育概念的理解,是基于他们对职业教育历史发展的事实和现阶段现状的认识和总结,为我们全面认识职业教育提供了很好的借鉴。本研究旨在探讨地方政府履行发展职业教育职责的主题,因此更倾向于联合国教科文组织的定义,因为其内容比较全面,基本上涵盖了现阶段我国和其他国家关于职业教育概念的认识。本研究中的职业教育是指:一定的机构或组织提供从事某种与人们的生活密切相关的工作或职业所需的知识与技能、不同形式的教育服务,从而提高就业能力和工作质量,促进学习者个人的全面发展,既包括学校形态的职业教育,也包括职业培训。

二、从公共产品分类看职业教育的属性

(一)公共产品的分类

公共产品是指政府向国民提供的各种服务的总称,公共产品包括的范围较广,如国防、治安、司法、行政管理、经济调节等。此外,由政府提供经费而实现的教育服务、卫生保健服务、社会保障服务等也是公共产品。[①] 目前,受到最广泛认可的公共产品的定义是美国经济学家保罗·萨缪尔森(Paul Samuelson)提出的,他认为公共产品是"一种一旦为某些消费者生产,就可以被其他消费者消费并无须支付额外费用的产品"[②]。萨缪尔森所阐释的"公共产品"是指具有非竞争性和非排他性的产品(或服务)。这些产品是非竞争性的,因为它们可以被任何数量的人所消耗而不被耗尽,例如国家建设的公共健身广场、公园等公共产品。另外,它具有非排他性,即一人的使用而同时不会将他人排除在使用者范围外。一些商品同时具有这两种品质,而更多的产品只拥有其中一种特征,这种公共产品可以被认定为不纯的公共产品。例如,"俱乐部产品"(club goods)的概念是针对具有竞争力但又具有非排他性特征的产品而提出的。[③] 在萨缪尔森的理论框架下,私人产品是既有竞争力又有排他性的商品。

---

① 厉以宁.关于教育产品的性质和对教育经营的若干思考[J].教育科学研究,1999(10):3.

② Samuelson P A. The pure theory of public expenditure[J]. *The Review of Economics and Statistics*, 1954,36(4):387-389.

③ Buchanan J M. An economic theory of clubs[J]. *Economica*,1965,32(125):12.

　　由上述可知,社会产品按照公共产品的两个特性,可以被划分为纯公共产品(pure public goods)、非纯公共产品(impure public goods)以及私人产品(private goods)。纯公共产品意味着该社会产品同时具有"非排他性"和"非竞争性"特征。公共产品的非排他性是指一个人消费该种公共产品并不排除其他人对该种产品的消费,甚至也不减少其他人对该种产品的消费。但是很少有公共产品同时兼有这两个特性,事实上大多数公共产品既含有私人特征,也含有公共特征,这类社会产品称为非纯公共产品,亦称准公共产品。而准公共产品可进一步细分为俱乐部产品,以及公共资源(common resources),也称"公共池塘资源"(common-pool resources)。前者是具有完全"排他性"特征和部分"竞争性"特征的产品;后者是由一种活动导致两种或更多产出且其在公共性的程度上有异的"联合产品"(joint produces)(见图2-1)。

	非竞争性	竞争性
排他性	俱乐部产品	私人产品
非排他性	纯公共产品	公共资源

图 2-1　公共产品的经典分类

　　除根据公共产品的排他性和竞争性两个特征的经典分类标准之外,还存在其他的分类标准。例如,根据公共产品自身的社会和自然属性,可以分为制度性、物质性以及文化意识形态类等公共产品。再者,根据公共产品的外溢性范围,可以分为全球性、国家(地区)间区域性、单一民族国家全国性、国家内区域性以及地区性等公共产品类型,或者可以分为全国性公共产品(national public goods)、地方性公共产品(local public goods)以及混合产品。

　　在本研究中,对产品的划分主要依据上述产品是否具有排他性和竞争性,将公共产品分为纯公共产品和准公共产品,然后再根据职业教育的特征对其产品属性进行分析。

　　(二)作为准公共产品的职业教育

　　在世界范围内,义务教育一般都是由政府提供,而且是每个适龄儿童都必须接受的教育,所以,它是一种纯公共产品。对于职业教育的产品属性的探讨是认识职业教育供给问题的逻辑起点,也是决定政府与市场在职业教育供给中如何定位和进行分配的重要理论前提。^①关于职业教育产品属性的讨论尽管目前尚未有一个明确的定论,但是大多数学者把职业教育划归为准公共产品。

根据萨缪尔森有关公共产品的经典定义,公共产品的特征是非竞争性的消费,一个人的消费不会因为另一个人的消费而减损。而准公共产品就是介于纯公共产品与私人产品之间的,同时具有较高外部效益的公共产品。

职业教育具有一定的"非排他性",这主要体现在:在一定合理的条件下,一个人接受职业教育,交付规定的学费,这并没有排斥其他人接受职业教育。但是一个人只有达到上学年限,满足所规定的入学要求,并且,为保证职业教育的教学治理和有效运行,需要对职业教育的各方面有所协调。在前述这些情况下,职业教育才存在排他性。另一方面,职业教育不具有完全的非竞争性,即增加一名职业教育的学生,则增加的边际成本几乎等于零,即不影响他人所享受的职业教育质量。在职业教育中,政府承担了财政补贴责任,因此,增加一个人消费而导致增加的边际成本等于在该制度下接受职业教育的成员的平均成本,从而导致总成本的增加。然而,在一定时期内,政府对于职业教育的投入是有限的,这样就导致了职业教育产品的消费具有竞争性,但由于社会认识的偏见,和普通教育相比,职业教育相对受到冷落,因此,职业教育产品具有一定的非竞争性。此外,职业教育具有较强的正外部性,即通过提供稳定的职业教育,可以丰富教育体系,满足人们的教育需求,提高竞争力和就业率,适应时代需要,有效地维护社会稳定等。因此,职业教育是介于公共产品与私人产品之间,有较强外部性的准公共产品。

职业教育是面向受众群体最为广泛的教育类型,其提供的是公共产品,具有明显的公益性质,其发展直接关系社会就业与教育公平,关系民生发展与公民幸福。随着科学技术的迅猛发展,产业领域的技术结构和职业结构变化不仅对人们接受职业教育提出了要求,而且也为人们向上进行社会流动提供了空间和可能。接受教育是现代社会成员生存发展的基本要求和必备手段,而教育的差别常常导致社会地位的差别,教育的发展必然推进社会阶层流动的加快,很多国家在职业教育领域采取的积极政策正是对职业教育促进社会分层和社会流动的肯定。^②我国职业教育承担着培养新型农民、缩小城乡差距、促进社会和谐的历史使命,加上国家对社会弱势群体发展及其生存公平、教育

① 董仁忠.职业教育供给:在政府与市场之间的选择[J].教育学报,2009(5):121.
② 李延平.论职业教育公平[J].教育研究,2009(11):17.

公平的更多关注,职业教育在很大程度上承载着推进阶层流动和教育补偿的社会功能与内在价值。

因此,我国职业教育是具有不完全排他性和不完全竞争性,同时具有较强外部收益性的准公共产品。这就决定了在职业教育发展的过程中,政府和市场两个主体参与的必要性。这为政府和市场参与职业教育办学提供了理论依据,也为政府和市场在职业教育发展中的责任、限度及其协同提供了理论支持。职业教育的决策和执行都需要通过政府和市场之间协调重组的新型伙伴关系来实现。因此,应进一步厘清政府和市场在职业教育供给中的责任分担和行为边界,以此来促进整个职业教育的协调、健康和快速发展。

作为准公共产品,职业教育是可以通过一定的市场手段来满足群体需求的。所以,市场在一定程度上参与职业教育的发展具有理论依据,也具有一定的合法性。虽然准公共产品是介于纯公共产品和私人产品之间的社会产品,但其公共产品的属性更多,作为地方公共权力的代表者和执行者,地方政府有责任通过多种途径提供足质足量的公共产品。这其中就包含了准公共产品,允许市场介入准公共产品的提供,只是丰富了其投入途径和机制,但主导者依然是地方政府。因此,地方政府不应以投入主体多元化为理由而淡化自身的责任。

第二节　地方政府发展职业教育职责的理论基础

近几十年来,西方各国地方政府经历了深刻的变化和发展,如欧盟地方自治章程的签署、法国的地方分权、英国的权力下放和地方政府职能的转变等,这给地方政府的理论研究提出了新的课题。如英国中央政府将过去由地方政府提供的一些服务交由联合委员会或联合机构等准政府机构、私人公司或民间自愿组织管理;地方政府对公共事业的管理职能减少;地方政府由原来的公共服务的唯一或主要的提供者,变成地方上各种准政府机构、私人公司或民间自愿组织等复杂网络的策略指导者。

一、地方政府管理理论

地方政府作为国家政治体制的必要组成部分,在国家政治与社会生活中的作用非常明显,它的存在保障了国家政治统治的稳定和社会的发展,对推动社会进步具有重要的作用。地方政府管理理论(local management theory)聚焦于研究分析中央政府与地方自治、现代化过程中地方政府在公共产品领域中的作用、地方政府之间的关系以及地方政府各层级之间的关系等,其中主要包括中央与地方关系、制度变迁、公共选择、区域发展等方面。地方政府管理理论具体包括区域理论、空间结构理论、梯度推移理论、核心－外围理论以及政府治理理论等。学术界更加密切地关注政府与市场、社会的关系问题,治理理论的兴起进一步拓展了政府改革的视角。政府治理理论(governance theory)兴起于西方,其兴起的重要原因在于 20 世纪后期西方福利国家的危机使国家需要在国家与市场之间重新进行抉择。地方治理是现代社会多层治理结构中的重要组成部分。治理理论追求的目标是"善治",这也是政府治理的最高境界。所谓"善治"就是使公共利益最大化的一种社会管理过程。我国学者俞可平将"善治"的基本要素概括为:合法性、法治、透明性、责任性、回应、有效、参与、稳定、廉洁、公正和包容性等方面。①

　　职业教育作为区域性较强的教育产品,其发展与地方经济发展具有密切的联系,同时,职业教育具有高投入、高产出的性质,根据地方政府管理理论,将发展职业教育的职责推向市场,会造成职业教育公共性的降低。或者,由于地方政府未合理地管理职业教育发展,严重影响职业教育功能的发挥。因此,必须根据相关理论重新明确地方政府的角色定位。地方政府作为公共教育的责任主体,应该承担起提供职业教育所需资源以及承担管理职业教育事务的职能,地方政府需要在职业教育发展中扮演"主导者"的角色,同时应引进市场机制,协调好市场和政府的关系,使市场调节作为有益补充的作用得以最大限度发挥。

二、公共产品理论

　　公共产品理论是新政治经济学的一项基本理论,也是正确处理政府与市场关系、政府职能转变、构建公共财政收支、公共服务市场化的基础理论。该理论认为,应由政府提供用于满足社会公共需要的产品和劳务。社会公众对公共产品的需求是政府经济职能的源泉。

　　公共产品理论(theory of public goods)作为公共财政的核心理论,对于界定政府公共支出及管理职能扮演着关键的理论指导角色。经济学理论将"公共产品"定义为一种一旦生产出来,便可以有其他消费者消费,并且不需要支付额外费用的产品。该类产品有时会增加第二个特征,即一旦产品被生产出来,任何消费者都不能被拒绝。公共产品理论是 20 世纪 50 年代中期,美国经

---

① 　俞可平.民主与陀螺[M].北京:北京大学出版社,2006:85.

济学家保罗·萨缪尔森提出的,他指出公共产品具有非竞争性(non-rival)和非排他性(non-excludable)两个基本特征。另外,萨缪尔森还将这个理论称为公共支出的纯理论(the pure theory of public expenditure)。

公共产品理论是建立在市场和私人经济的基础之上的,以此来深入分析公共经济与国家对经济的管控等重要问题。在该理论中,萨缪尔森所提及的"免费搭车者"(free riders),即那些与集体中的其他人相比,不负担任何财政而享受公共产品或者服务的人。他认为只要公共产品存在,那么免费搭车者(或译"搭便车",free riding)问题就会产生,而且此问题的存在使得市场很难甚至不可能有效地提供产品。例如,商家向观看新年烟花秀的顾客收取10元,但许多免费搭车者可以从窗户或码头或附近的公共区域欣赏节目,这是较为常见的免费搭车者例子。由此可以看出,市场并不能以有效且高质量的方式提供公共产品,而使得提供公共产品成为公共部门存在的原因之一。单纯地靠市场机制很难实现资源的有效配置,进而可能引发市场失灵。政府作为公共权力和公共需求的代表需要通过干预手段校正正负外部性,实现外部成本内部化。公共产品理论的应用是政府职业教育供给的理论依据。

学界大多将职业教育划归为准公共产品,即介于纯公共产品和私人产品之间,并具有外部效益的社会产品。它存在一定性质的非竞争性和非排他性,这使得单纯靠市场供给是不可行的。因此政府必须担负起发展职业教育的责任。另外,职业教育具有的竞争性和排他性,使得引入市场供给会大大增加其发展的效率,但由于免费搭车者问题以及市场自身的缺陷,意味着在引入市场力量的同时,政府应该更加明确自身的责任,发挥市场的优势,规避市场的逐利性。因此,公共产品理论可以帮助我们科学、合理地认清政府履行发展职业教育的职责,也为政府和市场在职业教育发展中科学地进行角色定位、正确处理二者的关系等关键性问题提供了理论依据。

三、新公共管理理论

"新公共管理"(new public management,NPM)是自20世纪80年代以来兴盛于英、美等西方国家的一种新的公共行政理论和管理模式,也是近年来西方规模空前的行政改革的主体指导思想之一。它以现代经济学为理论基础,主张政府的公共部门广泛采用私营部门成功的管理方法和竞争机制,重视公共服务的产出,强调文官对社会公众的响应力和政治敏锐性,倡导在人员录用、任期、工资及其他人事行政环节上实行更加灵活、富有成效的管理。

新公共管理理论的倡导者主张,传统的管理制度已经不能顺应全球化以及知识经济时代的发展需要,新型的公共服务体制亟待建立,从而对政府的管理进行根本性、方向性的改革是十分必要的。新公共管理的运动代表着以效率为重点的治理和组织的一般经济模式的改革浪潮。因此,改革的目的是用以市场为基础的、灵活的新公共管理模式来替代以官僚制为主的、僵化的传统行政管理模式。改革包括量化(quantization)的绩效管理制度的引入,赋予公共管理者更多的责任和义务,将更多竞争以及质量管理技术等措施引入公共部门。

我国学者从七个方面概括了新公共管理理论的主要内涵,分别为:强调政府的管理转移到"划桨"而非"掌舵";在管理方式上添加企业化管理方式;行政文化倡导"顾客导向";在政府部门管理上采用分权形式;在目标控制上引入绩效策略;降低公共产品可能带来的外部性;重视人力资源管理。①新公共管理理论的主要内涵意味着政府公共行政的根本性、方向性的转变,即政府不再扮演"管治者"的角色,而转变为"服务者"的角色,将公民当作"顾客"进行服务,强调"顾客导向"与"服务质量",关注民众需要与社会满意度,构建"以顾客为中心"的政府和公众信息沟通协调的有效平台与机制。同时,公共管理引入绩效管理与竞争机制,力图实现高效、低耗与有序的公共管理。

新公共管理范式的出现构成了对传统的公共行政学范式的严峻挑战,它改变了传统行政学的研究范围、主题、方法、学科结构、理论基础和实践模式,日益成为当代西方公共管理,尤其是政府管理研究领域的主流。新公共管理有其新颖、合理之处,它反映了当代西方公共管理实践的发展趋势,体现了公共部门管理研究的新成就。新公共管理范式的创新主要表现在如下四个方面:第一,新公共管理为公共部门管理,尤其是政府管理研究奠定了更广泛、坚实的理论基础;第二,新公共管理开阔了公共行政学的理论视野,具有一系列主题创新;第三,新公共管理建立起一个更加全面、综合的知识框架;第四,新公共管理提供了一种当代公共部门管理尤其是政府管理的新实践模式。

中国的巨大经济进步需要大量受过良好教育的劳动力。因此,职业教育在当代中国具有越来越重要的地位。而国家的发展必然是通过每一个地方的快速发展而实现的。因此,地方政府承担起经济发展的任务是必然也是紧迫的。"我所感兴趣的职业教育不是让工人适应已有的工业制度的职业教育,我没有充分地爱上这种政权。我感兴趣的并不是使工人适应已有工业体制的职业教育;而且我并不喜爱这种体制。在我看来,所有教育改革者的任务就是反

---

① 李云晖.新公共管理理论对我国政府改革的启示[J].人民论坛,2011(14):40.

抗这样的发展轨迹,取而代之是争取一种有助于实现已有工业体制转变的职业教育。"①从杜威的论述中可以看出,职业教育对于地方的经济发展格局的重要性。大力发展职业教育是实现当地企业行业的兴旺发展与民众就业的重要途径,同时,可以为当地贫困地区的家庭和适龄青年提供一条切实可行的学习与就业之路,实现民众"有业""乐业"与"安居"的愿望。地方政府发展职业教育,可以促进地方经济、就业、社会、民生等方面的快速发展。

一直以来,政府作为职业教育的提供者,掌控着职业教育发展的各个环节,如招生计划制订、招生考试、录取工作、学校发展评估等,全能型的政府模式导致政府效率低下,不能真正有效地履行提供公共服务(公共产品)的职责。因此,政府需要对自身的权责进行重新限定,以分权的方式将部分发展职业教育的职责转移给不同部门和机构,以"掌舵"的方式发展职业教育。

四、有限政府论

有限政府论(the limited government theory)的核心思想是:从权利来源上来看,政府是个人权利的部分让渡和社会缔约的结果,政府负有保护人民权利的义务;政府是一种"必要的恶",为保障人民权利不受政府行为的侵害,有必要对政府权力加以约束和限制,即政府权力是有限的。

有限政府是一种职能、权力、规模和责任有限的政府,包括如下含义:一是政府职能有限。政府的职能严格限定在政治性公共领域,其主要职能在于维护公共利益。二是政府权力有限。政府须依法行政,其行为不得凌驾于宪法和法律之上。三是政府规模有限。它是一个办事机构精简、人员精干、办事高效的"小政府",须抓大放小,"有所为,有所不为"。四是政府责任有限。政府有责任保障人民的基本权利,但并不承担公民生存和发展的无限责任。公民在享受自由和权利的同时,须承担相应的风险和责任。

有限政府理论发展到现代,其实质内涵体现为:第一,政府目的的公益性决定了政府权力运用目的与手段的有限性。第二,自然权利理论与政府能力的有限性决定了政府权力的有限性。第三,有限的政府权力必须分立并受到制衡。② 因此,有限政府理论作为西方宪政文化中一个重要的组成部分,其逻辑前提和理论基础在于确定相对于政府,人民地位的第一性。这意味着,相比政府的权力,人民的权利具有优先性,以此来保证人民的权利能够合法地对抗

---

① Dewey, J. *Democracy and Education*[M]. New York: The Free Press,1916:89.

② 詹福满,苗静.有限政府理论的现代解读[J].法律科学,2005(3):9.

政府权力的滥用。同时,政府的权力必须无条件地服从于人民的权利。在现代公共管理的治理范式下,政府有"有限政府"与"全能政府"之分,其政府行为也有"宽""窄"不同的取向,但"官僚行为扩张"或"政府行为扩张"等弊端,是现代国家包括教育领域在内的政府公共管理的通病。

地方政府对教育承担的责任,受制于一定社会的经济发展水平。从教育与经济关系看,经济是基础,教育是建立在经济基础之上的上层建筑,经济发展水平从根本上决定了教育的发展水平。教育总体上是一项消费性的公益事业,在特定的历史时期,政府只能在其公共财政能力许可的范围内承担责任。教育资源尤其是优质教育资源总是相对稀缺的,受一定历史时期的经济发展水平制约,单一的政府始终无法解决教育的有效供给问题,它只能在自身的职责和能力范围内承担有限责任。无论纵观世界教育发展历史,还是横向比较当今世界各国的教育改革实践,即便是教育发展水平较高的西方经济发达国家,政府也仅在一定范围内承担教育责任。

随着市场经济体制的完善以及政府管理体制改革的逐步深入,无论是中央政府还是地方政府都无力再对职业教育实行完全的包揽和控制。因此,一方面,这为地方政府在职业教育管理中获得足够的权力提供了理论依据,中央政府无力对全国的职业教育进行具体的管理,同时为了达到权力制衡的目的,中央政府也需要将部分职业教育的管理权力下放给地方政府,按照权责对等的原则,地方政府在获得足够的职业教育管理权力的同时,相应地也要承担必要的责任。各级政府应以"有限政府"为职权向度,冲破僵化的行政体制和管理模式的桎梏,对职业教育实行宏观、间接的管理。"有限政府"不仅是理论性的行政架构,而且更是政府的行政实践,关键是政府自我削权和自我约束,按照治理理念和法治要求去"办"职业教育和"管"职业教育。这需要政府敢于"革自己的命",用"壮士断腕"的勇气来推进政府职能改革,遏制"官僚行为扩张",约束"政府行为扩张",使政府教育职能由"全能管理"转变为"有限管理"。另一方面,地方政府在履行发展职业教育职责中,必须对自身的管理职权和职能进行重新界定,将一些本不属于自己也管理不好的事务下放,将一些长期以来被忽视而又十分重要的事务承担起来。根据有限政府理论,只有权责边界清晰、约束力度适当的有限政府才是较好的政府。地方政府在职业教育发展的过程中不可能承担所有的责任,从而应该依照权责对等的原则来限定其不应该具有职业教育发展中的哪些权力。所以,要使地方政府职业教育管理发生根本变化,关键是对地方政府的职业教育管理权力进行必要的约束,以确保地方政府与职业学校的管理权力合理配置以及与行业企业的相互配合,使三者共同促进地方职业教育事业的健康发展。

五、财政分权理论

财政分权(fiscal decentralization)是指将国家财政权力从中央政府下放到地方政府,它是提高公共部门效率的改革方案的一个重要内容。关于财政分权的基本经济论证有两个互补的假设:其一,权力的下放将提高经济效益,因为相比于中央政府,地方政府能更好地利用信息优势来为当地公众提供合适的公共服务;其二,地方政府提供公共服务可以促进区域人口流动和竞争力提升,确保当地社区的发展与地方政府的取向相匹配。这些有关公共财政的理论表明,在提供基础设施和教育等公共服务方面,地方政府对地方条件的敏感性,可能比忽视这些地域差异的中央决策更有效。因此,在同等条件下,相比一个高度集中的财政制度而言,相对分散的财政制度促使地方政府在公共服务提供方面比中央政府发挥着更重要的作用,更能促进经济快速增长。

财政分权有着重要的现实意义。第一,有利于提高资源配置效率。学者奥茨(Oates)通过"俱乐部"理论模型证明得出,对于某种公共物品来说,如果对其消费被定义是涉及全部地域的所有人口的子集,并且,关于该物品的每一个产出量的提供成本无论对中央政府还是对地方政府来说都是相同的,那么,地方政府能够向各自的选民提供帕累托有效的产出量,而中央政府无法向全体选民提供帕累托有效的产出量。"俱乐部"理论模型的核心内容是,在没有政府强制的条件下,出于私利的一组公共产品的消费者,能够通过自愿协议的谈判方式,达成一种联合提供的契约,来解决公共产品的共同消费及其成本分摊问题,并且只要满足一系列严格假设,这种方式在实现各自利益的同时,能够实现集体利益的最大化。[①]

第二,有利于分配的公正性。在实施财政政策的过程中,一方面,考虑到其巨大的分配效应,人们往往会主观地认为中央政府统一制定和实施政策是有效的,因为这样可以保证分配的公正性。然而,在中央政府缺乏有效信息的前提下,中央政府的政策制定可能达不到帕累托最优。相反,如果这些政策由地方政府制定,那么它们可以充分显示居民的真实偏好。另一方面,分配是初次分配和再分配两个环节的统一,从再分配的角度看,中央政府拥有相对的优势,但从初次分配的角度看,分权有利于发展生产力,有利于真正缩小地区差

---

① Oates W. *Fiscal Decentralization*[M]. New York: Harcourt, Barce and Jovanovich, 1972:121.

别、行业差别和城乡差别,从而能够从更为基础的层面实现分配的公平。

第三,有利于财政监督。通过财政分权,中央政府管理的横向幅度缩小,监督难度则相应地下降。若中央高度集权,随着国有企业数目的增加,监督任务会增加而导致监督不经济,这就迫使中央计划者尝试下放国有企业给地方政府直接管理。[1] 也有学者认为,在分权体制下,公民在政治上有很大的参与度,政府花的钱主要来自当地的纳税人,地方政府往往比较注重顺乎民意,这样有助于提高政策决策的科学性,形成政府与民众相互信赖、相互制约、相互依存的关系。

第四,有利于引入竞争和创新机制。实行财政分权后,地方政府有自己的独立利益。为了促进地方经济发展,地方政府之间在税收、财政支出、投资环境等领域展开竞争。Breton 认为,政府竞争不仅发生在同一级政府之间,而且发生在不同等级的政府之间,水平竞争和垂直竞争都可能改进公共产品的供给效率。其中,垂直竞争改进公共产品的供给效率是通过更多的民主、更少的独裁来实现的。[2] 地方政府经常被视为政策实验室,因为不同的地方政府可以进行不同的政策试验,分权后的地方政府的政策选择有可能同时考虑几个不同政策的优势。中央政府每次只能试验一个政策,而且经过很长时间的验证才能得到较好的新政策。当某一项政策预期的收益比较低时,进行政策试验可以反映潜在收益分布的信息。在分权体制下,两个地方政府政策制定者可以通过互相观测对方的政策决策和政策收益来制定本地的政策。[3]

财政权力下放已经成为世界范围改革议程的一个重要组成部分,得到了世界银行(World Bank)、美国国际开发署(United States Agency for International Development,USAID)、亚洲发展银行(Asian Development Bank)等国际组织的支持,并已成为发展中国家和经济体经济转型发展和战略治理的组成部分。随着全球化进程的加快,财政权力下放以及对地方自由裁量权获取的渴望被世界银行视为当今治理与发展极重要的力量之一。[4] 财

---

① 胡书东. 经济发展中的中央与地方关系——中国财政制度变迁研究[M]. 上海:上海三联书店,2001 :96.

② Breton A. *Competitive Governments*:*An Economic Theory of Politics and Public Finance*[M]. Cambridge:Cambridge Univeristy of Press,1998:78.

③ Rodden Joanthan,Susan Rose-Ackerman. Does dederalism preserve markers? [J]. *Virigina Law Review*,1997(87):68.

④ 全球经济重心或正在迅速回移[EB/OL]. [2017-02-13]. http://www. sohu. com/a/18892229_114732.

政分权的重新关注似乎得到普遍认同。首先,财政分权是提高公共支出效率的有效工具,尽管它可能对政府政策的其他理想目标带来风险,如地方政府的横向财政失衡和宏观经济的稳定。其次,急于下放权力也可以被视为发展中国家和转型期国家在不同政治制度下的大型集权制官僚机构的失败的反应。权力下放也被视为通过将财政权力转移到地方政府来打破中央政府对经济的控制的方式。正如泰兰特所言,许多国家的问题已经不是"是否",而是"如何最好地进行分散"。

财政分权能使地方政府拥有更多的自主权,由此对地方政府起到了明显的激励作用,进而有利于城市资源配置效率的改进,推动了经济增长,从而有效地改善了地方经济。地方政府拥有更多的自主权,可以根据当地实情、按自身节奏来发展职业教育,将职业教育与当地经济发展格局结合起来,向当地企业行业输送合适的人才,并调动企业积极性,让企业行业成为地方职业教育发展的稳定供给源,多方面、多渠道地发展职业教育,促进地方经济又好又快的发展。

总之,地方政府管理理论、公共产品理论、新公共管理理论、有限政府理论以及财政分权理论,为地方政府履行发展职业教育职责奠定了坚实的理论基础。一方面,职业教育属于准公共产品,它的公共性要求地方政府承担起发展职业教育的职责;另一方面,地方政府在公共管理中的地位日渐凸显,并且权力下放已成为当今的改革潮流。因此,地方政府亟须承担起发展职业教育的职责。

第三章　不同国家地方政府
发展职业教育的经验

　　职业教育在西方一些国家被喻为"使社会走向博雅的杠杆"。这揭示出职业教育在整个社会发展中所起到的重要作用——它使国家的资源利用者、开发者、管理者的技能不断更新,使整个社会的技术含量、智能含量和精神价值的含量不断提高,使一个国家的整体的民族素质从中不断获益和增强。毫无疑问,一个国家的职业教育制度及其体系因其特定的社会和经济结构的不同而有着明显的差异,而这一差异又与各国的历史条件和社会文化因素密切相关。通过法律和政策的方式干预政府履行发展职业教育职责是世界各国的共同经验。政府用政策和法律规范教育的发展方向、速度、规模和各种关系,确定职业教育的收益群体,体现政府的职业教育职责。同时,投资的方式确保政府履行职业教育职责的实现,使职业教育完成从理想到政策再到现实的转变。地方政府履行发展职业教育的职责因国情的不同而存在差异,总的来说,地方政府作为国家职业教育及其相关政策的执行者,在发展职业教育中所起的主导作用是不容置疑的。美国、英国、澳大利亚和德国履行政府职业教育职责的经验能为我国提供很好的参考。

第一节　美国职业教育管理中政府角色的转换与重塑

　　美国在西方发达国家中是一个年轻而又发展很快的国家。它之所以能够后来居上并持续领先,固然有许多政治、经济、民族和文化方面的原因,但不可否认的是,美国的教育特别是职业教育为其经济的崛起、发展和起飞起了不可估量的重要作用。

　　美国职业教育系统包括高中阶段的职业教育和高等教育层次的职业教育。高中阶段的职业教育分为综合高中(约占 89.2%,它以传授学术类课程为主,但也提供种类繁多的职业课程)、职业高中(约占 4.6%,它强调职业课程,但也提供高中全套必需的学术类课程,是全日制学校)和地区性的职业教育中心或职业学校(占 6.2％,只提供职业课程,半日制,学生们常常在"家庭高中",即 home high school 进行学术课程的学习)。美国的社区学院是高等职业与技术教育的主要角色,其水平程度与我国的专科学校相当。大多数公立社区学院提供三种类型的服务:升学教育、生计教育和社区服务。

美国政府履行职业教育职责有其理论基础,即早期干预理论。该理论认为政府及时干预,就能极大地改变公平程度。[①] 自 1965 年以来,联邦政府通过强调教育公平,逐渐改变美国职业教育管理体制,从分权走向集权,形成了集权为主、分权为辅的教育行政管理体制。一方面,教育权力体现在州向联邦政府集中;另一方面,教育权力体现在郡(县)政府向州集中,从而逐步形成教育行政管理的全面集权体制。

一、美国联邦政府职业教育管理的演变

(一)对职业教育管理的初步认识阶段

美国是先有州而后才有国家的。从《独立宣言》发表到 1787 年的《美利坚合众国制宪会议》,依据《邦联条例》设立的合众国国会的权力很小,在这种状况下,为了使全国的教育事业朝着联邦所希望的方向发展,联邦政府从宪法的普遍福利条款中找到了为教育事业向各州征税和拨款的理由,从联邦商业条款及其司法判例中找到了规范管理各州教育的方法,从法院的司法判例中找到了用教育来确保个人权利和自由的法律根据。[②] 在找到以上法理后,结合联邦与各州权力分割的现状,联邦政府遂采取了借助自身优越的物力财力,诱导各州在接受联邦政府教育资助的同时,自觉自愿地遵照联邦政府的要求开展教育活动。另外,为了保证各州的教育活动达到联邦政府的标准,联邦立法还要求各州向联邦政府汇报活动开展的情况。

1862 年颁布的《莫雷尔法案》第 5 条第 3 款规定:"任何可以享受和应该享受本法案规定权益的州,都必须按本法案第 4 条的规定,在 5 年内至少开办 1 所以上的学院,否则将停止授予该州土地和土地证券。"[③]另外,联邦政府为了对各州创办农工学院的情况有所了解并有效监督,法案同时要求:"每年须

---

① James Coleman. *Equality and Achievement in Education* [M]. Colorado: Westview Press, 1990: 124.

② Kern Alexander, M. David Alexander. *American Public School Law* [M]. 5th ed. Wadsworth Group, 2001: 62-65.

③ 夏之莲. 外国教育发展史料选粹:上[C]. 北京:北京师范大学出版社,1999:490.

将各院校的发展情况和所进行的改进、实验、所花费用和取得的成果以及有用的州工业和经济方面的统计资料写成年度报告,分别邮寄其他所有按本法案规定可以得到资助的学院,同时也邮寄给内政部长一份。"①《莫雷尔法案》所开创的由各州向联邦政府汇报项目实施情况的方法,为其后百年来的美国联邦职业技术教育立法所继承和发展。1890 年通过的第二个《莫雷尔法案》要求各州农工学院的院长每年将该学院的发展情况,报告给农业部长及卫生、教育和福利部长等。1917 年的《史密斯-休斯法案》是美国非常重要的职业教育法令之一,由于其设置了专门的联邦职业教育委员会和各州相应的管理机构,全国职业教育的监督管理事宜主要通过以上机构来实施。法案规定:各州职业教育主管机构应在每年 9 月 1 日或之前,把州内完成的工作和按该法案规定领取和支付拨款的情况,向联邦职业教育委员会做年度报告。而联邦职业教育委员会除了应该在规定的日期前向财政部证实各州根据本法案规定有权接受的款额外,还应该向国会做各州职业教育开展情况的年度报告。②另外,法案还要求各州要建立高效的公众监督与管理机制,对各州职业教育的实施进行全方位的监督。

(二)联邦政府全面介入职业技术教育管理阶段

第二次世界大战后,在相对缓和的国际环境中,人类迎来了第三次科技革命的浪潮,美国成为新科技革命的策源地和中心。在新科技浪潮以及相关因素的带动下,美国的经济实力迅速增长。二战后的 25 年内,美国经济尽管出现过多次短期的经济衰退,但是年平均增长 3.5%,国民生产总值从 1946 年的 2000 亿美元攀升到 1970 年的近 10000 亿美元,家庭平均收入由 1947 年的约 3000 美元增至 1965 年的 6000 美元;居民实际购买力在 1946—1960 年增长了 22%。③ 但是,美国经济的迅速增长,却没有消弭国内贫富之间的差距,同时以黑人为主体的弱势群体为争取平等民权的斗争也如火如荼地进行着,在肯尼迪和约翰逊总统的"新边疆"和"向贫困宣战"等政策的指引下,与两次世界大战和经济大萧条的做法类似,联邦政府依靠职业技术教育对抗贫困、改革社会弊端的信心持续高涨。除了系列民权立法、社会保障立法、人力资源开发立法等拨款之外,仅 1963 年《职业教育法》的拨款数额就相当于 1917 年《史密斯-休斯法案》拨款数额的 150 倍左右;相当于 1926 年《史密斯-休斯法案修

---

① 夏之莲.外国教育发展史料选粹:上[C].北京:北京师范大学出版社,1999:491.
② 夏之莲.外国教育发展史料选粹:上[C].北京:北京师范大学出版社,1999:175-176.
③ 杨生茂,陆镜生.美国史新编[M].北京:中国人民大学出版社,1990:466.

正案》拨款数额的 8 倍多;是 1946 年《乔治-巴登法案》拨款数额的 2 倍多。①为了使增加的职业技术教育拨款发挥最大的效益,从 20 世纪 60 年代开始,联邦政府全面介入了职业技术教育的监督管理中,其突出特征就是除了各州继续在规定期限内向联邦政府报告区域职业教育的开展情况外,还创建了专门的机构对职业技术教育进行研究并定期评估。1963 年的《职业教育法》规定,建立职业教育咨询委员会,开展对法案实施情况的调查研究并全程进行监督。另外,法案还提出:至少每 5 年组织一个不超过 15 人的国家职业教育评估委员会,由该委员会开展全国职业教育的评估活动,以了解其项目的相关性与实施质量。在 1963 年法案的基础上,1968 年《职业教育修正案》将国家职业教育咨询委员会改为永久性机构,同时将其成员从 12 个扩充到 21 个,任期定为 3 年;1976 年的《职业教育修正案》则加强了对职业教育信息的收集、管理、评估力度,为建立国家职业教育数据报告和分析系统提供了专项拨款,并要求从 1977 年开始,各州除了负责递交职业教育短期、长期规划和责任报告外,还应该对州内的职业技术教育项目实施评估。同时,专门的国家职业教育评估机构每 5 年对法案的实施情况开展一次国家评估。修正案特别提及了在各州制定递交给联邦的规划时,要尽量邀请所有职业教育机构的代表参与规划的制定,以使各州的规划真正体现出民情民意。

(三)联邦政府对职业技术教育的宏观管理阶段

自 19 世纪 20 年代末期世界范围经济危机爆发以来,特别是凯恩斯经济理论的出台,包括美国政府在内的西方政府干预国家经济生活的热情空前高涨,加之 20 世纪四五十年代大规模国有化运动的推动,到 20 世纪 70 年代,西方政府对社会各项事务的干预程度大大加强,其中一些国家还出现了行政权超越法权的反常现象。伴随着政府各项行政管理权力的无限扩大,政府公共行政普遍出现了人浮于事、效益低下、政策失效,乃至政府失灵等问题,尤其是经济领域内高失业、高通胀、低增长的"滞胀"现象的长期存在,使自 20 世纪 70 年代末以来西方各国政府普遍面临着日益严峻的财政危机、管理危机和信任危机。为了摆脱这种困境,20 世纪 70 年代世界范围内兴起了"新公共管理"运动,各国普遍出现了精简政府机构,裁减行政人员,借助委托代理方式,促使更多的市场力量参与到原来由政府公共部门垄断的管理事业中,并通过完善的战略目标和长期规划,以及对绩效目标适时的测量和评估,最终实现政

① Calfrey C Calhoun, Alton V Finch. *Vocational Education:Concepts and Operations* [M]. Califonia:Wadsworth Publishing Company Belmont,1976. 38.

府管理的"经济(economy)、效率(efficiency)和效益(effectiveness)"的"3E"目标。在这种背景下,自19世纪80年代以来美国联邦职业技术教育立法的监督管理方式再一次发生了较大转变。其突出特征是:联邦政府从对职业技术教育事无巨细的管理方式中抽出身来,将更多的监督管理责任委托给了各州。同时,为了使法案的实施既达到联邦政府所希望的标准,又照顾到不同区域的实际情况,联邦立法仅仅规定了项目评估的核心指标,而对于项目实施中所能够达到的具体标准,则由州和地方根据自身情况与其上级部门协商后决定。1982年的《工作培训合作法案》更多地让联邦政府负责宏观的信息收集、管理和评估工作,州政府来分担联邦政府具体的管理职能;1984年颁布的《帕金斯职业教育法案》要求通过独立的国家教育协会(National Institute of Education)对国内职业技术教育开展的情况进行研究和分析;1990年颁布的帕金斯第二修正案《帕金斯职业与应用技术教育法案》明确提出各州开展职业技能、就业技术、学生在校保有率,以及进入更高一级院校学习或进入军事机构或直接就业的人员比率等项目的评估。同时法案还强调指出,评估系统要赋予各州和地方最大的弹性,以使它们能够根据当地情况对项目指标进行适当调整。1998年和2006年的《帕金斯职业与应用技术教育法案》,则进一步明确了对各州和地方职业技术教育开展评估的"核心评估指标"(core indicators of performance)体系,同时将州与联邦、地方与州各自协商确定的"调整后的项目实施标准"(adjusted levels of performance)作为各州和地方努力的目标。

二、美国职业教育管理体制和政府的职责

美国的职业教育管理遵循的是联邦政府引导、州政府和地方政府分级负责、以地方为主、学校根据市场需求自主办学的管理机制。

联邦政府对各州的文化教育不直接过问。联邦政府一直试图运用把立法和拨款结合的手段干预各州职业教育的发展,但影响力较为有限。美国各州的职业教育较为发达,但有些职业教育机构为了片面追求经济效益,降低了入学标准和教学要求,对提高培养人才的质量产生了不良的影响,这引起了产业界人士的强烈不满。但由于联邦政府对各州文化教育没有直接的管理权,它对这些现象的解决只能通过颁布一些法令,向各州文化教育主管部门和社会教育机构提出一些建议,通过颁布教育法令、政策与向各州提供拨款相结合的方式来干预各州职业教育的发展,各州职业教育机构抱怨执行联邦政府的发展职业教育法令,接受联邦政府教育主管部门的各种检查评估耗费了它们大

量的人力、物力。各州职业教育机构对联邦政府颁布的法令、政策往往采取实用主义的做法，即：对自身有好处的，它们全力执行；对眼前无利或直接利益不大的则阳奉阴违，或毫不理睬。美国联邦政府对各州职业教育的宏观调控乏力成为影响各州职业教育健康持续发展的重要因素。

美国州政府设有高等教育委员会和社区学院委员会，其成员由州长任命，为 10 人左右，包括教育、工商、社会工作等各界人士。目前全美有 8 个州成立了职业教育委员会或类似的机构，作为政府的职能部门，这些机构统筹、协调和规划全州职业教育，其他州职业教育大多归高等教育委员会管理。这些委员会的主要职责是制定本州有关职业教育的政策、法规和确定发展规划；管理、分配联邦政府和州政府用于职业教育的资金；审议、评价课程设置和培训项目；颁发教师资格证书；确定学生的收费情况和审计学区财务执行情况。

美国实施 12 年义务教育，中等职业教育基本由公立学校实施。独立的职业高中不多，中学都开设职业课程。1993 年，设有职业课程的学校（职业高中、综合中学、少数普通高中）达 1.6 万所。总体而言，60％以上的中学毕业生还将进入高中后教育机构继续接受教育。总之，中等职业教育学校在美国未能构成职业教育的主体，其办学体制也较为单一，主要是政府（地方）办学和政府领导下的社会机构办学。

美国职业教育的主体为高中后教育，实施机构中最具代表性的是社区学院。其他还有地区职教中心、各类职业技术学校、工会和行业（包括公司）提供的培训、企业办的培训中心、联邦政府资助的培训项目等。这些机构的归属、经费来源和管理均不相同，如从体系角度细分，达 57 种之多。从宏观角度看，在这一系统中，举办职业教育的不外乎是社会和个人。代表社会的有联邦政府、州政府、地方当局、工商行会组织、工会、公司（企业）、其他社会团体等；代表个人的有直接办学者和间接助学者等。所有这些举办者在职业教育组织体系中所处的地位、承担的责任、发挥的作用、获得利益的方式，以及由此形成的职业教育运行机制，共同造就了美国独特的职业教育办学体制。

从实施职业教育的主体社区学院看，其办学是以政府为主。1994 年的统计显示，美国有社区学院 1471 所，其中公立的 963 所，私立的 508 所。通常，公立学校在办学规模和办学条件方面都优于私立学校。公立学校经费的来源渠道可归纳为 5 种：地方税收、州政府拨款、联邦政府资助、学生所缴学费和其他收入。私立学校的经费主要来自学生的学费，同时也可得到政府小额的补贴或从有关公司和私人得到一些资助。由于美国各地区差异很大，不同州的不同学校从各渠道得到的经费也就极为不同。以职业教育较为发达的威斯康星州为例,自 1984 年以来,该州职业教育(社区学院)的经费约 45％来自地方税收,约 20％为州政府拨款,联邦政府的资助约占 10％,学生所缴学费约占 10％,还有来自企业、私人的赞助和学校有关产业的收入。

上述这种经费投入格局决定了美国职业教育的管理制度和运行机制。即中央(联邦政府)引导、州政府和地方政府分级负责、重心在地方的管理制度和学校根据市场需求自主办学的运行机制。按 1990 年的职业教育法规定,联邦政府每年向各州提供 16 亿美元的职业教育专项补助经费,以提高美国经济和技术的竞争能力。联邦经费的作用主要是引导职教的发展、改革方向和促进教育与培训机会均等目标的实现,以激发各州重视职业教育。联邦政府虽然没有直接管理职教的职能,但自《2000 年目标:美国教育法案》(1994 年)颁布后,联邦政府成立了全国职业技能标准委员会,旨在将行业的技术标准变成国家经济和教育政策的组成部分,以通过行业来影响和规范职业教育管理。

州政府和地方政府作为职教经费的主要提供者,直接进行职业教育的管理工作。如威斯康星州早在 1965 年就建立了州职业技术教育委员会,其属政府职能部门并统筹规划和协调管理全州的职业教育。该委员会共有 13 名成员,其中雇主和雇员代表各 1 人、农民代表 1 人、固定代表(中小学教育总监、州大学委员会主任和州负责工业、劳工和人事事务的秘书)3 名、学生代表 1 名和社会代表 6 名。该委员会的职责主要是:确定本州职业教育(学校)的发展规划,制定相应的政策法规,分配和管理联邦及州的职教经费,评估审议课程设置、培训项目和学校设备更新计划,审计各学区财务执行情况,确定学生的学费额度和审议学生资助情况,颁发教师资格证书,争取联邦和州政府各方面对职教提供支持等。

州以下职业教育由学区管理。威斯康星州的学区设有职业技术教育委员会,由 9 名成员组成,其中雇主、雇员代表各 2 人,社会代表 3 人,学区管理人员代表 1 人,政府官员代表 1 人。该委员会作为权力机构,其委员由学区所在地政府任命(没有报酬)。其职责主要是:聘任本学区职业技术院校的校长、教师,确定当地税收的征收和安排,确定课程的设置和培训计划的实施,研究制定学校设备的购置和更新计划,制定学区的财政预算,向学生提供经济资助和就业指导,制定学区的管理政策和规章,争取联邦、州政府和有关机构的资助,协调学校和工商(企业)界的联系等。

(一)联邦政府:基于履行发展教育职责的教育政策

美国政府筹措教育经费的行政管理体制在客观上成为维持和强化教育不平等的工具,随着社会结构性不平等现象的加剧,美国迫切需要有能力的政府采取措施,从而使得联邦政府不断提高其在教育政策方面的影响力。教育改革中的绩效责任体制似乎专为集权而设立,通过标准评估,联邦政府逐渐控制了学校教育。但教育管理权力的转换并没有遭到州立法委员会、州长、地方教育委员会、学校行政的反对,事实上由于联邦政府强有力的资金资助,权力主体在变化过程中甚至很大程度上还得到了各州支持。[①] 当州政府执行联邦法律、对如何实施教育标准不知所措时,往往求助于联邦政府,而且联邦政府也主动为有需要的州提供帮助,这实际上有利于政府的集权。

根据法律,通过借助资金调控,联邦政府将影响力渗透到各个州。但联邦政府教育政策的顺利贯彻,依然依赖于州的意愿和地方落实政策的主动性。将公平纳入教育政策,常常引发联邦政府与地方政府之间的冲突;但在教育政策中将国家意愿与州工作重点联系起来,则会减少政策引发的冲突。此外,联邦政府在教育研究方面的投入远远高于地方政府,使其在制定与推动未来教育政策上具有更大的影响力。公平作为集权化管理的核心思想,为联邦政府干预本属于地方事务的教育提供了合法性依据。

地方自治的联邦体制让美国民众不喜欢联邦政府对社会和经济进行过多的干预,但利益团体,尤其是各种商业组织,面对国际社会竞争环境时,认为人力资源不是地方性问题,而是国家层面问题,提倡联邦政府设立教育标准、统一评估体系、建立责任制度,尽可能培养更多适合社会发展需要的人才,相对于教育自治,这似乎是更重要的问题。《不让一个孩子掉队法》颁布后,很多州接受了相关的标准、评价、绩效等,说明州教育政策快速地向联邦政策靠拢。而且,教育经费只占联邦预算很小的比例,但却产生广泛而深远的政策影响。1862年《莫雷尔法案》的颁布标志着美国联邦政府对各州职业技术教育资助的开始。为了更好地发挥联邦政府对各州职业技术教育发展的引导功能,提升各州对联邦土地或资金的使用效率,《莫雷尔法案》同时为职业技术教育建立了相应的监督管理机制。

为了调动各州开展职业教育的积极性,明确资金资助的方式。联邦政府要求各州必须首先拿出资金开展职业教育,然后联邦政府拨付相同数目的补偿基金。这种做法促使各州从自身利益出发,以实际发展需要为基础,承担起发展职业教育的职责。同时,联邦政府又能最大限度地发挥促进全国职业教育发展的功效。虽然联邦对各种职业教育发展进行补偿,但在实际中,各州用

---

① ［美］戴维·T.康利.谁在管理我们的学校——变化中的角色和责任［M］.侯定凯,译.上海:华东师范大学出版社,2005:28.

于职业教育的发展经费远远超出联邦的匹配。职业教育为当地经济发展服务的宗旨，自然也让那些在职业教育发展中获得实际利益的主体具有投资职业教育的热情和意愿。联邦政府的政策是鼓励各州发展适合自己的职业教育，各州在联邦政府的鼓励下发展起了多样的、有力促进经济发展的职业教育。

（二）州政府：基于财政改革统筹管理的职能

在公平财政改革中，筹措教育经费的责任落在了各州，州政府不断强化拨款职能，并在法院的配合下进行教育改革，州在教育政策上的影响力日益扩大。州议会的努力以及相关司法判决，使得教育财政权力不断集中，根据美国法律，只有州政府能够保证教育在学区之间的均衡发展。[①] 经过30多年的教育公平财政改革，在一定程度上扭转了贫富学区之间生均教育经费两极分化的局面，但生均教育经费仍然受到学区经济发展水平的影响，学区教育经费不平等现象依然存在，州政府势必要承担更多的经费责任。如果把地方自治权的丧失理解为州政府在教育政策上不断发号施令，那么地方权力弱化是不争的事实。[②] 随着法院判决中教育标准的实施，州政府要为每个学区提供相等的生均教育经费。

教育财政权集中在州，能够显著地缩小富裕学区与贫困学区的教育经费差距，促进学区间教育均衡发展。[③] 州资助教育的责任与公平之间的直接关系表明，州政府在改进教育公平方面起着关键作用。

联邦政府的教育政策似乎更为关注公平，具体表现为补偿政策；而州政府的教育政策似乎更为关注质量，具体表现为教育标准的制定。州政府教育政策的轴心仍是整个教育系统的进步，而不是某个特别群体的教育进步；联邦政府仍需要在弱势群体教育上付出更大努力。美国各州的教育公平改革主要由立法者而非教育者发起，教育权力借此上移，教育政策也就脱离教育控制，由此，政府官员取代教育者和传统利益集团而掌握教育领导权，教育者本身成为改革对象。

————————

①　Guthris, James W. Constructing New Finance Models That Balance Equity, Adequacy and Efficiency with Responsiveness[Z]. Education Finance in the States, 2001:3.

②　[美]戴维·T. 康利. 谁在管理我们的学校——变化中的角色和责任[M]. 侯定凯，译. 上海：华东师范大学出版社，2005:45-46.

③　Kenneth K. Wong, FrancisX, Shen. Can the States Address Equity and Innovation. Rething the State's Fiscal Role in Public Education[C]. Paper Prepared for the 98th Meeting of the American Political Science Association. Bosto, MA: August 28th September 1, 2002:22-23.

为了更好地履行政府职责,州政府将政策核心转移到教育高标准设计上,同时通过州教育部形成有效而新颖的机制控制学区教育,如直接接管学区、派遣工作小组检查地方教育活动、对地方教育委员会的工作提出意见、重建达不到教育标准的学校等。公平改革中的集权导致学区教育者的不满,直接表现为教育公平财政政策的反复;为平衡中央集权与地方自治的管理,许多州政府允许学区不受某些规定的约束,但学区对这样的政策反应平平。实际上,如果州教育公平政策的最终指向是更高标准与更严厉的绩效责任制,那么学区的教育政策就要与州教育政策保持一致,否则学区的教育质量很难达到标准,学区也不会得到经费资助。

(三)学区管理层:执行政策中保证高质量的教育

在联邦和州政府对教育控制力越来越强的行政管理体制中,学区地方教育委员会的主要任务变成确立目标、聘用督学、积极维护学生利益、确保实现高水平和合适的教育标准。学区内部各校之间的办学水平存在着差异,地方教育委员会的责任之一便是设立地方绩效责任制以及提高学校办学水平。同时,地方教育委员会不仅应该关注各学校办学条件的标准化,而且也应该鼓励学校适应学生需求的变化,根据相关标准监督其符合学生特殊需要的程度以及学校教育的质量。在美国教育管理体制中,地方教育委员会是社会(家长、利益团体等)参与教育的基层单位,但现在地方教育管理委员会资助和管理地方教育的权力转移至州政府。因此,地方教育委员会须采取相关的举措,以保证其在学区中的影响力。督学在传统上受雇于地方教育委员会并为之服务,与州政府(州教育厅)几乎没有关系,但原先属于学区管辖的领域逐渐由联邦与州政府管理,督学必须找到联邦、州、学区的教育政策的平衡点,地方教育局通常在国家政策与资助的感召下制定具体教育政策,通过控制政策的信息渠道,领导地方学校。

三、强调立法:美国政府履行发展职业教育职责的实践

自20世纪以来,美国联邦政府就尝到了职业教育立法所带来的益处。联邦政府在1917年颁布《史密斯-修斯法》之后,又通过了《乔治-里德法》《乔治-巴登法》和《国防教育法》(1958),这不仅保证了职业教育的良性发展,而且使1200万退伍军人完成了培训和就业,促使社区学院迅速发展。

进入20世纪中叶,许多新产业产生,旧产业消失。这不仅使非熟练工人失业,而且使许多旧行业的熟练工人失业,造成一方面许多新的领域处于无人适应的虚空状态,而另一方面大量低技能的人失业。面对这种矛盾的情形,美

国联邦政府通过职业教育立法,及时培训适应产业升级和新技术就业要求的劳动力,进一步促进了其职业教育的健康发展并推动了美国经济社会的可持续发展。美国先后颁布了《职业教育法》(1963)、《职业教育补充法案》(1968)、《全面就业与培训法》(1973)、《职业教育修正案》(1976)、《职业训练协作法》(1982)、《帕金斯职业教育法案》(1984)、《帕金斯职业应用技术教育法案》(1990)、《学校—工作机会法案》(1994)和《人力投资法案》(1998)。

(一)通过立法加强联邦政府管理职业教育

第二次世界大战结束后,美国面临数百万退伍军人转入地方就业的巨大压力。为维护社会稳定和促进经济发展,联邦政府在 1944 年颁布了《退伍军人重新适应法》,规定联邦政府为退伍军人免费提供退役以后再继续接受教育或技术训练的机会,凡是在部队服役 90 天以上者,就可以获得一年受教育的机会,每多服役一个月,受教育时间也相应增加一个月,接受教育训练的时间总共不超过 4 年。在受教育期间,政府负责学杂费,并提供必要的学习工具和生活补贴,以帮助他们顺利完成中等或高等教育。1945 年又颁布了《退伍军人就业法》,促进退伍军人通过参加职业培训尽快实现就业。这两项法案的实施,极大地提高了退伍军人的职业技能水平和综合素质,为二战后美国经济的腾飞提供了有力的人才保障。

1958 年,为了在同苏联的军事竞赛中重新获得优势地位,美国国会颁布了《国防教育法》,把发展职业教育,培养各种科技人才作为教育改革的主要内容,确立了地区职业教育管理制度。地区职业教育管理制度规定,设立地区职业教育分支机构作为联邦职业教育署的下设机构。其主要任务是协助各州职业训练委员会开展技术训练和再训练活动,包括为学徒工提供职业训练和补习教育,使其成为熟练工人或科技人才。同时,要求各地区开办职业训练机构,为不能胜任工作的当地居民提供对科技发展有影响领域的职业训练,满足国防建设需要。《国防教育法》将发展职业教育提到了国家安全的高度来认识,这不仅极大地提升了职业教育的发展规模和速度,而且加强了联邦政府对各地区职业教育的干预力度,促进了职业教育管理体系的形成和完善。

1963 年,美国国会通过的《职业教育法案》(The Vocational Education Act)的主要目的就是维持扩展、改进职业教育。《职业教育法》规定所有社区、所有年龄的公民都有机会接受高质量的职业教育培训或再培训,并进一步规定这种培训要与劳动力市场的就业机会、学生兴趣及自身能力紧密结合,实现的具体措施主要是为贫困家庭的学生提供助学贷款。1968 年的《职业教育修正案》进一步扩大了职业教育的投入,开办了多种试验科目,为更多的人提供了接受职业教育的机会。该修正法还规定要为那些参加职业培训的年轻人提供部分时间制(part-time)的工作,并规定只要社区内所有年龄段的人有意愿提高技能的,社区学院就要为他们提供高质量的职业培训,使他们从中受益——不管他们已完成高等教育,还是没有受过高等教育,不管他们已参加工作,还是准备参加工作。

1976 年颁布的《职业教育修正案》特别强调性别平等。在该法案的 101 节中有这样的规定:"各州在职业教育领域要尽量避免性别歧视,为每个人提供不受其性别限制的职业教育的机会。"该法案还对消除性别歧视做了具体规定:(1)建立和扩大社区学院,为妇女提供就近入学的低学费的二年制高等教育。(2)要求各州必须每年递交职业培训与工作中的妇女地位和性别差异报告。(3)规定妇女在一生中一定要工作一段时间。(4)为消除性别偏见,提供联邦资金。1974 年《教育补充法案》还要求各州从联邦支持的资金中拿出 8.5% 用于为单亲家庭和弱势群体家庭提供职业教育与培训。另分出 3% 的资金用于改善职业教育中的性别歧视与性别偏见。1976 年之后,美国联邦政府投在消除性别歧视上的资金是每州每年 5000 万美元。[①] 1984 年颁布的《帕金斯职业教育法案》更加强调职业教育领域中性别的平等性。

从 20 世纪 60 年代开始,为关注特殊群体的教育,美国联邦政府通过的法律有:1964 年的《公民权利法案》(The Civil Rights Act of 1964)、《1964 年经济机会法案》(The Economic Opportunity Act of 1964)、《1972 年教育修正法案》和《1973 年中小学教育法案》、1974 年为英语受限学生需要而颁布的《教育补偿法案》《1975 年所有残疾儿童教育法案》及 1976 年的《职业教育修订案》。[②] 其中 1974 年的《教育补偿法案》、1976 年的《职业教育修订案》及后来的《职业训练协作法》都明确规定了特殊群体在职业教育与培训中的权利,并以联邦资金的形式提供了具体资助。

(二)通过职业教育立法来促进学生的综合能力发展

20 世纪 80 年代以后,社会发展对人才提出了综合化要求,不仅要求员工有过硬的技术,而且要求员工有更高的综合素质与适应能力,以适应不断变化的工作岗位。

---

① H RD Gordon. *The History and Growth of Vocational Education in America* [M]. Boston:Allyn and Bacon,1999:75.

② H RD Gordon. *The History and Growth of Vocational Education in America* [M]. Boston:Allyn and Bacon,1999:75,104.

美国联邦政府对于职业教育综合能力的强调主要是通过两个职业教育法案和两个教育资助计划,即《帕金斯职业与应用技术法案》与"技术准备计划"、《学校工作机会法案》与"学校工作计划"而实现的。

《帕金斯职业与应用技术法案》整合普通教育与职业教育。1990年9月25日,乔治·布什总统签署了帕金斯法第二修正案《帕金斯职业与应用技术法案》(简称《帕金斯法案》)。该法案以政府资助的形式提出了综合人力资源培养的途径:(1)融合普通教育与职业教育。(2)联结以美国国会为主要支撑的教育部与技术准备部。(3)加强学校与工作单位间的联系。[1] 该法案结束了普通教育与职业教育相分离的状态,基本消除了德国双轨制的职业教育体系对美国职业教育的影响。

"技术准备计划"(Tech-Prep)是1990年帕金斯法案颁布后联邦政府为了适应社会对于人才的综合化要求而资助的重要的教育项目。该计划旨在实际环境中通过应用技术的学习而连接中学教育与中学后教育,整合普通教育与职业教育,为学生提供能顺利进入人力市场、军队或进一步学习的必要技能。"技术准备计划"的具体实施是:(1)规定计划的主要资金来源于联邦政府。(2)明确规定了学习年限与学位种类。"技术准备计划"是最少两年的中学教育与最少两年的中学后教育相结合的连续课程学习计划。完成课程学习后学生可以拿到学士学位,又可以拿到特殊领域的副学士学位。学生既可以在四年制的学校学习,也可以在两年制的社区学院学习,或者在劳动部门或企业接受相关的能力训练。(3)强调课程的整合与一致性。《帕金斯职业与应用技术法案》明确规定在"技术准备计划"中要把数学、科学、阅读、写作、交际等核心课程与技术课程相融合,强调职业教育内学科的整合。整合后的课程的主要特征是:课程设计指向个人的发展与社会的急需;强调学习经历的重要性;知识的学习是为了解决现实生活相关的问题,而不是为了未来生活的准备;学习活动要围绕实际生活、生产中的实际应用,要让学生能够经历问题解决过程并能感受社会的复杂。[2] (4)强调社区学院与企业对职业教育的参与。(5)试图通过发展教师的专业性来加强普通教育与职业教育的融合。

美国联邦政府的"技术准备计划"的实施是非常成功的。通过"技术准备

①　H RD Gordon. *The History and Growth of Vocational Education in America* [M]. Boston:Allyn and Bacon,1999(75):81,104.

②　Susan Imel. School-to-Work. Myths and Realities,1999,No. 4[EB/OL]. [2017-03-15]. http://www. ed. gov/offices/OVAE/CTE/legis. html.

计划"，美国职业教育不仅从联邦政府获得了大量的资助，而且从州政府也获得了与联邦政府相同的资金资助，这极大促进了职业教育的发展。同时，由于强调核心课程与技术课程的整合以及学科内的课程整合，学生的综合素质与能力得到大大提高。例如提前确定职业方向；在高中学习结束时，学生能够为进入大学或取得技术证书获得良好的信誉；能够学习与工作技能密切联系的课程；能够积累宝贵的、与职业相关的经历。

《学校—工作机会法案》强调企业参与。如果说 1990 年的《帕金斯法案》从宏观上为普通教育与职业教育的整合做出引导的话，那么，1994 年颁布的《学校—工作机会法案》（School-to-Work Opportunities Act）则是对综合人才的培养方式提出了细节性的引导。《学校工作机会法案》旨在通过教育与企业的合作为国家的经济发展提供高素质、高技术的人力资源。《学校工作机会法案》颁布之后，联邦政府的教育资助计划是"学校工作计划"（School-to-work）。"学校工作计划"的主要目的是为学生提供与工作或劳动力市场相关的知识、技能、能力与信息，使他们做好从学校到就业的过渡。其主要由三个部分组成：以"学校为基础"的学习、以"工作为基础"的学习和与学校工作相联系的学习。以"学校为基础"的学习是以学习应用理论的方式为学生提供将理论知识运用于实际的机会，包括在实际的工作过程中，在工作导师的指导下培养一般的工作技能，并能有机会了解企业的所有方面。而"以工作为基础"的学习是由企业为学生提供的实地学习的机会，使学生积累工作的直接经验，并为学生提供企业界所公认的基本技能的指导与培训。以工作为基础的教育与以学校为基础的教育是相互协调的。在"学校工作计划"开始实施之后，许多大企业都积极地参与了该计划。如摩托罗拉和爱立信公司就发起了"2000 学校操作学习计划"。摩托罗拉公司从 1995 年起就从当地职业学校中选学生让其每周在生产线上工作 20 小时。

"技术准备计划""学校工作计划"都是为了培养学生解决问题的能力、与人在工作中合作的精神、与他人沟通与交流的能力，并把工作目的、任务、企业的组织结构和企业文化作为学习的主要内容。这两项计划为美国经济发展培养了大量能够适应多变工作环境的高技术应用型人才。

（三）通过职业教育立法来促进个人就业与经济持续发展

美国联邦政府每次对职业教育立法的直接目的是指向个人的就业和美国经济的持续发展。为了提高教育质量，使职业教育更好地适应社会经济的发展，1990 年的《帕金斯职业应用技术教育法》鼓励行业、企业和社会其他用人单位参与对职业教育的管理，实现职业教育管理主体的多元化。行业、企业参与职业教育管理,不但有助于职业学校和培训机构更加及时、准确地了解职业世界对人才培养的要求,实现职业教育与经济、社会的协调发展,体现教育的公平和民主,而且为建立各类学校及各种社会教育、培训机构相融通的终身化职业教育体系奠定了基础。与此同时,该法案还鼓励政府、企业、教师、学生和家长更多地介入学校的规划和改革中,广泛地听取他们的需求和建议,摒弃妨碍职业教育改革的规章和制度,充分发挥他们在提高教育水平方面所起的作用。

《帕金斯职业教育法》的第三次修订案建议工商企业和教育机构建立密切合作关系,共同拟定合作培训项目和课程,主张职业教育课程要满足工商企业对职业技术人才的规格和质量要求。该修订案还提出通过课程整合的方式来达到提高职业教育质量和促进就业的目的。具体措施包括:整合学术和职业教育的课程,加强职业教育的应用学术课程内容;使学生在一个内在一致的课程体系中获得数学、科学和交际能力,为学生以后从事工程技术或应用经济中的某种职业做好技术准备;把学生导向高技能、高薪行业接受就业或接受继续教育。整合学术课程和职业教育课程反映了知识经济对职业技术人才培养的新要求,突出了职业教育的定向性和应用性,这既能满足学生毕业的就业需要,也在一定程度上满足了其未来发展的需要。

美国联邦政府通过立法对职业教育的直接导向是:(1)通过职业教育法案对人力市场做出及时的预测。1990 年颁布的《帕金斯职业与实用技术教育法案》估计,到 2000 年在制造业中约有 1500 万个岗位会增加新的技术,同时有同样数量的服务岗位会消失。而且约有 50% 的工作所需要的技能是现行教育无法提供培训的。[①] 同样,1994 年的《学校—工作机会法案》中是这样描述美国的劳动力市场的:3/4 的美国高中学生没有取得学士学位就进入了劳动力市场,他们没有获得劳动力市场所需要的学习准备或技能;特殊群体的学生甚至不能完成高中阶段的学习;年轻人的失业率极高。(2)通过立法提高职业教育的地位。1963 年颁布的《职业教育法》做出这样的规定:社区学院与技术学院属于高等教育机构,可以对学生授予学士学位或为准备成为技师的学生提供工程、数学、物理、生物等学科的副学士学位或 2 年的培训。同时规定:联邦政府给予各州职业教育发展资金的 22% 要用于初级社区学院与职业技术

---

① Cledy M Perry. A Historical Perspective of Federal Legislation Regarding Vocational Education[J]. *Proquest Information and Learning*, 2002(5):180.

学院的建设。社区学院与其他学术性的教育机构享有同等的地位。①（3）通过立法制定国家职业技能标准。1994年颁布了《2000年目标：美国教育法案》确定建立国家职业技能标准局，全面负责美国国家职业技能体系的开发与确定，并计划用五到十年的时间来完成。美国国家职业技能标准的开发在客观上拉近了职业教育与劳动力市场的距离。

此外，美国政府为了提高职业教育教学质量，通过构建标准体系，使得职业课程逐步获得了与学术课程同等的地位，学生更容易进行学习与就业流动。《国家在危急之中》发表后，各州纷纷开发了学术课程内容标准。1990年颁发的《美国的选择：高技能还是低工资》则有力地推动了这一进程，该报告认为：（1）工作与技术的性质正在发生改变，它要求一线工人具有更多的判断能力和责任心，从而对工人的知识、技能和态度提出了挑战；（2）美国缺乏清晰的职业教育标准，这是阻碍高技能工人培养的主要因素之一；（3）有了强大的标准与评价体系，职业教育才能更好地满足雇主需要。

1990年的《帕金斯法案》则明确要求各州开发职业教育标准体系及成就水平测验。在一系列法案的推动下，至2006年年底，在50个州和哥伦比亚特区中，共有31个州已建立州层面的中等职业教育标准体系，其他州则或者正在建立过程中，或者已经有了地方标准。2006年的《帕金斯法案》的目的是在州和地方的努力下，开发富有挑战性的学术和技术标准，并帮助学生达到这些标准，为获得现在和即将出现的专业领域中高技能、高工资或高要求的职业做好准备，充分开发中学和中学后教育生涯和技术教育课程学生的学术或技术的技能。② 该法案体现了世纪之交以来，美国职业教育政策的主要走向，即用"生涯和技术教育"彻底替代"职业教育"，提升职业教育的"层次"，使之发生根本的范式转换。③ 在该法案中，联邦政府第一次要求各州通过实施与企业标准相一致的测验，报告学生技术技能的达标情况，并且相对以往的帕金斯法案，1990年的法案更加突出责任和结果，对不能达到要求的州的处罚做了具体的规定；法案还再次强调各州和地方要为教师提供有支持的专业发展，并整合职业课程和学术课程，促进中等职业课程与中学后职业课程的衔接。同时，

---

① MichaelE. Wonacott. Everyone goes to college. Myths and Realities,2003,No25[EB/OL]. http://www. cete. org/acve. pdf/.

② Carl D. Perkins Career and Technical Education Act of 2006[EB/OL]. [2018-04-01]. http://www. doc88. com/P-05420.

③ 徐国庆. 美国职业教育范式的转换及启示[J]. 教育发展研究,2008(7):46.

引入了"学习计划"概念,它意味着职业课程从单门走向了系列化、一体化。各州的标准开发,可能需要继续在科目层面进行,但更强调"学习计划"层面的标准,所有这些问题的解决都有赖于标准体系的建立。

第二节　英国职业教育发展中政府的职能

一、英国教育管理体系及其职能

英国的教育行政是由中央教育行政机构与地方教育行政机构共同组成的。学校主要由地方教育局管理,中央不直接设立和管理学校。中央教育行政机构只通过财政援助、视导工作和其他协助方式对学校进行指导和监督。英国的教育行政体现了中央权力和地方权力的结合和合作。

英国现行的中央教育行政机构是教育与技能部。现行的中央教育行政机构只有下列两项职权:对苏格兰的各级各类教育进行指导和监督;指导大不列颠的大学、学术研究和文化艺术工作。北爱尔兰是完全自治的,不受教育与技能部的领导。教育与技能大臣通过内阁向国会提出教育法案,而后根据国会的决议发布命令和制定有关学校和教师的各种规章制度,同时对地方教育行政当局和私立学校进行指导和监督。在英国教育与技能部,职业教育主要由基础教育四司、成人高等教育二司和成人高等教育三司管理。基础教育四司负责城市技术学院的管理工作;成人高等教育二司负责制定有关成人教育的政策及拨款事宜,与成人教育拨款委员会及就业部门保持密切联系,为16岁以上青年制定职业技术培训标准;成人高等教育三司负责成人教育,其中包括扫盲和函授教育、基本技能培训及远程教育,还负责职业继续教育。

英国地方教育行政机构就是各地方的议会、教育委员会和教育局。议会是地方自治的最高机关,同时也是地方教育行政当局。从英国的地方行政体制来看,以英格兰和威尔士地区为例,该地区设有47个非都市郡议会、36个都市郡区议会、33个伦敦自治市镇议会和郡一级的夕利群岛议会。这些议会均为地方一级的行政机构,也是负责本地区教育事务的法定机构,即地方教育行政当局。目前,英格兰和威尔士地区的地方教育行政当局共有117个。议会由民选的议长和议员组成。英国的地方议会是兼有决议和执行两种职能的机关,它们有权开办学校,任用教师,分配补助金,提供教材、设备等,即对本地区的初等教育、中等教育和继续教育行使行政权力。但事实上它们是委托教育委员会、教育局局长和教育局行使这些权力的。每个地方教育行政当局都设有教育委员会,这是一个法定的机构。教育委员会由议员和专家组成,其比例一般为 2∶1。但各地方教育行政当局具体工作的执行机构是教育局,它们通常设立在当地政府大楼内。大的郡通常还会在各地设立教育分局,负责片区内的教育事务。教育局通常采取三级行政官员结构,从高到低分别是教育局局长、副局长和助理局长,后者的人数通常为 5 名,教育局局长由议会任命,他是教育行政事务的负责人。另外,各地方教育当局还存在与局内科室部门并列的直属于局长的称为总顾问、高级顾问和顾问的人员结构。他们主要负责学校的视导和督察工作。地方教育行政当局在继续教育方面具备某些职责和权利,主要负责 16～19 岁青少年的部分时间制教育,并在成人非职业教育、青年培训、就业指导方面承担职责。

二、英国政府职业教育管理的演变过程

英国是一个典型的中央集权制国家,主要实施两级政府管理体制,其财政体制呈现出中央高度集权的特点,地方政府的支出主要依靠中央财政的转移支付。各地区的初等、中等和继续教育主要由地方教育当局负责。英国用于教育的财政拨款,一部分通过高等教育基金会拨给高等学校,一部分拨给中央一级的教育行政机构,并由其支配使用,还有一部分是通过直接拨款和税收资助拨款等形式拨给地方当局,再由地方当局从中拨出一部分连同地方税收及其他来源的经费一起作为地方教育经费的。从经费来源看,英国的地方教育经费主要来源于中央的转移支付及少量的地方税;英国政府的高等教育经费主要由中央政府负责,其拨款过程涉及政府主管部门、高等教育拨款机构和高等学校三个方面。国家的高等教育经费不是由政府主管部门向高等学校直接划拨,而是通过相对独立的高等学校拨款机构间接下拨。从教育经费的预算看,英国主要分中央和地方两级进行,主要程序是评估当前的消费水平,并根据现行政策的稳定性和标准的持续性程度进行经费预算。英国职业教育作为教育体系中的一个重要组成部分,经费主要以政府投入为主,一般在继续教育机构里进行;而职业技术培训以企业投入为主,以企业为主要培训基地。英国现行教育财政体制直接影响和制约着职业教育经费的来源、数额、预算、下拨方式、管理和使用情况。

英国政府对职业教育的理解经历了一个逐渐认识职业教育对经济发展的重要作用的过程。

1852 年和 1853 年,英国政府分别成立了"皇家工艺学会"和"科学工艺部",负责建立全国有关职业教育学科的考试制度,以对职业教育加强管理。

尽管如此,英国职业教育并没有得到很好的发展。19 世纪 70 年代,美、德两个国家因重视学校教育和产业培训,一跃成为英国最强的经济竞争对手,使英国在世界资本主义经济中的地位发生了很大变化。为了比较本国与欧美等国职业教育制度的差别,1881 年英国政府组织"皇家技术教育委员会"考察本国和欧洲其他国家的职业教育后,发布《赛缪尔森报告》,该《报告》提出四点建议:一是在初等职业学校开设金属加工和木器加工制图课;二是开设科学工艺班,由国民教育局和地方团体来管理;三是在培养师资的大学里大量增设科学技术课;四是在地方中等学校里大量增设科学技术教育课程。[①] 1887 年英国成立了"全国技术教育促进协会",以促进技术教育的法制化和向地方团体以及有关机构传递技术教育的情况。1889 年英国颁布了《技术教育法》,旨在正式将职业技术教育纳入学制。该法规定地方当局有权征收技术教育税,使大众性的职业技术教育得到正式承认,并直接接受国家干预。英国职业技术教育从此逐步走上正轨。[②]

1998 年颁发的《我们竞争的未来:建立知识经济》报告中指出:"在全球化时代,市场、知识、技能和创造性在联邦竞争中处于首要地位。这在知识经济时代显得尤其突出。它们是创造高价值的产品和服务,提高商业进程的基础。无论在传统的工业企业和服务中,还是在高技术商业领域,它们都非常关键。"[③]在 1999 年《学会成功》白皮书中,英国政府宣称:"在信息和知识经济时代,人力资源投资——人们的知识和创造力——代替了过去对设备、机器和体力劳动的投资。"[④]2003 年的《21 世纪的技能,激发我们的潜能》的报告指出:"英国的生产率水平很低,员工每小时的产量只比美国和德国的 25% 略高……我们的毕业生成绩是世界一流的,但是员工素质的合格率只有 28%,而法国是 51%,德国是 65%。这就是政府在 2006 年要求一级素质员工完成二级技能素质考核,在 2010 年完成三级技能素质考核的原因之一。"[⑤]可克

① 石伟平. 比较职业技术教育学[M]. 上海:华东师范大学出版社,2001:3.

② 彭虹斌. 近代英国职业教育发展落后的原因及其启示[J]. 教育导刊,2002(1):29-30.

③ Department for Trade and Industry. Our competitive future:building the knowledge-driven economy[EB/OL]. [2017-06-20]. http://www. dti. gov. uk/comp/competitive/an-report. htm.

④ DfEE. Learning to Succeed:A New Framework for Post-16 Learning[R]. London:Stationery Office,1999:12.

⑤ DfES. 21st century skills: realizing our potential[EB/OL]. [2017-04-23]. http://www. dfes. gov. uk/skillstrategy.

(Cooke)指出了财经服务、信息技术等"知识型产业"的主要领域,"选择恰当的信息作为可利用的资源,高水平的专门知识是实现创新,发展生产和服务是收回投资、获取利润的关键"。[①]"民众的技术水平对于国家至关重要,技术帮助企业在竞争中获得产量、创新和利润。技术提高公共服务的质量,满足人们的需要。技术提高了个体就业的可能,实现他们个人、家庭和社会的理想。"[②]这一系列政策和论述反映了英国的决策制定者认为经济的发展对技术的要求日益提高,特别是高水平的专门技术是实现国家利益的关键。因此,在一定程度上,以职业教育促进技术进步,实现经济繁荣的观念构成了联邦政府指导职业教育的重要决策基础。

为了调控职业教育改革与发展的方向、不断巩固和强化职业教育改革的成果,21世纪以来,英国政府推出职业教育改革制度上的新举措,包括改革学位制度、创办产业大学、建立个人学习账户、健全职业教育质量保障与改进机制等内容。

(1)二年制基础学位制度的确立。2000年,教育与就业部(DFEE)实施了新的高等教育资格计划,建立了两年制学位制度——基础学位(foundation degree)。二年制基础学位制度是一个开放式的学习制度,学生可以选择在两年内通过全日制学习修满240学分,也可以选择利用业余时间修满学分(可以两年以上时间)。二年制基础学位与国家职业资格(NVQ)5级的水平相当。政府在设立两年制基础学位时突出其阶梯作用,尤其满足了成年学生和在职学生的教育需求。毕业时,个人根据实际的需要选择就业、更高层次的职业资格深造或者继续大学学位的学习。

(2)践行终身教育理念,创建学习型社会。2000年,政府颁布《学习与技能法》,成立"学习及技能顾问委员会"和"成人学习视察团"等,为全民教育建立制度性保障机制。同时,面向19岁以上所有公民开设"个人学习账户",全额资助成人的初次初等水平技能培训,通过大量优惠政策鼓励个人和雇主进行技能投资。同年,产业大学正式运行。产业大学主要面向成人和在职人员,与一般的大学教育不同,它是一种开放式的教育组织,具有学习时间和场所的灵活性特点。产业大学的目标之一就是通过卫星、光缆等各种技术手段和途径将学习产品和服务输送到社会的每个角落。对于16～19岁的年轻人,政府

---

① Unwin L. Growing beans with Thoreau: rescuing skills and vocational education from the UK's deficit approach [J]. *Oxford Review of Education*, 2004(1):148-153.

② Pring R. The skills revolution[J]. *Oxford Review of Education*, 2004(1):106.

计划在未来 3 年,为这些人再提供 5 万个培训场所,计划到 2015 年将职业教育与培训的青年参与率由现在的 75％提高到 90％。此外,政府还鼓励采取社区教育、家庭教育等非学历和非正式的学习途径,各种经验和经历等都会在"个人技能账户"中予以体现。通过上述措施,民众参与技能教育与培训的积极性得以提高,建构全民型学习社会的进程得到大力推进。

(3)完善职业教育质量保障与改进机制。英国职业教育质量保障与改进的制度化形式存在于四个方面:一是学院的自我评估机制;二是独立的督导制度,督导小组对职业教育机构进行外部评估;三是政府经费拨款与学校运行状况挂钩的制度;四是通过学习与技能改进服务局(LSIS)等国家改进服务机构,帮助职业教育机构提升教育质量。

三、英国政府职业教育管理的主要职能

(一)制定职业教育法规,服务职业教育发展

英国政府十分重视教育事业,从中央到地方政府始终保持对教育有稳定的投入。近年来,英国每年的教育支出约占国家公共支出的 8.15％以上。英国教育投入的增长与政府通过立法手段为教育事业发展提供优惠政策是分不开的。如,英国 1960 年颁布的《慈善法规》第 4 款明确规定,学校所从事的一切教育活动为非营利性活动,属于免税范围;《1987—1988 英国税务指南》第 54 条第 7 款规定,大学属非营利机构,享有免税权;1988 年颁布的《公司与所得税法令》第 505 款中再次确认学校属慈善机构,享有免税权。因此,对于学校的收入,不管是来自中央政府还是地方政府的拨款,不管是来自公司、企业和个人的赞助、捐款,还是通过学校某单位和个人的技术咨询、技术转让、技术培训和服务性活动得到的收入,只要是用于学校的发展,均不需要纳税。另外,相关法律也为职业教育的经费来源提供了保障。例如,英国 1944 年的《教育法案》根据不同学校经费来源将学校分为郡立学校、志愿学校和独立学校,并规定地方教育当局为接受继续教育和高等教育的学生提供奖学金;1964年,英国政府颁布的《产业训练法》对英国产业训练的质量和数量做了一系列的规定,依据该法成立了企业代表等组成的产业训练委员会,该委员会有权在部门系统中集资或拨款,以资助企业的职业教育与培训,这突出了企业在职业教育和训练中的地位。产业训练委员会通过制定产业政策、训练标准和考试大纲,设计考试,开设训练课程,向企业征税拨款,提供建议与帮助等方式参与职业教育。后来,英国政府颁布的《职业培训法》也要求企业增加职业教育投资。该法规定,由企业、教育部门及工会三方组成"企业培训委员会",从企业

工资总额中征收一定比例的税金。该法案的目的是使培训经费更加合理、平等地用于企业培训，它标志着职业培训已进入政府调控的范畴。1988 年的《教育改革法案》规定，公立中学每年直接从中央政府得到拨款；高等院校由两个法定团体，即大学拨款委员会和高等教育学院拨款委员会分配高等教育拨款，高等院校不受政府控制，有权对资金提出分配原则。1992 年英国政府颁布的《继续教育与高等教育法案》规定，继续教育学院和大学预科学院直接接受继续教育学院拨款委员会的拨款。大学拨款委员会和高等教育学院拨款委员会宣布解散后，新成立的高等教育基金委员会取代了大学基金会、多科技术学院和其他学院委员会。所有的高等院校都要凭教学、科研成果申请经费。由此可以发现，英国政府在不同时期都为职业教育经费的来源及其使用制定了相关的法律条款。

目前，英国职业院校教学经费主要采用具有竞争性的"核心拨款加边际拨款"的方法。核心拨款是指如学生人数不变，学校仍能获得上一年度的拨款，以及政府基于对通货膨胀率的预测所做出的相应调整。其余的教学拨款部分均称为边际拨款，主要是为学生人数的增加部分提供经费。两部分拨款的分配均根据各校近期的效率表现通过竞争而确定。此外，高等教育基金会还设立专项拨款，用于资助各校的特别计划和项目，如增设短期技术文凭课程，扩大有特别需要的学生的入学机会等。近年来，为使政府资助更具有激励性，英国在职业技术教育中正在试用"代金券"制度，即把学费以代金券形式发给学生，给学生以选择学校和专业的权利，吸引不到学生的专业和学校就意味着没有经费，如果学校不改进工作就只好关门。政府把资助经费直接分发给每一个将受培训的青年，这改变了以往把经费分发给培训点的分配方式，有效地促进了英国职业教育和培训质量的提高。

英国政府一向重视职业教育。早在 19 世纪末，为了使职业教育能够适应社会发展及工商部门的要求，英国首先建立了皇家技术教育委员会，此后又成立了全国技术教育促进会。在促进会的努力和推动下，英国议会于 1889 年颁布了《技术教育法》，以立法形式把职业教育制度固定下来，成为国家引导和干预职业技术教育的开端。此后英国政府相继发布研究报告、白皮书，制定一系列政策法规，采取各种措施，引导职业教育的健康发展。英国政府于 1945 年发布的《帕希报告》是对战后英国职业教育发展起推动作用的第一个文献。1956 年，英国政府发布《技术教育》白皮书，制定了 5 个发展规划，并得以成功地付诸实施，这成为英国职业教育发展的又一转折点。1959 年，英国中央教育咨询委员会发表《克劳瑟报告》，对扩大青年职业教育机会产生了深远影响。

1964 年,英国政府颁布了《工业培训法》,使英国首次有了国家培训计划,其主要目标是:(1)把培训与广泛的经济技术发展需要结合起来;(2)提高培训质量;(3)使各公司企业比较公平地承担起培训费用。

20 世纪 70 年代英国成立了"人力服务委员会"。它的主要职能是:(1)制定主导性工业培训政策;(2)规定培训目标;(3)制定不同职业的培训大纲;(4)对经过培训的徒工进行考试;(5)规定并考核教师资格;(6)在委员会所属培训中心开设培训课程;(7)向公司、企业索取培训人员助学金,以资助有关单位的培训费用等。

自 20 世纪 80 年代起,英国政府开始组织各种专门的研究机构对职业教育开展全面系统的调查研究,相继颁布了一系列的专题报告、规划和白皮书,为世纪之交的英国职业教育发展方向提供了各种选择方案。如 1982 年的《新的培训起点》、1983 年的《青年培训计划》、1984 年的《工作培训》白皮书、1986 年的《90 年代的就业》以及 1991 年的《为了 21 世纪的教育与培训》。这一时期所发表的各种形式的政府文件多达数十种。这些方案和白皮书分析了英国职业教育和培训制度中存在的不足,针对这些不足和问题,提出具体的解决方案与对策,重建职业教育系统,推行全国统一的职业资格制度。英国推行的职业教育与培训新模式的主要目的在于要把工作场所变为职业技术培训的主要场所,把政府主办职业教育的办学模式转变为企业主办职业教育的模式。

(二)通过具体的立法为职业教育的发展提供保障

(1)充足的资金来源是职业教育发展的前提条件。英国不仅在制定职业教育法规时对职业教育的发展资金进行了规定,而且在相关法律中也有类似资助职业教育的规定。1989 年在总金额为 807000 英镑的关税和货物税中,至少有 740000 英镑用于技术教育;1964 年英国还在《产业训练法》中规定,"产业训练委员会"可向所属本系统的企业主征收训练费,以支持自身的活动并向企业主实施的培训活动给予资助。这在法律上解决了长期以来阻碍产业训练发展的训练费用问题,极大地提高了英国各企业参与职业培训的积极性。

(2)运用立法逐步加强对职业培训的指导监督。英国的职业培训起步较早,职业培训的立法也较早,如 1562 年颁布的《工匠法》、1802 年颁布的《工厂法》等,但由于英国政府一向认为职业培训是产业界的事,政府很少介入职业培训,职业培训处于一种自由化的状态,发展缓慢。19 世纪末,英国政府逐渐认识到职业培训的重要性,于是在 1889 年颁布的《技术教育法》中试图将职业培训引向强制性发展的道路,结果却未能打破自由化职业培训的传统。第二次世界大战后,英国各级技术人才严重缺乏,政府开始把加强企业内的职业培训并使之法律化的工作提上议事日程。1962 年英国政府颁发的《产业训练白皮书》指出,熟练劳动力的长期缺乏已经成为阻碍战后英国经济发展的重要因素。1964 年英国颁布实施的《产业训练法》对职业培训控制协调机构的设置、职业培训的财政制度以及职业培训的设施等都做出了明确的法律规定。1973 年英国又颁布实施《就业训练法》,提出设立"人力服务委员会",负责促进就业和训练事业的发展。该法实施以后,英国政府通过"人力服务委员会"依法对职业培训实施的干预达到了前所未有的高度。

（三）制定法规进行就业指导

英国各级政府历来重视就业指导,也十分注重为就业指导活动提供法律依据。1909 年,英国颁布了《职业交换法》,这是世界上第一个有关就业指导的法律。该法规定英国国家劳工部必须在全国各地设立青年职业介绍所和青年职业顾问委员会,使其作为对青年实施就业指导的机构。1910 年,英国颁布《职业选择法》,该法规定各地方教育局负责 17 岁以下青少年学生的就业指导工作。1948 年,英国政府颁布《雇佣与训练法》,明确要求英国各地的中学必须对所有在校学生实施就业指导。1964 年,英国在颁布实施的《产业训练法》中规定,"产业训练委员会"应积极参加和配合中央青年就业指导委员会和全国青年就业委员会的工作。1973 年,英国又在颁布的《就业训练法》中规定,地方教育机关应对在校学生和毕业生提供职业指导并安置就业;在"人力服务委员会"之下设置"就业服务处",该机构在英国设有 1000 多个就业中心,具体负责就业服务的规划、发展和实施等工作。

（四）设置职业教育管理机构领导职业教育工作

职业教育管理机构是发展职业教育的组织保证,英国在制定职业教育法规时,非常注重依法设立职业教育管理机构。如 1964 年颁布的《产业训练法》中规定,设置"产业训练委员会",该机构由劳资双方代表和教育专家代表按一定比例组成,成员由政府就业大臣任命。这在法律上确保了政府对产业训练的宏观控制,保障了产业训练的有关各方在组织上的协调统一。1973 年颁布的《就业与训练法》规定,设立由劳资双方代表、地方教育局代表、教育界代表按一定比例组成的"人力服务委员会",该机构的设立把英国训练和就业的管理权统一了起来。

（五）政府是教育体制的改革者,职业教育的推行者

重视学术、学位,轻视技术和职业技能的观念在许多国家普遍存在,英国也不例外。为了改变人们头脑中根深蒂固的看法,大力拓展职业教育发展空

间,英国政府一方面加强职业教育重要意义的宣传力度,深化整个社会对职业教育意义的认识;另一方面,采取具体措施改革原有的教育体制。英国政府打通了大学和多学科职业技术学院之间的普通高等教育与职业教育间的界限与障碍,把职业教育提升到与传统正规大学教育同等的地位,开辟两者互相融合、互相贯通的途径,使两者实行二元并轨。政府允许高等职业技术学校与普通高等教育学校之间互相转学。1986 年设立的国家职业资格(national vocational qualifications,NVQ)体系,试图与学术性证书建立对等关系。但这种资格体系以劳动力市场为导向,带有明显的专门职业训练色彩,不重视基础知识、理解力和核心技能。它虽然为受教育者提供了良好的技能训练,却没有给予受训练者对职业的认识和灵活性,使其与学术性资格成为明显的双轨。1992 年 9 月,英国国家职业资格委员会推出普通国家职业资格(general national vocational qualifications,GNVQ)证书体系,既向青年提供接受更高水平职业资格教育的机会,又使青年能够接受高等教育。获得 GNVQ 证书的学生,可以直接就业,或免试直接升入大学攻读学士学位,还可以沿着这条路继续读下去,攻读硕士或博士学位。它从实质上消除了双轨制,在很大程度上改变了社会上鄙视职业教育的传统观念。

自 20 世纪中期以来,英国政府逐渐认识到职业教育对于国家经济和社会等各方面发展的重要作用,开始采取多项政策和改革措施来大力发展职业教育,从而逐步建立起较完善的职业教育体系和职业教育制度。为顺应国际经济形势变化和国内政治进程的需要,进入 21 世纪,英国各级政府着眼于提高全社会劳动力素质,把职业教育改革和发展作为经济和教育改革的一项重要内容,实施了一系列促进职业教育发展的政策和改革措施,其职业教育的发展走向可以为我国职业教育的发展提供启示和借鉴。

第三节　澳大利亚联邦政府推进职业教育的措施

澳大利亚是一个联邦制国家,在职业教育管理上以联邦政府集权为辅,地方政府分权为主。澳大利亚在国家结构形式上采取联邦制,各州拥有很高的自治权,导致联邦政府的权力范围过于狭小。同时,因为在联邦成立之初,各州并未把对教育的管理权授予联邦政府,所以在相当长的时间内联邦政府在教育事务上都采取不干涉政策。澳大利亚政府通过完善国家职业教育体系和制定有效的职业教育政策以及相关制度,规范和保障职业教育的健康发展。

一、澳大利亚职业教育管理体系

澳大利亚职业教育管理体系主要表现在四个层面:联邦政府、州或领地政府、地方政府和 TAFE(Technical and Further Education 的简称,意为继续教育学院)学院。澳大利亚不但重视构建完整的管理体系,促使其管理呈现网状结构,使其形成了宏观和中观的职业教育管理网,而且每个领域的管理分工明确,相互制约,充分发挥了职业教育的组织职能。

1.联邦政府的管理机构和主要职责

目前,澳大利亚职业教育的管理机构及其主要职责是:(1)就业、教育、培训与青年事务部部长委员会主要负责所有相关国家政策;(2)职业教育与培训部长委员会是全国职业教育的最高机构,主要负责全国职业教育与培训管理工作和相关国家政策的制定;(3)教育培训和青年事务部主要负责相关的国家政策、建议、拨款和战略规划;(4)澳大利亚国家培训局(Australian National Training Authority,ANTA)是国家法律授权的职业教育和培训的实体,主要负责管理并不断改善国家的职业教育与培训体系,起草国家职业教育的战略规划并实施有关政策,预测未来劳动力市场需求变化,协调政府管理、监督国家和各州职业教育方面的专项基金;(5)国家行业培训顾问委员会主要负责分析并说明全国各行业培训需求,帮助 ANTA 进行职教调研,编写基于能力的职业教育和培训的培训包;(6)澳大利亚资格框架顾问委员会负责有关澳大利亚资格框架工作;(7)澳大利亚培训物质有限公司负责开发出版国家培训有关产品和相关读物;(8)国家职业教育研究中心负责国家各级职业教育与培训的研究、评估、信息交流与统计工作。

2.州或领地政府的管理机构及其主要职责

州级职业教育行政管理机构主要有:(1)州或领地教育培训部,这是州或领地职业教育行政管理部门或授权机构。其主要职责是:制定当地职业教育的政策、战略规划,进行宏观管理;确保本地政府的有关教育法案和条例得以贯彻执行;全面负责本州学生的教学工作,并为学生提供教育经费;负责授予、颁发有关学历证书。教育培训部内又设立了诸如人力资源部、质量管理认证部、教育服务处等相关部门来具体管理职业教育。(2)州或领地行业培训顾问委员会。该委员会与国家级的委员会在职责上各有分工和侧重点,相互协调统一。其主要职责是:分析本地区各行业的培训需求,根据联邦政府的要求确定职教领域的宏观导向、培训包内容,帮助本地区的学校具体实施等。

3. TAFE 学院管理机构

澳大利亚职业教育是以 TAFE 学院为办学主体的,其管理体系在很大程度上代表着职业学校的管理结构和发展方向。职业学校虽有较大的办学自主权,但政府对其管理和规划力度却是很大的。学院内部的行政管理分为两级,即每所学校再下设若干所校区。其常设的机构主要有:教育计划与开发部、训练服务部、招生与学生服务部、人力资源部、学习通道与机会平等处、教学服务处、资金与设备计划处、财务部等。政府主要是通过国家培训局、各州或领地政府、州产业培训理事会、州教育培训部及其下设的 TAFE 学院进行管理。各机构分工明确、高度协调、统一连贯。

二、澳大利亚地方政府履行发展职业教育职责的举措

20 世纪 90 年代,澳大利亚政府从法律和机制上对职业教育进行了重要改革,推出了《澳大利亚培训保障法》,成立了国家培训局,确立了职业教育与培训体制和职业教育国家框架。"澳大利亚职业教育管理由三个层次实现:决策层由澳大利亚的政策部长委员会、国家培训局、各级相关政府和培训部门组成;咨询层由行业专家组成,负责职业教育与培训系统之间,特别是决策层与行业间的沟通;执行层包括公立技术与继续教育学院和其他注册教育与培训组织,其中技术与继续教育学院占绝对多数。"[①]澳大利亚职业教育与培训机构有中学、公立技术与继续教育学院和私立职业技术学院(职业技术与教育在层次上横跨高中、高中后和高等教育)。

澳大利亚通过政府间协议规定联邦与州政府按比例进行职业教育日常经费的投入,联邦教育部与州教育部门是日常经费的主要管理者。这种职业教育投入上的责任划分表明州政府仍然是职业教育发展的主要责任人,国家的角色不仅是职业教育的投资人,更是职业教育发展方向的引导者。国家所投入的 1/3 的资金具有较强的导向作用,或者说国家仅用 1/3 的资金就撬动了整个职业教育市场。澳大利亚地方政府在推进职业教育过程中发挥着举足轻重的重要性,主要表现在:制定并实施一系列职业教育的法律法规,用法律的手段推动职业教育发展;实行有利于职业教育发展的政策,营造利于职业教育发展的政策环境;设立职业教育行政机关,用行政的手段来管理职业教育和筹措职业教育经费。

---

① 朱旭东. 新比较教育学[M]. 北京:高等教育出版社,2008:44.

（一）通过制定职业教育相关政策来发挥导向作用

地方政府是职业教育法规的制定者和执行者。澳大利亚地方政府在职业教育管理中，非常重视职业教育的相关法规的制定、完善和执行，为职业教育管理走上规范化、科学化的道路提供了政策法规保障。澳大利亚的《宪法》《义务教育法》《高等教育法》《职业教育法》等是澳大利亚开展职业教育管理的基本法律依据。其职业教育既有明显的地方性特点，又有联邦管理下的一致性。澳大利亚《宪法》规定，全国 6 个州和 2 个地区的政府对各自的教育和培训负责，包括职业教育行政管理和为职业教育提供资金。通过相应的政策法规，确定了联邦政府、各州或领地政府在职业教育和培训体系中的职责权限及相互关系，奠定了政府与行业组织在职业教育与培训中的合作基础。澳大利亚政府还时刻关注社会需求的变化和实践进展，不失时机地对立法加以修订和完善。如 1991 年颁布的《职业教育、培训和就业法》(Vocational Education, Training and Employment Act 1991)，澳大利亚政府根据实施过程中出现的问题以及社会需求的变化，分别在 1992 年、1993 年、2005 年和 2007 年（两次修订）颁布相关修订法加以完善。[①] 澳大利亚职业教育立法的系统性和与时俱进的特点保障了职业教育持续发展的生命力。

（二）通过构建全国框架体系对职业教育进行宏观调控

从 20 世纪 80 年代开始，联邦政府出台并建立了国家框架体系。该体系包括国家管理与职能框架（national governance and accountability framework，NGAF）、资格框架（national qualification framework，NQF）和认证框架（national skills framework，NSF）。NGAF 规定澳大利亚职业教育的最高决策机构为全国职业技术教育部长委员会；NQF 是全国统一的教育与培训资格认证体系，由高中、职业技术教育和高等教育三部分组成，彼此互相衔接；NSF 由国家培训框架发展而来，它一方面保障全国职业技术教育的质量，另一方面又为培训课程和培训方式的灵活多样提供了可能，是各地职业教育机构提供满足各行业实际需要的职业技术教育课程和颁发全国承认的各类职业技术资格的共同依据。

（三）筹措和提供职业教育发展所需经费

职业教育的公共性特点在澳大利亚职业教育中得到充分体现，政府是职

---

①　澳大利亚以就业为导向的职业教育改革［EB/OL］.［2017-05-19］. http://www. legislation. qld. gov. au/OQPChome. htm.

业教育的主要投资者和管理者,公立职业教育机构经费的 80% 来自联邦和地方政府,学生只需负担 20% 的费用,并且按照新学徒制规定,学员在获得职业资格证书后,企业会给学生补偿他们的费用。TAFE 学院由各州和地方政府负责和管理,它是实施澳大利亚职业教育和培训任务的主要机构,其教学主要注重学生的技能培养,课程设计与当地企业的需求和经济发展密切相关,以就业为目的。澳大利亚政府通过各种制度实现职业教育与普通教育的融合,提高职业教育的学历等级,鼓励不同层次的学历之间、不同领域的培训之间以及教育与培训之间的相互衔接,特别是 TAFE 学院与中学、大学之间的相互衔接和学分互认,其模糊了职业教育与普通教育的划分,促进了职业教育与普通教育的衔接,使职业教育与普通教育体系之间学生的流动成为可能。

与澳大利亚联邦制的教育体制和管理体制相适应,澳大利亚的教育财政是由联邦政府和州政府合作负责的。各州主要负责为学前教育、普通公立中小学教育、技术与继续教育学院和 TAFE 学院提供经费,并拨款给非公立中小学和非官方的学前教育中心;联邦负责为大学和其他高等教育机构提供全部经费,并对学前教育和 TAFE 学院提供补充经费。澳大利亚联邦政府和州政府的教育财政拨款主要包括经常性拨款、基建拨款和研究拨款三大类经费来源。在联邦政府一级,国家培训署具有分配联邦政府用于发展职业教育与培训的经费的职能,对各州政府和地区政府核拨职业教育与培训经费则是由国家培训署的执行机构具体负责。在州政府和地区政府一级,行使职业教育与培训经费分配职能的机构因州和领地而异,有些州是由州教育培训部负责,有些州的教育部只负有很小的职责,但一般的模式是由单独设立的管理机构具体负责职业教育与培训经费的核拨。例如,在维多利亚州,州教育部下设一个培训与继续教育办公室,该办公室的职责是协助州培训署做好政策调研、经费分配等工作,并向州教育部长和州教育部秘书长负责。培训与继续教育办公室下设 5 个业务处和 1 个主任办公室。

澳大利亚职业教育的经费来源于政府拨款、企业投资和个人投入等多种渠道。政府拨款是澳大利亚职业教育经费的重要来源。目前,在澳大利亚职业教育的经费中,州政府的拨款占主要部分,一般占澳大利亚各级政府拨款的 57% 左右(2004 年占 55.4%)。其次是联邦政府拨款,约占澳大利亚各级政府拨款的 22% 左右(2004 年占 22.2%)。[①]

---

① Damon Anderson. Measuring the Impact and Outcomes of Market Reform in VET [EB/OL]. [2017-03-20]. http://www.ncver.edu.au/research/proj/nr2202.

　　澳大利亚政府通常是通过法律规定的方式筹措职业教育经费的。例如，根据《宪法》的规定，澳大利亚全国 6 个州和 2 个地区的政府对各自的教育与培训负主要责任，包括职业教育与培训在内的教育立法，管理州和地区范围内的所有 TAFE 学院，以及为职业教育的运行和发展提供资金。根据 1988 年颁布的《就业、教育与培训法》的规定，澳大利亚设立了"国家就业、教育与培训委员会"以及其他四个理事会，即学校理事会、高等教育理事会、就业与技术结构理事会和澳大利亚科学研究理事会，它们负责为政府官员制定有关教育方面的政策、进行财政拨款提供信息和咨询建议。根据 1990 年颁布的《培训保障法》的规定，年收入 22.6 亿澳元以上的雇主应将工资预算的 1.5％用于对其员工进行职业资格培训。在澳大利亚全民法制意识较强的情况下，澳大利亚雇主们对《培训保障法》的这一规定可以说是严格执行的。据澳大利亚有关方面的抽样调查，1990—1991 年度大约有 97％的雇主执行了这一规定。这些雇主用于职业培训的开支约为 36 亿澳元，约占其年度雇员工资总额的2.6％。最近的《培训保障法（修正案）》规定，免除在执行该法中表现突出者的费用，条件是他们能够证明自己在职业资格培训上的开支达到其年度雇员工资总额的 5％或更多。[1]

　　自 20 世纪 90 年代以来，澳大利亚联邦政府进一步加强了对职业教育与培训的财政支持。1992 年，在保持对职业教育与培训年度正常拨款的前提下，为顺应澳大利亚全国迅速增长的培训需求，联邦政府增拨额外资金 1 亿澳元。1993—1995 年的三年间，在已投入 1 亿澳元作为未来几年发展经费的基础上，联邦政府又提供了 7.2 亿澳元作为职业教育发展基金。与此同时，时任澳大利亚联邦政府的总理在《关于青年就业和培训之国家计划》的报告中承诺，在未来三年间，联邦政府将为澳大利亚职业证书体系的开发提供 4360 万澳元的资助。由于联邦政府对职业教育与培训投入的增加，到 1995 年年底，州和地方政府对职业教育与培训体系的投入减少至只占运作拨款的 55％。作为对联邦政府提高职业教育与培训经费投入的回报，澳大利亚各州政府也增加了对职业教育与培训的拨款。[2]

　　（四）组织对职业教育教学质量的评估

　　澳大利亚的职业教育是为经营生产第一线培养所需人才。地方政府发动

　　① Dr. Deborah Cobb-Clark. Human Capital Theory: Individual and Government Decision Making in Education[J]. *Investment*,2000(3):54,124-125.

　　② 黄日强. 澳大利亚职业教育的经费[J]. 外国教育研究,2004 (9):61.

企业行业参与学校教学质量评估标准的制定、评估过程的实施、评估结果的鉴定,确保高等职业院校所培养的毕业生符合企业需求,这是澳大利亚职业教育的重要内容和重要特点。州的行业培训顾问委员会除了每年对教学质量进行定期评估外,还经常通过发动企业雇主对职业教育和培训满意程度进行调查、鉴定。①

自 20 世纪 90 年代以来,在国际化的大背景中,澳大利亚政府更加重视职业教育和培训在学习社会中的重要性,作为经济发展重要因素的教育和培训已经在各层面的职业教育中得以快速增长,而且政府也认识到终身学习对个人的成功和国家的长久繁荣起着重要作用。公平议题成为主要的社会和政治议题,在职业教育和培训中达到公平的结果成为澳大利亚国家培训机构的策略目标之一。职业教育和培训作为准公共产品,国家对它的投资分配状况成为"公平"关注的重点。为了保证政策能有效地促进公平的实现,国家研究机构专门对社会处境不利的群体进行了界定,土著人、残疾人、来自社会底层者、妇女和女童、来自农村和偏远地区的人、母语非英语的人、低技能者、长期未就业者都被划归为弱势群体,他们成为政府关注的重点。澳大利亚国家培训权力机构在 1998 年发表了一系列报告以促进公平政策的实施,在《通向未来的桥:澳大利亚国家职业教育和培训策略(1998—2003)》中把公平作为它的五个策略目标中的一个;在《达到公平的结果》(*Achieving Equitable Outcomes*)中,对公平的进程和策略方向进行了阐述;《工作场所解决方案》(*Workplace Solutions*)对公平项目的实施和有效策略进行了总结与回顾。同时,澳大利亚国家职业教育研究中心受政府委托对职业教育和培训的公平结果发表了多份研究报告。职业教育以其与弱势群体之间的密切关系,决定了职业教育具有维持社会公平的重要意义,澳大利亚各级政府通过政策及实践展示了政府履行发展职业教育职责的特点。

进入 21 世纪以来,澳大利亚政府在促进职业教育发展中继续它的一贯政策,政府在确保投资的同时,着力于职业教育和培训机构及远距离教育中心的合理布局,做到每个区都有自己的职业教育中心,并适当设立远距离职业教育中心加以补充和配合、完善,尤其在远程职业教育和培训中,非常注重教学材料和软件开发,将学生的自学和老师的辅导、网上答疑和对话充分结合,而且有专门的咨询人员负责学生的课程选择和技能测试以及参加实践工作的安排。

---

① 黄日强,邓志军.澳大利亚高等职业教育的改革与发展[J].广东技术师范学院学报,2005 (2):65.

在远程教育中，为了更好地体现公平的目标，澳大利亚国家职业教育研究中心在 2006 年发表了报告《掸去架子上的灰尘：从职业教育和培训公平资源中获得最大价值》，①对公平的职业教育资源的利用以及开发进行了阐述，认为在职业教育中公平学习资源（equity learning resources）通过在线和书面形式呈现，是帮助教师、培训者和其他的人为那些有特殊支持需要的人提供职业教育帮助的重要手段。尽管高质量的学习资源通过互联网和印刷品可以得到，但还不足以确保这些资源被有效利用，而为了确保职业教育中的公平资源被充分利用，在它被开发前和开发后都需要建立相应的程序。这个报告对激发公平资源的应用提出了一系列策略：建立一个长期的公平学习资源开发资助模式，为资源开发者提供咨询、试验和市场运作机制，同时对资源的利用和有效性进行分析；在资源开发阶段实现专业开发者与职业教育和培训的实践者结合，这样既可以使实践者熟悉资源的内容，又可以让他们发展自己的能力以适应学生的需要；把公平资源与外部的策略驱动者联系在一起，提高管理上的一致性或促进培训计划的实施；规范数据库中详细资源的注释，使那些潜在的使用者能对这些资源的价值做出全面的判断；把学习资源放在协议后的网站上，并确保各种网站之间的链接的准确性以提高资源的共享；促进资源面向所有学习者而不仅仅是那些有特殊需要的人，使得整个职业教育与培训领域都能利用这些资源。利用联邦、企业、州和社区的资金与资源，澳大利亚职业教育的教师、培训者和咨询者已经开发出了覆盖面广、质量高的公平学习资源，使得国家公平政策在该领域的各个层次中都得到落实。公平资源是专门为那些在职业教育中有特殊需要的人设计的，该项目的开展是对职业教育和培训中影响公平资源利用的关键因素进行鉴定，以便于今后更好地开展此项工作。

第四节　德国职业教育跨越式发展中地方政府的职责

德国职业教育体系一直被认为是促进德国经济发展的一颗"璀璨的明珠"，也被认为是德国多元化生产模式成功的关键因素。德国经济的腾飞与德国发达的职业教育密不可分，德国前总理科尔（Helmut Kohl）曾说，德国职业

---

① Giselle Mawer, Elaine Jackson. Dusting off the Shelves: Getting the most Value out of Vocational Education and Training Equity Resources [EB/OL]. [2016-10-17]. http://www. ncver. edu. au 7-11.

教育是德国经济发展的秘密武器。德国职业教育的良好发展与德国地方政府的支持是分不开的,地方政府在职业教育发展中起到了重要的作用。

一、德国职业教育管理体系

职业教育在德国整体教育体系中占有重要的位置,其职业教育体系大致可以分为两个部分,以高中为界,一部分被称为高中阶段职业教育,另一部分则被称为高中后职业教育。德国教育权也归各州所有,所以联邦的教育权限非常有限,不过这并不说明不存在全德统一的职业教育管理体系。按照联邦法律的规定,由州政府负责的学校形式的职业教育,联邦的功能有限。联邦的主要职责体现在学徒制的管理上。由各州分别对学校职业教育进行管理。在联邦中负责职业教育的机构主要是联邦教育与研究部。与多数联邦制国家一样,德国教育部门的成立也晚于联邦,当年联邦德国获得西方同盟国承认时并没有设立教育部,而只是设立了一个联邦原子能部,负责和平利用原子能方面的研究,其间经历了两三次政府机构的调整,直到设立了联邦教育和科学部。1994年两者经过合并形成了今天的教育与研究部。该部下设职业教育与终身教育办公室,具体负责职业教育事务,其职责是对职业教育项目进行管理。德国政府认为,各级政府,包括联邦和各州政府,企业和社会各界都有搞好职业教育的责任,这不是教育部一个职能部门所能胜任的。联邦政府的各个部委都有职业教育和培训的职责,因为只有职能部门或用人单位才了解本单位或部门需要什么样的人才。职业教育培养出来的人员,质量是否合格,不是由教育部或学校说了算,而是要由社会职能部门和各个行业企业等用人单位说了算。因此,职业教育的举办者只能是需求单位或部门,否则学生得不到用人单位的认可,无形中加重了人才培养的社会成本。对于各种职业教育的教学大纲或需要掌握的知识和技能,德国规定由行业协会和教育部共同确定。国家对人才的素质要求由教育部掌控,企业或行业需要的技能和知识由行业协会或公司自己确定。目前,德国这种专业技术人才的培养结构得到了德国各个社会阶层的普遍认可。联邦政府、各州的州政府、联邦商会和各州的商会,以及各种各样的行业协会和大公司企业,兴办职业教育的热情都很高。

德国职业教育的管理机构大致分为联邦、州、地区三级。在联邦一级层面,联邦教育研究部和相关的联邦专业部,如联邦经济与劳动部是职业教育教育立法与协调的主管部门。1970年成立的联邦职业教育研究所是协助联邦教育与研究部解决关于职业教育根本性与全局性问题而设立的联邦级职业教育的决策咨询与科学研究机构。在州一级层面,是州文教部以及由雇主、雇员及州政府代表组成州职业教育委员会。各州教育的协调机构为各州文教部长联席会议,该委员会下设职业教育委员会。在地区一级层面,教育的协调机构是行业协会,包括工商行业协会(Industrie-und Handelskammer, IHK)、手工业行业协会(Handwerkskammer,HWK)、农业协会、律师协会、医生协会等经济组织,它们是德国职业教育重要的管理机构,有 8 项重要职责:认定教育企业资质、审查管理教育合同、组织实施结业考试、修订审批教育期限、建立专业决策机构、调解仲裁教育纠纷、咨询监督教育过程、制定颁布教育规章。

德国职业教育管理体制对组织和实施职业教育主办方的职权分配进行了具体规定,在联邦、州以及地区等层级上设置了科学而完备的管理机构。同时,政府通过各种途径来满足职业教育发展的资金需求,根据实际情况制定了科学完备的教学内容与考核评定办法,这些内容共同构成了德国职业教育管理体制。

关于职业教育的职权分配,德国《基本法》对发展职业教育做出了具体的规定,联邦各州在所辖区域内拥有对全部文化事业进行自主管理的权力,其中包括组织和发展教育的权力。从总体上看,德国职业教育体系的基本特点体现在以下两个方面:一是在州所辖区域内,所有学校均属于该州的国家设施。作为基本教育形式之一的职业教育,其举办与发展均由所在州按照《州学校法》的相关规定具体管理。二是校外特别是企业形式的职业教育,其管理职权不属于所在州,联邦政府按照相关法律法规(对职业教育按照《联邦职业教育法》,对手工企业则按照《手工业条例》)的规定来进行管理。

经过多年发展,德国已经形成了较为完备的职业教育法律法规体系,具体包括:1965 年颁布的《手工业条例》、1969 年颁布的《联邦职业教育法》和《联邦劳动促进法》、1972 年颁布的《企业宪法》以及 1981 年颁布的《联邦职业教育促进法》等。2005 年 4 月 1 日,德国联邦政府将 1969 年颁布的《联邦职业教育法》和 1981 年颁布的《联邦职业教育促进法》进行合并,并且对其进行修订,最终颁布并实施新的《联邦职业教育法》。这些法律法规均涉及对职业教育职权如何分配的规定与安排,这些共同构成了德国职业教育健康发展的坚实屏障。

德国职业教育的经费来源主要由联邦政府、州政府以及企业共同承担,它们各自负责职权范围内的教育经费筹措工作,各类职业教育学校的经费则来源于所在地方与州政府。具体来讲,职业学校全体教职工的工资和养老金等人事费用主要由州政府来承担,而学校教室、宿舍的建设与维修管理费用以及相关管理工作人员的工资等则主要由地方政府来承担。此外,还有一类非常特别的企业职业教育,这类职业教育的全部经费完全由所在企业独立承担。

　　在德国，国家历来坚持认为职业教育的管理是私营部门的责任，政府主要是起协助作用的。当一个企业雇用一个学徒时，传统的学徒培训便开始了。尽管职业教育主要依赖企业培训，但国家仍旧以两种方式支持职业教育体系。首先，它赋予企业商会强有力的准公共和准法律权利以监管企业，商会主要通过吸收成员和加强企业之间的协调来实施监管。其次，国家通过资助配合企业培训的职业学校，在促进基本技能培养方面起到直接的作用。

二、德国地方政府履行发展职业教育职责的举措

（一）地方政府是职业教育的立法者和规划者

　　德国联邦政府制定的职业教育的基本法律主要是 1969 年颁布的《职业教育法》。地方政府根据联邦政府的基本法律法规也相继出台了相关的条例和实施办法，如萨克森州制定的《自由州萨克森州职业技术学院法》，对职业技术学院名称、培养目标、专业设置、学制、办学条件、经费来源、教师资格、学生入学条件、考试办法、管理制度等都做了明确具体的规定，而且相关人员执法严格，使得政府、学校、企业教育方面有法可依、依法治教。地方政府根据各州的具体情况制定相应的实施条例和细则，并根据这些条例和细则具体执行联邦政府的规划，这一方面使德国地方政府职业教育管理有法可依、有法必依，并使地方政府定位明晰；另一方面也促进了德国职业教育的良性发展，有助于实现职业教育发展与地方区域经济社会发展之间的互动。

　　根据德国联邦统计局的统计，截至 2005 年年底，德国全国共有各种职业学校（包括部分高等专业技术学校）8831 所，卫生护理职业学校 1613 所，两项合计是 10444 所，注册学生数约为 280 万，学生类型包括二元制职业学校和全日制职业学校的学生。专门规范如此庞大的职业教育体系的德国《职业教育法》诞生于 1969 年，期间经过多次修改，最近的一次修改是在 2005 年 3 月 23日。最新版本的《职业教育法》确定了职业教育的目的，规范了职业教育的概念。同时，还对培训场地、培训职业认可、培训条例、考试要求、证书发放、培训时间、培训合同、双方义务、对培训学校的要求、培训期间的补偿、职业能力、解除合同、试用期、对老师的要求与监管等，都做了明确的阐述。按照这样的规定，无论是何种专业，使用什么教材，学生毕业后进入社会的质量应当是有保证的。在德国，普通公务员的角色，一般的接受职业教育的学生就可以胜任；高级公务员、复杂的脑力劳动工作，大学毕业生完全可以胜任。

（二）地方政府是职业教育行政管理的执行主体

　　德国州政府对职业教育管理有着很大的自主权，在联邦政府法律允许的

范围内,职业教育发展的重大决策和重要管理都由州政府做出,职业教育管理的主要事务都由州政府承担。德国的 16 个州,每个州都设立了科学文化部或科学艺术部,负责州教育工作。对于职业教育管理来说,州政府负责的主要是学校设置的审批、学校规模的确定、专业设置审批与评估、课程标准与考试规则、学校经费预算和专项的批准及院长的任命等。在州政府科学文化部领导下,许多州成立了相应的校长联席会,如萨克森州有 7 所职业技术学院,其院长组成了联席会议。联席会议在国家和地方法律规定范围内,按照科学文化部的有关规定,决定和协调职业技术学院发展中的问题,如成立专家委员会、对学校专业和教学质量进行评估等。

　　地方政府对职业教育管理的行政手段包括制定和实施职业学校师资考核和进修制度、毕业生考试制度、职业学校建校审批制度、职业教育的视导制度、职业教育的评估制度等。德国政府对职业教育管理的行政手段在执行上是非常严格的。例如,规定职业学校的教师必须受过高等教育,有 5 年以上的工龄,还要通过国家专门考试取得合格证书,这样才能获得终生从事职业教育的资格。即要求他们不仅具有一定的理论水平、实际工作经验,还应具有和职业要求相应的实践技能并掌握一定的教育学和心理学知识。在企业中从事指导学生实习的教师必须通过技师的考试。对教师的行政管理还包括对教师进修和更新知识的规定,保证职业学校教师素质的不断提高。此外,还规定职业学校教师的工资待遇要优厚,比相同等级的国家机关雇员的工资还要高,从而保证教师队伍的稳定和优化,有利于有效地提高教学质量。

　　(三)地方政府是职业教育经费的主要承担者

　　第一,通过政府财政预算、投资或规定经费来源进行职业教育管理,同时制定某些优惠政策予以保障。德国职业教育的经费从各方面得到充分的保证,公立学校由政府拨款,私立学校由私人筹款,企业等方面也给学校以有力的支持。政府制定的优惠政策,如职业学校设施的兴建免交建筑税、企业的培训经费可列入成本核算等,这都从整体上为职业教育的发展提供了保障。经济手段还包括对于不愿承担培训义务的企业,应按专业行会的规定交纳与培训任务相适应的费用。联邦《基本法》明确规定,地方政府将地区生产总值的1.1%、工资总收入的 2.5%用于职业教育。由于地方政府的积极引导和干预,德国州政府每年对职业教育的经费投入超过 0.5 亿马克,近几年德国实施了"职业英才促进计划",还在世界上首次将普通高等职业教育领域内的"英才促进计划"引入职业教育领域,每年向 3000 名高技能型青年每人提供 3000 马克的资助,采取重点培养和出国学习的方式,为国家培养高级专门人才。[1] 第二,规定教育局、工商会、劳工局等部门对职业学校的专业课程的确立、教学质量以及经费开支等方面实施有效的监管。监管的主要内容是根据对学校职业教育过程的综合评估的结果,决定对学校经费投入的多少。

(四)地方政府是职业教育公共服务的供给者

德国职业教育的教学条件有充分的保障,新建和扩大职业院校的资金由州政府投入,年度教学经费也由州政府承担。职业教育原先不向学生收费,2006 年秋季学期开始收取少量学费后政府拨款仍未减少,以多特蒙德应用科技大学为例。该大学办学规模为 7 个系(设计系、艺术系、经济系、建筑系、电子系、信息与通信工程系、机械系),共有 28 个专业、8500 名学生,其中中国留学生 100 余人;教职工 540 人,其中教授 220 人,助理教学人员和实验室人员80 人;行政人员 140 人,工勤人员 30 人,另有 70 名兼职教师;全年州政府预算经费为 4200 万欧元。[2]

2005 年,政府通过颁布新职业教育法对传统的职业教育体系进行了重大改革。新职业教育法的目的是通过各种方式增强体系的灵活性和重新调整学校教育和企业培训之间的合作关系。

首先,新职业教育法通过撤并一级行政管理机构,简化了培训职业和课程的更新程序。这种变化旨在促进培训的现代化,即在不断变化的和新出现的行业中,按照市场需求开发新的职业。例如,1998 年在信息和通信技术(information communications technology,ICT)领域,企业、工会和政府密切合作设立了四个新的培训职业。自 2000 年以来,已相继开发了 62 个新的培训职业,并且有 162 种职业岗位达到了现代化水平。[3] 其次,新职业教育法通过实施厂内训练来增加培训体系的灵活性,包括在"模块化水平"[4]组织培训。企业仍然按照国家规定的标准进行培训,但允许在技术、区域或行业需求方面有所变化。新职业教育法鼓励在实践中有一定灵活性,例如在 ICT 领域中,

---

[1]　樊宝生.浅析德国职业教育法制化及其对我国职教发展的影响[J].阿坝师范高等专科学校学报,2003(4):87.

[2]　唐永泽.德国高等职业教育考察报告[J].南京工业职业技术学院学报,2007(1):2.

[3]　Schaubilder zur Berufsbildung. *Strukturen und Entwicklungen* [M]. BIBB, Bonn, 2007: S. 2.

[4]　Hassel A. What Does Business Want? Labor Market Reforms in CMEs and its Problems[Z]. Council for European Studies,2006.

允许"关键能力"和"可选要素"①等特殊培训形式。与此同时,在其他行业和企业(如金属和电子产品)中提倡"在更广泛的领域提供个性化培训",这与日益流行的"过程导向培训方法"②紧密相连。此外,新职业教育法还针对自身条件较弱的学生,提供灵活的考核程序,允许学生将中期考试作为期末考试分数计算在内。再次,新职业教育法平衡了企业内培训和学校教育之间的关系。其中一项规定是,给予各州政府较大的自主权,承认学生在各类学校职业教育的分数。考虑到目前超过190000名学徒接受全日制职业学校教育,新法律简化了这些学生参加行会组织的考试管理规则,使参加各种全日制职业学校教育的学生受益匪浅。然而,行会依然是资格证书最主要的门槛制定者。除此以外,新的法律还规定了职业学校和企业之间新的合作形式并致力于实现以下几个目标:解决企业培训位置短缺的问题、解决没有能力提供培训的企业的问题、在企业培训位置不充足的领域提供新的培训职业(例如在服务领域)、解决需要更多理论内容的培训需求。

就总体而言,美、英、澳、德四国各级政府在履行发展职业教育职责方面存在一定的差异,但也有共同点:一是把政府定位为"激励者",政府在履行发展职业教育中的职责主要体现在经费的投入、质量的监控等方面。政府作为职业教育的主要参与者,其作用在引导和激励。二是在政府引导下,社会合作成为职业教育制度的重要内容。当今社会,没有一个国家的职业教育可以只依靠政府来进行,社会合作伙伴的参与必不可少。这些国家的地方政府都把行业和企业作为重要的职业教育资源。三是建设一个成熟的技能供给体系是各国政府职业教育制度建设的中心议题。可以看到,各国都在这方面进行了不少的努力。

在以科学发展为主题、以加快转变经济发展方式为主线的新形势下,国外地方政府履行发展职业教育职责的经验对我国地方政府履行发展职业教育的职责是有启示的:第一,制定并实施一系列的职业教育法规,用法律的手段来管理职业教育。第二,实行有利于职业教育发展的政策,用政策的手段来推进职业教育。第三,制定有利于职业教育发展的制度,用制度的手段来促进职业教育。

---

① Steedman. H, Wagner K. British-German Perspectives on Skill Formation and Current Reforms[R]. Jacobs Foundation Conference, Marbach,2005.

② Steedman H, Wagner K. British-German Perspectives on Skill Formation and Current Reforms[R]. Jacobs Foundation Conference. Marbach,2005.

第四章　地方政府履行发展职业
教育职责的政策指导

第一节　地方政府履行发展职业教育职责的主要政策

　　用政策的手段来推进职业教育是地方政府履行发展职业教育职责的主要手段之一。政策就其本来意义而言是一种行动指南或准则，它是政府管理社会公共事务的主要方式。在特定的历史条件下，政府选择一定的社会政策，使其分别作用于不同的社会层面，用以规范、引导各有关社会团体和个人的行为，使复杂多变、相互冲突，甚至漫无目的的社会生活纳入到一个明确的、统一的目标上来，从而保持社会系统的协调发展，并由此推动工作效率的提高和工作效益的持久增长。发展职业教育需要良好的政策环境。在履行发展职业教育职责过程中，地方政府可以发挥政策对职业教育的规范、导向、协调和推动作用，用政策的手段来推进职业教育。本章以《国家中长期教育改革和发展规划纲要 2010—2020 年》(简称《教育规划纲要》)、《国家教育督导报告：关注中等职业教育》(简称《督导报告》)、《高等职业教育创新发展行动计划(2015—2018 年)》(简称《行动计划》)、《国务院关于加快发展现代职业教育的决定》(简称《决定》)为例，分析政策在地方政府履行发展职业教育职责中的作用。

一、《国家中长期教育改革和发展规划纲要(2010—2020 年)》

　　(一)《教育规划纲要》制定的背景和主要内容

　　当下全球化浪潮席卷各国。全球化的本质意味着资本、劳工、商品、服务和思想的国际交流频率和速度的长期上升，这在根本上改变了时间和空间的概念。同时，也意味着对教育产生重大影响的经济社会结构发生了深刻的变化。全球化经济进程涉及所有国家的重大改组，欧洲、北美和亚洲的国家已经大大地融入了全球市场，即折射出了改革的必要性和多样性。在更深刻的层面上，全球化加剧了国家和地区之间的经济竞争，使更多的国家进入商品和服务市场的竞争，而支撑这些竞争的则是教育所生产的知识以及所培育的人才。

因此,许多国家普遍呼吁,以更高的技能和高价值的知识工作为重点,即转向所谓的知识经济。

《教育规划纲要》正是在这样的时代背景下颁布的,它明确地指出国家优先发展教育的基本方针,并展望了我国教育事业发展的总体目标,即到2020年,基本实现教育现代化,基本形成学习型社会,进入人力资源强国行列,从而实现人口大国向人力资源强国的转变,提高广大一线劳动者综合素质成为重要的内容,职业教育作为培养面向工作一线的技术工人,其发展对于我国人力资源强国的建设尤显重要。国家的繁荣昌盛需要将职业教育事业放在更加突出的位置,而职业教育具有很强的区域性,即需要与地方的社会经济发展有机融合,而作为职业教育快速发展的重要利益相关者,各级地方政府必须承担起发展属地职业教育的重任。其中,这份文件明确了政府在职业教育发展中的角色定位以及承担的任务、方向指导和责任约束。此外,地方职业教育发展是与当地"三农"问题密不可分的,地方各级政府必须增强自身的责任感,同时将职业教育的发展与地方经济、农业的发展相联系,这有利于形成以教育—技术—就业—经济增长为一体的有机发展体系。

2010年7月,国务院印发《教育规划纲要》。它是21世纪我国颁布的最重要的教育政策文件之一,是党和国家坚持优先发展教育的基本工作方针,是致力于实现我国人力资源强国转变的战略目标的体现,是党和政府致力于促进我国教育事业的发展而付出了前所未有努力的成果,这份文件对我国未来教育决策的过程和结果以及整个教育事业的发展产生了重大影响。《教育规划纲要》的第六章专门阐述了职业教育的发展规划。具体来说,是从"大力发展职业教育""调动行业企业的积极性""加快发展面向农村的职业教育"及"增强职业教育吸引力"等四个方面的任务提出职业教育整体的发展规划。[①]

(二)《教育纲要规划》中有关地方政府发展职业教育的政策

1. 政府应大力发展职业教育

(1)将职业教育发展摆在政府工作的突出位置。《教育规划纲要》着重强调了职业教育的快速发展对国家经济、社会、民生等方面的巨大作用。其中明确提出,"发展职业教育是推动经济发展、促进就业、改善民生,解决三农问题的重要途径,是缓解劳动力供求结构矛盾的关键环节"。这将职业教育的发展放在了极其重要的位置。为了更好地发展职业教育,使其服务地方经济发展,

---

① 国家中长期教育改革和发展规划纲要(2010—2020年)[EB/OL].[2012-12-30].
http://www.gov.cn/jrzg/2010-07/29/content_1667143.htm.

在地方政府的工作计划中,积极发展职业教育也就成为其重要的工作内容,同时也将成为考核政府工作绩效的重要内容。

(2)明确政府在职业教育发展中的角色定位。在《教育规划纲要》中,政府担当主导者的角色,需要履行统筹协调职业教育与经济结构和产业规划相适应,使中等职业教育和高等职业教育齐头并进,培养各层次的技术劳动人才,完善职业教育事业的支持政策,健全投入渠道的多元化,增加职业教育的吸引力等方面的职责。

政府在履行发展职业教育职责的过程中,承担的是"主导者"的角色。根据公共产品理论以及职业教育的产品性质可知,作为准公共产品的职业教育是兼有竞争性和排他性,且具有较强外部性。鉴于此,政府必须担任主导者的身份,引领企业行业投入到发展职业教育的潮流之中,这样才能使得职业教育的支持来源多样化,以此保证其发展的活力和持久性。地方政府在职业教育发展过程中的主导作用不是指政府作为职业教育唯一的提供者,而是体现在方向把握、资源提供、关系协调等方面,使政府为职业教育的发展提供一个更好的宏观环境条件,为影响职业教育发展的各要素之间顺利地进行信息交换等提供好的制度环境,为多主体参与职业教育的发展提供适合的政策环境。

2.地方政府履行发展"面向农村的职业教育"的责任

《教育规划纲要》中明确指出,实现我国职业教育质的发展必须加快发展面向农村的职业教育。我国经济的健康发展,需要大量新型的接受教育的劳动力,但是目前存在很大的缺口,究其原因在于农村劳动力的开发培养明显不足。因此,建立并完善农村新成长劳动力的教育和培训工作,培养新型农民,不仅是解决"三农"问题,缩小城乡差异,早日实现城乡一体化的重要途径,而且对于整个国家的经济建设,培养充分的、质量高的劳动力也具有重大意义。因此,对于农村职业教育的发展,地方政府的责任不可推卸。当前,需要强化省、市(地)级政府发展农村职业教育的责任,扩大农村职业教育培训覆盖面,根据需要办好县级职教中心,保证农村劳动力培养的高质量与连续性。

农村职业教育的发展是职业教育发展的必然要求,是在我国城镇化发展和社会经济转型发展过程中职业教育发展不可回避的责任。为建设社会主义新农村和实现城镇化,不仅需要良好的政策环境吸引外出务农人员回乡就业,更需要因地制宜地对当地居民进行职业教育,提高其就业技能。同时,社会经济的转型发展要求社会整体劳动力素质的提升,特别是需要提高广大的农村劳动力的劳动技能和综合素质,地方政府特别是市、县级政府更加贴近农村社区,对农村社区的实际情况和需求更加理解,使他们可以根据具体情况对农村职业教育实施具有针对性的措施。

二、《国家教育督导报告：关注中等职业教育》

(一)《督导报告》的主要内容

我国中等职业教育是指，高中阶段的职业教育或者自初中以后的3～4年的职业教育。其目的是为工业、技术和管理部门培养具有综合职业技能的中级技术工人。中等职业教育的教育机构包括中等专业学校、职业高中和技术职业学校。中等职业教育的毕业生可直接从事生产活动。目前，大约有40%的学生在这个阶段进入职业教育，我国现阶段因缺乏职业教育和职业咨询，所以通常由老师和家长决定学生应该选择哪个课程。《教育规划纲要》指出，2009年我国中等职业教育在校生为2179万人。我国中等职业教育一般由地方政府负责，部分与企业联合兴办。中等职业教育主要面向学生就业，在少数情况下也为高等职业教育提供生源输送。在教育领域中职业教育是一个至关重要的，但是在实际中的地位却相对被忽略的教育事业。

2011年国家教育督导团发布了题为"国家教育督导报告：关注中等职业教育"的报告，该报告明确指出，"中等职业教育担负着培养数以亿计高素质劳动者和技能型人才的重要使命，是我国经济社会发展和人力资源强国建设的重要基础"[①]。国家教育督导团在《国务院关于大力发展职业教育的决定》等政府颁布的发展职业教育的相关法规政策文件的基础上，结合实证资料和相关统计数据，从"战略地位与政策落实""事业发展与社会贡献""资源配置与经费保障"和"人才培养与改革创新"四个方面，对全国各地中等职业教育发展状况进行了报告，指出了全国各地中等职业教育在这四个方面的主要进展以及当前面临的主要问题，将中等职业教育摆在了更加突出、更加重要的位置。

(二)《督导报告》中有关地方政府发展职业教育的政策

1.地方政府发展中等职业教育的主要进展和问题

一方面，在国家顶层设计和地方政府的积极努力下，我国各级政府在发展职业教育上取得了一定的成效。包括：第一，着力完善相关政策法规，并加强制度建设。中央政府陆续出台了一系列政策文件，为我国中等职业教育的发展指明了方向。地方政府根据中央政府文件精神，不断加强地方性的法规建

---

① 国家教育督导报告：关注中等职业教育[EB/OL].[2016-03-25].http:// www.jyb. cn/info/jyzck/201107/t20110705_440904.html.

设,大力发展当地中等职业教育并取得了显著成效。第二,通过制定职业教育发展规划,明确了政府不同部门在地方职业教育发展中的主要责任和任务,初步形成了以省级人民政府为中心的、多部门联动的工作机制,进一步强化了省、市(地)级人民政府的责任。第三,加大财政经费投入力度,提高保障水平。对职业教育发展的经费投入是其获得快速发展的重要保障,地方政府通过多种途径筹措职业教育发展经费,努力实现经费来源多元化,在一定程度上允许民间资金进入职业教育领域,提供职业教育服务。第四,各地政府也根据各地区的实际情况调整专业设置与结构,努力使职业教育与地方人力资源需求的结构高度契合,使之更好地服务于当地的产业以及新农村建设的需要。

另一方面,地方政府在履行发展中等职业教育职责的过程中也出现了不少问题,主要表现在如下几个方面:第一,中等职业教育发展的相关政策法规落实尚不到位,政策执行中普遍存在替换性执行、选择性执行、敷衍性执行等问题,制约了政策效用的发挥。同时还存在省级政府统筹不足、政出多门的现象,职业教育在不同政府部门的规约下,发展缓慢。第二,中等职业教育发展的经费投入不足。虽然政府通过多种渠道增加了财政性经费投入,但由于经费的有限性、政府对职业教育的重视程度不足等问题,财政性的资金投入与高等教育相比仍存在较大差距。不同地区民间资本进入中等职业教育的情况也相差较大,特别是在中西部地区,中等职业教育的投入仍主要以政府为主,市场介入严重不足。第三,面向农村的中等职业教育尚不能满足新农村建设的需要。城镇化为农村发展提供了历史机遇,同时也对农村建设人才提出了要求。目前我国中等职业教育是以为城市提供、输出劳动者为办学目标的,这在一定历史时期具有合理性,但目前我国正值新农村建设快速发展期,缺少针对农村需求的中等职业教育则成为新农村建设发展的羁绊。

2.《督导报告》提出的建议

在探讨各级政府在发展职业教育时取得的成效和产生的问题的基础上,针对地方政府如何更好地履行发展职业教育的职责是《督导报告》的落脚点,文件明确指出:第一,要积极营造更加有利于中等职业教育发展的制度和社会环境,特别是地方政府因地制宜地制定适合本地职业教育发展的政策和法规,并强化政策执行过程的监督,保障政策执行的有效性。第二,强调了要在今后坚持中等职业教育的突出发展地位,就需要进一步强化省、市(地)各级政府发展中等职业教育的职责。在逐步提高职业教育社会地位的同时,进一步加大中等职业教育的经费投入,探索建立多元化的资金投入机制,形成多元化的办学体制。第三,要加强中等职业教育与地方经济社会协调发展的研究,提高与地方经济和产业结构的协调程度,并注重提升中等职业教育服务农村的能力等。

《督导报告》是我国第一次对全国的中等职业教育发展进行的评估,也是首次单独聚焦于中等职业教育,再一次明确了中等职业教育在我国的重要位置,特别是在我国全面建设小康社会的关键时期,营造全社会重视中等职业教育的氛围,为政府加大、投入努力发展中等职业教育提供了方向引导和具体的政策建议。

三、《高等职业教育创新发展行动计划(2015—2018 年)》

(一)《发展行动计划》制定的政策背景

我国高等职业教育是指,录取普通高中和中等职业学校的毕业生,或具有同等教育学历的个人,为其提供高等职业教育,旨在发展高级职业技术人才的职业技术教育。毕业生应在德智体美等方面得到充分发展,向生产、建设、管理和服务等行业输送相关人才。因此,高等职业教育强调以实践为导向、以技术为导向的人才培养。目前有五个不同的教育机构提供高等职业学位课程,包括:高等专科学院、职业大学、高等职业技术学院、成人大学以及五年制的职业学校。高等职业教育学制一般为 3~4 年。

为贯彻落实《国务院关于加快发展现代职业教育的决定》和全国人大常委会职业教育法执法检查的有关要求,创新发展高等职业教育,2015 年 10 月,教育部颁布了《高等职业教育创新发展行动计划(2015—2018 年)》,这份行动计划意义重大,是教育部首个专门针对高等职业教育印发的系统规划改革进程的指导性政策文件。①

(二)《发展行动计划》的主要内容和战略意义

《发展行动计划》以提升高职教育发展质量为主线,要求高职院校"以提高质量为核心",全面、持续"提升人才培养质量"。提高教育教学质量的关键是形成自己的办学特色。《发展行动计划》针对我国高等职业教育的发展现状和特点,从五个方面对我国高职教育的工作做出了部署和指导。具体来说,强调高等职业教育的发展质量、强调综合改革、强调创新发展、强调保障体系和强调省级统筹。其中对于地方政府履行发展高等职业教育的职责,文件做出以

---

① 高等职业教育创新发展行动计划(2015—2018 年)[EB/OL].[2016-04-20]. http://www.moe.edu.cn/srcsite/A07/moe_737/s3877/201511/t20151102_216985.html.

下指导：第一，坚持政府推动与引导社会力量参与相结合的原则。强化地方政府统筹发展职业教育的责任。第二，完善质量保障机制。"落实各级政府责任，放管结合完善依法治校，逐步形成政府依法履职、院校自主保证、社会广泛参与、教育内部保证与教育外部评价协调配套的现代职业教育质量保障机制。"

在我国经济发展新常态背景下，高等职业教育面临诸多新的挑战，这些挑战来自外部和内部两个方面。外部挑战是，"中国制造2025""供给侧结构性改革""大众创业、万众创新"等顶层规划对高职教育提出了新的更高的要求，要求高职教育加快培育社会急需的高层次技术技能人才；内部挑战是，部分高职院校依然存在着办学活力不强、校企没有充分融合、双师型教师队伍弱化、实验实训条件不足等问题，这些问题严重影响了高职院校的发展。明者因时而变，知者随事而制。《行动计划》从战略全局的高度来谋划高职教育的发展，提供了路线图、时间表和行动纲领。它紧扣"提高高职教育质量"这一时代主题，坚持问题导向，确立了"创新发展"这一核心理念，指明了跨越发展的实践路径，增强了高职教育发展的动力。《行动计划》中提到，要"创建200所左右的优质专科高等职业院校"，并设置了"十个优质条件"。这也为高职院校在"十三五"期间的发展提供了具体的方向。

四、《国务院关于加快发展现代职业教育的决定》

（一）《决定》制定的政策背景和主要内容

《决定》的出台：一是社会经济发展的需要。近年来，我国经济社会的转型发展和产业结构的优化升级，对一线应用型技术人才的能力和素质要求越来越高。目前我国职业教育的发展严重滞后，难以满足企业对高素质应用型技术人才的需求。因此，加快发展现代职业教育是社会经济发展和产业结构转型升级的迫切需要。二是改革深入发展的需要。随着我国社会主义市场经济改革的逐步深化，经济关系市场化、宏观调控间接化、经济管理法制化等市场经济的特征日益彰显，迫切要求调整和理顺政府与市场、学校之间的关系。而我国教育体制改革严重滞后于发展需要，政府统得过死，学校办学与社会需要脱节现象严重。可以说，是社会改革深入发展倒逼职业教育改革。

为了加快我国职业教育发展的步伐，顺利实现《教育规划纲要》中部署的战略目标，2014年6月22日国务院发布了《国务院关于加快发展现代职业教育的决定》，该《决定》确立了高等职业教育在国家人才培养体系中的重要位置。《决定》的主要内容有：第一，提出"政府推动、市场引导"基本原则，落实政府职责。完善分级管理、地方为主、政府统筹、社会参与的管理体制。地方政府要切实承担主要责任,结合本地实际推进职业教育的改革发展,探索解决职业教育发展的难点问题。第二,完善经费稳定投入机制。各级人民政府要建立与办学规模和培养要求相适应的财政投入制度,地方人民政府要依法制定并落实职业院校生均经费标准或公用经费标准,改善职业院校基本办学条件。第三,积极发展多种形式的继续教育。推动一批县(市、区)在农村职业教育和成人教育改革发展方面发挥示范作用。具体包括:一是建立接地气的服务型教育,以适应社会主义市场经济要求。《决定》把政府推动、市场引导、服务需求、就业导向作为深化职业教育改革,加快发展现代职业教育的基本原则,并贯穿《决定》的全篇,强调其中的关键就是要调适好政府与市场的关系。这抓住了当前职业教育发展的根本问题,目标是要把职业教育办成与社会主义市场经济相适应的接地气的服务型教育,这是符合世界职业教育发展方向的。二是建立适合人才成长的可持续教育,从而形成终身教育理念与体系。《决定》明确"到 2020 年,形成适应发展需求、产教深度融合、中职高职衔接、职业教育与普通教育相互沟通,体现终身教育理念,具有中国特色、世界水平的现代职业教育体系"①。其中关键是要做到纵向衔接中等职业教育与高等职业教育,横向贯通职业教育与普通教育。这意味着发展现代职业教育,涉及理念转变、制度创新、体系构建、政策配套等方方面面,是一项目标宏大的系统工程。明确定位了中等职业教育、专科层次职业教育、本科层次职业教育和专业学位研究生教育的多层次、多类型职教使命。同时,职业教育与普通教育、继续教育要相互沟通,建立学分积累与转换制度,推进学习成果互认衔接。三是建立引领改革的先进性教育,开启"突破计划经济堡垒"的攻坚战。《决定》明确提出要发挥市场机制作用,引导社会力量参与办学,推进混合所有制改革,探索发展股份制、混合所有制职业院校。以职业教育为突破口,开启"突破计划经济堡垒"的攻坚战,这是《决定》一个重要的创新点。

(二)《决定》的指导意义

当国家将教育视为经济增长的动力时,职业教育被认为是生产工人满足工业发展需要的重要手段。全球化、知识经济、学习型社会以及终身学习的新要求均会对教育体系造成压力,要求其提高高技能人才的产出。美国的劳工经济学家 Reich 说,知识型员工可以分为两类:一是在信息技术方面或科学研

---

① 国务院关于加快发展现代职业教育的决定[EB/OL]. [2015-10-20]. http://www.gov.cn/zhengce/content/2014-6/22/content_8901.htm.

究方面有优势的员工;二是在商业管理和咨询方面有突出能力的员工。除了技术知识外,他们还需要在分类和处理信息和数据方面具有较高的能力,有系统的思考能力、规划思维。这就需要教育和培训制度来培养更多具有更高水平技能的人才。《决定》对职业教育的培养层次进行了进一步界定,不仅使职业教育的层次丰富了,也使职业教育培养人的目标发生了变化,从培养技能型人才转向培养技术技能人才。值得关注的是,《决定》还从根本保障机制上强调了各级政府的投入职责,如要求各级人民政府建立与办学规模和培养要求相适应的财政投入制度;要求地方人民政府依法制定并落实职业院校生均经费标准或公用经费标准;县级以上人民政府建立职业教育绩效评价制度等,这些都将从根本上扭转地方政府不重视职业教育的状况。《决定》是近期党和国家对职业教育发展的一剂有力的助推剂,是对《教育规划纲要》职业教育方面具体和深入的探索,不仅再次明确了职业教育对我国的经济社会发展的重要意义,也具体地指出了任务和目标。它还再次明确地指出地方政府是发展职业教育的主要力量,要在遵循国务院统筹安排的轨迹下,结合本地的实际情况推进职业教育的发展。

第二节　政策在地方政府履行发展职业教育职责中的作用

一、政策对职业教育的规范作用

在发展职业教育中,政府制定和推行的职业教育政策及其相关政策,具有保证职业教育正常运转的规范作用。这一作用主要表现为职业教育政策及其相关政策针对职业教育目标群体的行为所起的作用。职业教育的正常运转离不开基本的职业教育运行秩序和合理的行为轨道。基本的职业教育运行秩序是职业教育赖以存在和发展的基本条件,合理的行为轨道是职业教育向前发展的基本要求。职业教育的发展需要一定程度的社会合力,需要将人们的行为纳入一定的轨道,防止力量的过度分散或相互抵消。因此,为了职业教育的正常发展必须对人们的行为进行规范和约束。职业教育政策及其相关政策的规范功能主要是通过它的监督作用、惩罚作用和教育作用来实现的。一般来说,职业教育政策及其相关政策都具有监督作用,其根本任务在于发现并纠正职业教育发展中的非常规的"越轨"行为,保障并加强职业教育运行的正常秩序,促进职业教育稳步向前发展。同时,职业教育政策及其相关政策一般都具有一定的强制性,凡是违反政策的行为,都会受到相应的惩罚。这种惩罚属于外在强制，比伦理道德的内在强制更为有效、有力，而且法律与政策的相互关系，决定了人们一旦违反职业教育政策及其相关政策，轻则受到行政处罚或纪律处分，重则还要受到法律制裁。职业教育政策及其相关政策的规范作用不仅体现在监督和惩罚方面，而且还体现在教育方面。政策规范通过各种方式对社会成员进行教育，使职业教育政策及其相关政策内化为社会成员的心理需要，使职业教育政策及其相关政策所确定的行为规范与价值体系成为人们的行为指南，从而保证整个职业教育稳步向前发展。

《教育规划纲要》在职业教育部分有一个突出的亮点，就是大力发展职业教育体现了行政的宏观调控和利用政策来进行市场调节的结合，比以往相关的文本具有一个突破性的进步。所谓利用行政手段的调控，就是在今后一段时期，总体上保持高中阶段的普职比大体相当，并利用政策来调节市场的需求，把增强职业教育吸引力第一次明确地写进整个教育发展改革规划纲要的重要文本当中。《督导报告》指出，当前和今后一个时期，要把中等职业教育摆在更加突出的地位，增强中等职业教育吸引力，健全中等职业教育投入体制，增强基础能力建设，建立健全政府主导、行业指导、企业参与、社会支持的办学机制，加快面向农村的职业教育发展。各地要针对《督导报告》中所反映的问题，结合当地实际，采取有效措施，进一步提高中等职业教育质量，保障中等职业教育又好又快地发展。《行动计划》更加强调地方统筹作用，其实施的方式就是以地方为主。以后中央财政对高职的财政投入主要分两种方式：生均奖补、绩效奖补。《行动计划》要求有完整的职业教育体系结构，应该保证学生乃至学校在这个体系中自由流动发展的机制和渠道。强调职业教育体系从中职、高职、本科乃至研究生都要完善。《决定》明确职业教育人才培养的基本定位是技术技能人才，职业院校要为国家的技术技能积累服务。提出要加强对政府及有关部门履行发展职业教育职责的督导，完善职业教育质量评价制度，支持第三方机构开展评估。同时，建立高校分类体系，加快建立分类设置、评价、指导、拨款制度。县级以上人民政府要建立职业教育经费绩效评价制度、审计监督公告制度、预决算公开制度。

二、政策对职业教育的导向作用

在发展职业教育中，政府制定和推行的职业教育政策及其相关政策，具有促进职业教育发展的导向作用。这一作用主要表现在两个方面：一是为职业教育事业的发展提出明确的目标。如《教育规划纲要》首先做出了大力发展职业教育的决策。"大力发展"作为一种发展方针，它是基于当前我国建设人力资源强国和加快普及高中阶段教育国情的明智的战略选择;"大力发展"作为一种发展目标,它是到 2020 年在普及高中阶段教育战略目标基础上,又明确了在今后一段时期,总体上保持普通高中和中等职业学校招生规模大体相当,统筹中等职业教育与高等职业教育发展的结构性目标。二是推出一整套旨在促进职业教育事业发展的重大措施。为实现上述教育目标,《教育规划纲要》首先强调了政府要切实履行发展职业教育的职责,除了要继续抓好事业规划和统筹工作之外,还明确要求健全多渠道投入机制,首次提出要建立职业学校基本办学标准、学校生均经费基本标准和生均财政拨款基本标准,同时也强调健全符合职教特点的教师资格标准和专业技术职务评聘办法,从而构建了职业教育发展的保障新机制。《教育规划纲要》要求通过布局结构和专业结构的调整,促使职业教育规模、专业设置与经济社会发展要求相适应;通过课程、教材、教学模式和评价方式的创新,推进就业创业教育,实现人才培养方式转变,着力提高学生的职业道德、职业技能和就业创业能力。为了从根本上增强职业教育的吸引力,《教育规划纲要》很务实地设计了一系列有效的引导性政策工具:通过完善就业准入制度,保护和扩大职业学校合格毕业生的就业机会,提高就业率;通过积极推进"双证书"制度,推进学校课程标准与职业技能标准相衔接,提高毕业生的就业质量;通过在全社会执行"先培训、后就业""先培训、后上岗"的规定,引导和规范社会接受职业教育;通过建立健全职业教育课程衔接体系,完善在终身教育理念指导下的继续教育体系,构建人才成长立交桥,拓宽毕业生继续学习的通道,扩大毕业生终身发展的空间;通过逐步实行中等职业教育免费制度,完善学生生活费补助制度,降低职业学校学生的学习费用。

三、政策对职业教育的协调作用

在发展职业教育中,政府制定和推行的职业教育政策及其相关政策,具有促进职业教育发展的协调作用。职业教育事业是一个庞大的系统工程,组成这个系统的各个要素之间存在着各种各样的关系和结构。除此之外,职业教育系统还与教育母系统、社会系统之间无时不在发生着复杂的物质、信息、能量的交换关系,它们之间有时是"相安无事"的,有时却是矛盾重重的,表现出异常激烈的冲突。职业教育政策及其相关政策之所以具有协调功能,主要是由职业教育政策及其相关政策的本质属性决定的。职业教育政策是有关职业教育的权利和利益的具体体现,作为利益的"显示器"和"调节器",所有职业教育政策都具有协调功能。

例如,《教育规划纲要》强调,要强化省、市(地)级政府统筹职业教育发展的责任,重点强化职业教育资源的统筹协调和综合利用,推进城乡、区域合作,增强职业教育服务区域发展的能力。《教育规划纲要》特别关注了具有职业教育特色的"产教结合、校企合作"的制度创新。在大力推行"工学结合、顶岗实习"的技能型人才培养模式创新的同时,尤为注重行业企业参与办学和管理的体制机制创新,第一次提出了制定校企合作法规,并将其纳入国家教育体制重大改革试点范围。《教育规划纲要》还在调动社会力量积极性,鼓励发展民办教育、扩大学校办学自主权以及建设现代学校制度诸方面均做出了相应的规定。

之前职业教育政策更加注重教学改革,在《行动计划》中,强调综合改革和协调,提出以下几项措施:一是考试招生制度改革,高职考试招生制度改革走在整个高考招生改革的前列;二是分类考试招生规范;三是学分积累转换制度实施,保障学生在体系内转换与体系外流动。

《决定》则进一步确定现代职业教育体系的主要任务是服务发展、促进就业,基本特征是产教融合、校企合作,培养模式是工学结合、知行合一,培养目标是职业精神与技术技能高度融合;确立了职业教育与经济社会同步发展的原则。《决定》要求健全专业随产业发展动态调整的机制,推动职业教育与经济社会同步规划,与产业建设同步实施,与技术进步同步升级;发挥教育和产业两个领域、学校和企业两类主体的积极性,把适宜行业组织承担的职责交给行业组织,给予政策支持并强化服务监管;鼓励企业举办或参与举办职业教育,发挥重要办学主体作用。

四、政策对职业教育的推动作用

在发展职业教育中,政府制定和推行的职业教育政策及其相关政策,具有促进职业教育发展的推动作用。这一作用主要表现为职业教育政策及其相关政策针对职业教育发展的方向和速度所起的作用。职业教育发展的动力来源于职业教育资源的合理配置和人的积极性的发挥。在一定程度上,职业教育资源的调整和重新配置就是为职业教育的发展方向进行定位。职业教育资源的配置方式主要有两种,即市场配置和政府配置。在市场经济条件下,市场在资源配置中起决定性的作用。然而不可否认,在现代社会,由于市场配置资源本身的不完美性,政府在保证资源的合理配置中具有重要作用。政府配置资源就是通过对资源的权威性分配,即限制一部分人获得资源、剥夺一部分人已拥有的资源或让一部分人得到资源,以实现资源的最佳组合。政府配置职业教育资源的目的是推动职业教育的发展,其实现方式主要是通过制定和实施职业教育政策及其相关政策。事实上,在当代社会,职业教育政策及其相关政策的制定和实施也总是围绕向谁分配资源、怎样分配资源等问题展开的。需要指出,推动职业教育发展只是政府配置职业教育资源的主观愿望,客观效果能否达到却是另外一回事。实际上,许多发展中国家的政府在资源配置方面所起的作用是非常糟糕的,良好的主观愿望与客观的实际效果相去甚远的现象并不鲜见。

关于政策对职业教育的推动作用,《教育规划纲要》里首先强调的是政府要履责,在一些省、市(地)级政府中,其实地方政府对职业教育的统筹发展责任认识是非常清楚的。这次纲要特别强调要重点强化职业教育资源在地方的统筹协调和综合利用,强调推进城乡统筹,区域合作以及农村教育内部基础教育、职业教育和成人教育的统筹,在强化职业教育资源统筹和综合利用的基础上,健全县域职业教育和培训的网络,加强县级职教中心建设。发展现代农业职业教育,是夯实我国现代农业发展基础、促进农业发展方式转变的战略举措。《教育规划纲要》要求大力加强涉农专业的建设,针对当前农业类职业教育面临的挑战,着力于通过改革招生制度和教学模式来主动适应新形势,破解新难题,加大培养农业类专业人才的力度。创新和发展现代农民职业教育是彰显以人为本的理念和科学发展之举。为了适应社会主义新农村和当代农民的发展趋势,《教育规划纲要》支持和鼓励各级各类学校积极参与新型农民、进城务工人员和农村劳动力转移的职业培训,满足农民群众的职业教育需求。

在《行动计划》推动下,各地将"提高高职教育发展质量"作为落实《行动计划》的主攻方向,不断加大信息化技术应用,打造"双师型"教师队伍建设,完善质量保证体系,不断提升发展质量。以推动教育信息化为抓手,积极促进信息技术与教育的融合创新发展,努力构建网络化、数字化、个性化、终身化的教育体系,推动在线开放资源平台建设和移动教育应用软件研发;各地通过不断完善质量保证体系建设,推进职业院校教学工作诊断与改进制度建设。《决定》强调职业教育在促进社会公平中的重要作用。要求加大中央教育资金倾斜力度,通过对口支援机制、以奖代补政策鼓励地方政府加大投入等方式,加快发展面向农村、民族、贫困地区的职业教育,并建立助学金覆盖面和补助标准动态调整机制。提出要减少政府部门职责交叉和分散,减少政府部门对学校教育教学具体事务的干预。完善职业院校治理结构,推动职业院校依法制定体现职业教育特色的章程和制度,建立学校、行业、企业、社区等共同参与的学校理事会或董事会,推进集团化办学,使学校完善决策机制,提升治理能力。

第五章 地方政府履行发展职业教育职责分析

第一节 地方政府履行发展职业教育责任的主要内容

在全球化的影响下,信息迅速地涌入,教育改革已成为全球性现象。在许多国家,研究者们认为权力下放是促进教育改革的最重要手段,同时很多国家也践行着这样的改革趋势。分权主义者认为,权力下放可以卓有成效地提高学校教育运作的效率,动员当地政府及各方社会资源支持和帮助发展教育,以此增加利益相关者对地方的参与程度。自 2002 年开始,国务院颁布了一系列有关大力推行职业教育的决定,这促进了各级和各地开展职业教育和培训的进程。有关负责人声称,职业教育的增长将在中国的经济发展中发挥重要作用,它们能提高毕业生的技能和企业与行业的人员需求,帮助解决近期大学毕业生失业率上升的问题,提高全国人力资本的数量和质量。地方政府在职业教育发展中起着主导作用,它们应肩负着管理规划整个职业教育发展的重任。

一、完善职业教育相关立法,整合政府行政职能

(一)完善地方职业教育发展的相关立法

政府管理职业教育的最有效手段莫过于立法,应完善职业教育的法律法规体系。法律手段是职业教育管理的根本手段,它决定了职业教育的管理体制、职业教育体制的运行、相关职能部门的权限与职责等。通过立法手段来管理职业教育是发达国家共同重视的问题。他们认为应通过立法加大各级政府对职业教育的重视程度,提高职业教育的社会地位,规定职业教育发展的资金投入,指导职业培训工作的开展,从多方面保证职业教育健康有序的发展。

我国职业教育的地位和发展,不能仅停留于《职业教育法》中的原则性规定,关键在于要有具体操作层面的法律法规来规范和推动职业教育实践。总体而言,职业教育立法主要包括以下四方面:提升职业教育立法质量,及时对法规加以修订和完善;制定配套的和与之适应的地方性法规,如有关职业教育

的经费投入、课程标准、师资培养等;调整教育系统的设置,以立法的形式进行规范;加强执法力度,实施有效监督。

我国在《教育法》的基础上,相继颁布了《职业教育法》《教师法》《社会力量办学条例》《就业准入制度》《中外合作办学条例》《继续教育条例》等法律法规,这些法律法规在规范职业教育的发展方面发挥了有效作用,但从地方政府履行发展职业教育职责来看,仍然存在有待解决的问题。一是法律体系还有待完备。我国1996年颁布了《职业教育法》,其中第三条对职业教育地位的描述是:"职业教育是国家教育事业的重要组成部分,是促进经济、社会发展和劳动就业的重要途径。"多年的实践证明,职业教育重要作用的发挥,只有在法律中的泛泛说明显然是不够的,关键还要靠具体的实施措施保证职业教育的顺利发展,使职业教育的发展有法可依,否则,职业教育的重要地位和作用只是徒有虚名。由于职业教育具有地域性的特点,在制定法规的同时要注意与当地的社会经济现状相结合,地方政府应从当地现状出发,对职业教育进行有效管理。要以法规的形式明确职业教育管理体制各个环节的职责与任务,以提供依法治教的法律基础;需要规定职业教育在国家经济和社会发展中的地位和作用,并利用政府掌握的舆论工具加强宣传,提高国民对职业教育与社会发展的关系、职业教育的就业功能、职业教育社会地位重要性的认识,在全社会形成一个重视职业教育的外部环境,营造有利于职业教育改革与发展的社会氛围;要提高职业教育体系内外对于各层次和各类型职业教育的层次定位、社会定位、功能定位的理解。在立法过程中既要充分听取社会各方面的意见,对各项法律条文给予充分的探讨和研究,又要注意立法的时效性。对职业教育发展迫切需要的法律法规,要规定明确的完成期限并按规定及时出台;对已经出台的法律、法规,要能根据社会发展的需要不断加以调整,保证法律的连续性和客观性。二是从技术层面上看,立法中原则性和宣示性内容不宜过多;《职业教育法》只是一部总法,具体的实施和管理还要有配套的法律法规来保障。

(二)整合职业教育管理行政职能

第二届国际技术与职业教育大会认为:"技术和职业教育的政策制定和办学必须由政府、产业部门和社会三方面建立新的伙伴关系来实现。这种伙伴关系必须能够构建出一种和谐的法律框架,以形成国家的发展战略。"发达国家对职业教育的管理,其教育部门与就业部门、经济部门、雇主组织、行业部门的密切合作,是职业教育改革和发展的重要保证。教育不再是教育管理部门独有的领地,就业部门、经济部门、雇主组织、行业部门等越来越多地参与教育的管理和决策。

职业教育行政管理机关是具体承担职业教育行政权力的行政机构,是唯一在法律上被认可为能真正掌握和行使职业教育行政权力,并应当和能够承担职业教育权力责任的行政主体,这种行政主体有其具体承担的职业教育管理职责,在职业教育的发展中其可以发挥整合职业教育的作用。政府的行政权力始终是职业教育发展的强大推进器,职业教育的各项改革有赖于政府的行政力量来启动和推进,职业教育领域的诸多矛盾也需要政府运用行政权力来处理和协调。我国职业教育的管理体制还没有理顺,国家教育部与国家人力资源和社会保障部各管一摊,互相独立,各自为政,各成体系,导致各省、各地方的教育与劳动部门也是矛盾重重。我国职业教育由教育部门、人保部以及部分行业、企业管理,分别管理和归口管理形成了当前地市职业教育的管理格局。例如,在地方中等职业教育发展中,对职业学校的行政管理没有跟上改革的步伐。教育部门在审批职业学校,社会劳动保障部门也在审批职业学校。有的学校由教育部门管理,有的学校又由社会劳动保障部门管理。这导致审批者和办学者脱节,无法进行统一的检查评估。这样的结果是地方职业学校名誉不好,职业学校发展受到影响。借鉴国外经验,职业学校的管理和审批权限应统一归并到教育行政主管部门;社会劳动保障部门负责学生技能资格考核和技能证书的发放;学校管理由教育行政部门负责统筹,包括招生、评估和学生的管理。由于职业教育涉及经济、财政、税收、教育、企业等众多部门,具有较强的社会性,多头管理极大地制约了行政职能效能的提升,损害了政校关系的和谐发展。因此,地方政府在建立、完善职业教育管理体制和管理手段的同时,还要对地方政府职业教育管理的行政职能进行整合。

二、统筹职业教育发展整体规划,为职业教育发展提供基础支持

(一)完善地方职业教育发展整体规划

1.完善宏观政策指导,加强整体统筹能力

地方政府作为职业教育发展的主要负责人,要积极高效地履行发展职业教育的职责,推进地方职业教育的发展。做好地方职业教育的规划和建设工作,即以地方政府管理方式转变为第一要务。为促进工作转变的实现,要点在于地方政府根据党和国家的政策法规,明确自己在这项重要事业中的角色定位。换言之,地方政府发展职业教育事业的关键的问题,不在于政府在职业教育事业发展中的作用,而在于地方政府在这个过程中扮演什么样的角色。

党和中央政府在《教育规划纲要》中就明确指出,地方政府是主导者的角

色,要整合各方资源,努力推动地方职业教育特别是促进农村职业教育的基础能力建设。地方职业教育公共管理机制包括职业教育机构、当局代表和本地行业企业的社会伙伴关系;建立地方职业教育质量管理公共机构;整合国家和国家职业教育公共管理实体。首先,要认真学习并贯彻落实中央政府出台的一系列发展职业教育的规划和要求,在此基础上出台本地区有关大力发展职业教育的决定。其次,将职业教育的地位摆在更为重要、更为突出的位置,并根据各地实际情况出台相应的地方职业教育法规,使得地方职业教育的发展更具有针对性的政策性保证。例如,2008年浙江省宁波市颁布的《宁波市职业教育校企合作促进条例》,使宁波成为我国第一个为职业教育校企合作专门立法的城市。

2. 改革职业教育管理体制,优化职业教育发展的管理环境

(1)地方职业教育管理的实质。地方政府职业教育管理的实质在于管理过程中的实体互动,包括各级各类的职业教育机构、教育管理机构、地方和市政当局、企业教育机构、公共组织、消费者等为教育服务目标而进行的生产性互动。首先,是满足教育消费者在深化和推广教育服务方面的需求;其次,要确保职业教育机构的最优运作和发展,以提高地方教育服务市场的竞争力,提高职业培训质量。职业教育的地方政府公共管理应为每个管理实体的职能范围和管理水平做出明确的界定,加强垂直管理(共同管理和自我管理)和横向管理(合作、互助、组委会、理事会等)。地方政府有效地发展职业教育计划的主要特征之一是管理可用资源。没有良好的管理,难以设计科学合理的培养与培训模式。地方政府旨在集中各种资源,创造各种形式的社会伙伴关系,整合教育过程,切实落实自身的统筹管理能力,以建立适应地方职业教育发展的新形式与管理机制。

(2)地方政府管理的原则。地方政府管理的原则是地方政府在规划建设当地职业教育发展时必须遵循的一套准则,它涉及政府的职权内容和管理方法的基本要求。管理原则总结了已有的知识经验,并将其整合为一个有机整体,它是科学理论建设的基础并确保科学理论的有效性与进一步发展的可能。确定地方职业教育的国家和地方管理是基于一致性原则,并考虑到地方的具体情况与参与性。地方政府管理原则揭示了该地区职业教育中央一级和地方一级在管理上的不同方面:民间社会对该地区教育政策的积极参与;满足国家在职业教育制度中建立新的社会关系的需要;与人力资源管理相关的社会技术管理职业教育;发展联合活动的专业管理教育形式等。

建立适应地方的职业教育发展新形式与管理机制应坚持以下原则为行动

基础:第一,一体化原则。即不论所有权形式和行政从属权,建立职业教育机构之间持久的、稳定的关系,使其都为实现共同的职业教育事业的目标提供服务。第二,参与性原则。引导国家和社会结构的发展、教育机构与研究机构、企业和业务结构的管理和生产性合作的形式和方法。第三,创新原则。地方政府重点发展组织和管理的创新。第四,辅助性原则。地方政府扮演好引导者角色,为行业和企业组织自愿参与和发展职业教育创造条件。第五,因地制宜原则。也可称为具体情况具体分析原则。因地制宜原则决定了该地区职业教育管理方式的选择,考虑到本地区的实际经济情况和经济结构,使职业教育发展更具针对性、实用性,更能为地方服务。第六,合理倾斜原则。资源向农村地区倾斜,向偏远贫困地区倾斜。

(二)加大职业教育发展财政投入力度

1.加强以地方拨款为主的投入模式,强化地方政府的拨款责任

地方政府可以根据本地经济实际而提供不同的服务水平和类型,制定不同的发展规划,其中地方政府的财政投入是保证地方有能力提供公共服务,以回应各地的经济市场发展特色的最基本要素。尽管地方支出的方式可能由于地方外部因素或者由于地方预算确定的方法不同而并不是最优模式,但是财政分权仍然是确保中央政府提供的公共服务最优支出水平的唯一替代办法。实际上,自主权力下放的教育融资提供了一个准市场(quasi market),地方政府可以根据其定位来决定行使各自的财政职权。

2003年以前,我国的职业教育规划指出,中央政府是主要的负责人,地方政府扮演执行者的角色。2003年以后,随着权力下放的改革深化,地方政府在发展职业教育事业中具有越来越重要的地位。地方政府主要负责职业学校的教育经费的筹措。在这样的经济责任下,地方政府可以通过教育资源配置,在不同的教育中表现出一定程度的倾斜。事实上,相对于分配给普通学校的资源,地方政府往往在职业学校投入较少。这种投入的缺乏是由多种原因造成的,其中之一是由于地方政府有关部门面临的压力,其绩效是由学生入学率决定的,职业教育学校毕业生无资格参加大学入学考试。由于教育支出的全部责任落在地方政府身上,各级政府往往会选择利用地方财政灵活地实施国家政策,以应对国家确定的业绩指标。

2.调动市场积极性,扩大职业教育的融资渠道

2001年中国成为世界贸易组织成员后,其经济发展模式进一步植根于全球贸易和生产。制造业出口的增长带来了对工业工人的大量需求,职业教育事业的扩大将大大有助于将农业部门"剩余劳动力"转移到工业部门。随后,

党和政府鼓励大量职业学校合并和扩大规模,为进一步提高入学人数,放宽兴办职业学校的审批权,以扩大职业学校的总数。类似于高等教育的扩张,提供职业教育的转型已经受到私有化和市场化趋势的影响,导致教育融资和拨款依赖于当地政府的财政能力和企业行业的资金。

尽管职业教育作为准公共产品,属于社会公共事业,由公共财政提供,但是庞大的财政支出会给地方财政带来巨大的负担。在这种现实情况之下,通过调动市场积极性,扩大职业教育的融资渠道已成为政府推动职业教育发展的必然政策趋势。地方政府应逐步开放职业教育市场,吸引社会资金的参与,促进职业教育发展资金的多渠道来源。为了优化职业教育机构活动的法律支持,根据人均融资准则,应对一系列监管法律行为进行更新,规范财务活动;制定和实施地方发展职业培训补助金制度。创建和组建本地方职业教育管理的国家公共结构,包括大学校长委员会、公益慈善基金会、校董会和协调委员会等。

三、协调不同职业教育主体互动,为职业教育发展提供优质服务

(一)协调职业教育与产业、企业关系

1.协调各方利益以调动各方积极性

各地方政府应努力做好促进本地职业教育发展的各方力量的协调工作:一方面,组织社会资源支持并配合各级职业教育事业的推进;另一方面,将职业教育纳入地方经济社会建设的工作重点,使其与该地的产业结构相匹配,与行业企业的发展相联系,同时引导和鼓励这些行业企业与各职业院校合作或结成同盟,建立社会伙伴关系,使之成为职业院校和培训项目的实践场所,以此形成职业教育与地方产业高度联系的模式,发挥职业教育在地方经济、民生中应有的作用。社会伙伴关系是指通过学校、员工、私营部门或其他各方之间的合作,实现提高教育质量的共同目标。这个过程需要最终在所有利益相关者之间达成共识。在参与过程中,强调共生关系。首先,合作伙伴应该有不同的专业领域,所有利益相关者都应该有机会贡献自己具体的知识和专长。其次,通过合作,合作伙伴可以为自己获得利益。最后,所有的个人合作伙伴不应该只是为了自身利益而行事,而且必须考虑到其他伙伴的利益。

另外,对于职业教育要教授什么、培养什么样的人才并不是教师、职业教育学校乃至是政府有关部门有权决定的。在这个过程中各种对职业教育感兴趣的利益方都会存在。除了教师或培训者以及他们工作或教学的机构外,还

有地方政府关注职业教育的重点、方向、成果和成本；行业的关注可用于满足其需求的技术工人的数量和质量。企业，无论公营企业和私营企业，都想获得能够实现产品和服务目标的员工；个人，如学生和工作人员，他们在寻求实现自己的个人目标和野心的同时，在课程和其他类型的学习经历中同样会花时间并保持精力充沛；社区对所教授的课程和其对社区的贡献感兴趣，以及这些规定如何协助维持社区的兴趣。所有这些主体的互动都应该在地方政府整体框架下进行，这对地方政府的执政和管理水平提出了很高的要求。

2. 深化校企合作机制及其实施

企业这一主体是在职业教育发展中不可或缺的，因为职业教育的人才培养最终要流向企业，所以校企合作在职业教育发展中具有至关重要的作用，但由于种种原因，现实中校企合作存在诸多问题，这些问题制约了职业教育的发展。各地方政府可借鉴促进职业教育发展的成功经验，通过联席会议制度、现代职教集团、现代学徒制、实践基地建设、校企一体化办学等模式深化工学结合、顶岗实习等，深入推进、继续加强职业教育中的校企合作，提升地区高职院校的核心竞争力。继续推进各地区高职院校董事会或理事会制度建设，深入推进高职院校为当地建设服务，推进政产学研融合，实现资源共享、优势互补，并出台相关制度、政策，以促进校企合作深入运行。

3. 维持参与主体之间的利益平衡

在成熟的职业教育体系中，所有参与者之间的关系是一个持久的平衡体系和状态。而维持各方利益之间的平衡，即职业教育制度如何能够提高其对学生、工作场所、地方、国家社会和经济要求的地位和效用，对于提高职业教育的整体效益具有积极的意义。

首先，地方政府需要深刻认识到各利益方对职业要求具有不统一性，除了规范的职业实践外，这些要求也是由利益主体的不同利益诉求导致的。在制定职业教育的培养目标时需要将这些不同的利益诉求合理地考虑在内。这些要求应成为预期课程（即应该学到的内容）的基础，而不是规范地执行职业教育相关规定颁布的内容。因此，职业教育单靠国家层面规划是不够的。这要求地方政府在职业教育法规规定的内容中，了解和考虑职业教育实践的变化。需要放宽规定性的教育目标、教学和评估措施，使其更好地适应当地的实际情况，以确定和回应学生或职业需求方面的情境需求。其次，为了实现这一目标，需要对当地的职业要求、学生的准备情况，以及可用的资源和经验进行充分的调查和了解。也就是说，职业教育工作者要在当地实际情境中设定实施教育目的的各环节，然后在当地采取行动，通过与当地企业、行业的接触，来选择和制定满足这些要求的手段和方式。

从根本上说，要达到这些理想的结果，意味着地方政府在协调各方利益（比如教育部门、教师、工作场所和学生）的时候应结合当地情况。这是建设成熟和有效的职业教育体系的关键基础。此外，考虑到利益相关者在职业教育中的地位，让更多的学生参与到职业教育课程、目标制定过程中是有必要的。这也表明在职业教育计划制订中，需要指导社区内部和跨社区的机构建立进一步的各方合作关系。而这种联合建设不能通过远程决策和国家统一措施来实现，这需要在当地政府主导下，协同不同利益主体，建立富有地方特色的关系，以增强利益相关者的信心并且使他们相互理解。

（二）构建职业教育发展服务体系

作为职业教育的领导机构，地方政府要实现挖掘职业教育的巨大潜力的政策目标，需要在社会各界广泛的参与之下酌情进行决策。这种参与在制定职业教育规定的各个方面是必要的。第一，通过这些规定实现对教育目的的认识和界定。第二，为学习者选择和实施实现这些目标的方式。首先，要向职业教育机构（教师、培训者和工作场所主管）下放更多的自主处理权；其次，更深入地了解学习者（学生、学徒和工作人员）的需要，以此了解他们的职业目标，确保更好地实现。也就是说，制定预期课程的过程必须包括更广泛的教育目的，以将学习者以及需求方（雇主）的观点纳入其中。此外，需要将自由裁量权的概念纳入目标课程的制定过程中，以便更好地制定出适合地方层面的教育目标和职业课程与培训体系。提供职业教育的人员应该被赋予一定的权力来满足职业教育本地化的需求，同时以有效的方式来回应学习者的兴趣、能力、学习准备之间的差异化，以及满足学习者的职业目标追求。由于职业实践的要求会根据特定工作场所和工种的变化而变化，在地方层面构建职业教育服务体系的过程中应重视各参与群体的"声音"，包括教师群体的"声音"，这有助于解决具体的职业教育实践的需要，也有助于发展学生准备和实现这些要求的能力。第三，职业教育服务体系的建立需要职业教育工作者专业的准备工作，就像其他教育部门（如小学和中学）的教育工作者一样。尽管国家坚持要求职业教育者拥有较强的专业素质和准备，但强调职业教育工作者了解学生的需求、愿望和兴趣也是非常重要的。值得注意的是，这一要求并不意味着与雇主们的兴趣、要求和企业行业追求的目标相违背。相反，这样做能更加全面地了解雇主的需要，是以满足学习者的兴趣和需要的方式对这些需要做出回应，使得职业教育服务体系的作用落到实处。

职业教育体系中存在多方的利益群体，它们因考虑到自身利益而表达着各自的利益诉求,因而提出不同的目标。尽管它们对这些目标表述的细节上会有差异,但是它们之间存在很大的一致性。这些目标可以概括为:第一,发展职业教育所需的技能,可能是为学生自身求职,也有可能是出于政府为提高劳动力的整体素质,还有可能是企业为提高员工的工作技能和效率。第二,能够以不同的方式应对跨职业岗位的任务,提升能力应用的灵活性。这个目标可能是出于学生自身职业变换的需要,也可能是出于国家产业转型的需要,也有可能是企业内部工作制度的需要。第三,有持续发展的机会来提升个体所需的知识和技能。终生学习对于学生、政府与企业而言同样重要,因为在知识经济时代,不持续学习即意味着落后和被淘汰。我们可以从个体在不同的职业任务中应用知识的能力,推测出个体应对不断变化的工作需求的能力。换言之,他们的职业能力并不完全符合学习和实践的情况。这意味着,所实施的课程既是学生想要学习的内容,又应该符合雇主们的需要,同时能适应整个行业的变化。另外,即使这些职业要求是不可协商的,但仍然需要了解学习者的需求,包括他们的知识和技能储备。这些理解能使得教育工作者有效地利用学生,以确保学生的参与并且使学生有目的地学习这些知识,以获得满意的结果。也就是说,职业教育服务体系需要与学生和教师进行协商,在充分了解他们的基础上帮助他们实现其他人为他们制定的预期目标。

四、评估区域职业教育发展,监督职业教育发展政策实施

(一)实施对职业教育发展评估计划

职业教育质量评估的本质是对地方职业教育工作达到既定的教育质量目标和标准程度做出的一个事实和价值判断,它包含了对地方职业教育工作量的量和质的评价,是量和质评价的有机统一。政府的这种评估是具有政府权威性的,对于确保职业教育发展达到最低标准要求而言,这种权威性的评估是必要的。它可以协助各级各类职业院校、培训机构来掌握地方经济发展动向,以及监测学生发展需求的变化及其趋势,以此改进和调整职业教育机构中教授的知识种类与专业设置,并通过教育成果与现实人才需求进行动态对接,从而更好地促进地区经济的发展。

地方政府要对职业教育相关办学机构的资质、教学质量等进行评估,以此来保证各教育机构的办学质量,并使之与地方经济发展紧密联系,契合地方的经济特色。另外,地方政府的相关教育部门还应对各职业院校课程、考试大纲,以及企业行业内的培训工作进行监督和评估,使得职业学校毕业生能满足市场需求。职业教育的评估计划包括很多内容,例如,地方政府可以组织各种

调查来研究该地区的教育需求;向公众通报教育机构的活动;由公共专家、教育管理部门专家、教育机构负责人、家长团体代表、大众媒体人员组成混合专家委员会对职业教育质量进行评估;考虑当地社区的需求,制定教育课程;公众讨论、评估该地区职业教育质量的标准。

在地方政府对区域职业教育进行评估的过程中,最重要的是通过确保程序的透明度来最大限度地实现评估的科学性。为此,政府一方面可以通过实施内部评估来进行程序监控;另一方面可以通过成立评估监督工作小组的方式,对评估过程进行监督,特别是对第三方评估过程进行监督,以避免经济利益驱使而出现评估作假现象。

(二)承担职业教育发展质量监督任务

地方职业教育的质量优劣直接影响到地方经济发展和学生个人成长,因此承担职业教育发展质量监督任务是地方政府有关教育部门不可推卸的责任。而对职业教育发展质量进行有效的监督是使其得以良好发展的必要保障。质量管理体系的创建、实施和发展,是确保教育机构在教育服务市场里的竞争力和毕业生在劳动力市场上竞争力的重要保障体系。创建、实施和发展职业教育质量管理体系应包括以下内容:第一,研究全国以及国外专业教育机构在创建、实施和开发质量管理体系方面的最佳实践经验,并结合本地的具体实践情况,将有益的经验加以总结、升华,生成具有地方特色的职业教育质量管理体系。第二,建立和实施职业教育机构的质量管理体系。确定职业教育机构质量管理的主体,明确其管理权限及责任范围,建立职业教育机构质量管理的程序,并建立相应的程序监督体系。第三,协调职业教育机构开展和实施质量管理体系的活动,明确各实施主体的责任。第四,在质量管理体系的框架下形成创新管理技术机构。第五,为职业培训机构中出现的质量管理问题提供专业的咨询服务,并形成固定的工作机制,如确定咨询周期、固定咨询服务大致范围。第六,就职业教育质量管理举办会议、研讨会、展览会和其他类似活动,为职业院校、政府部门和质量评估机构搭建协同作业和相互交流的平台。第七,设立相应基金或者课题项目以支持对职业教育质量管理领域的研究工作,提倡多学科研究共融,多角度审视职业教育机构质量管理问题。

第二节　影响地方政府履行职业教育职责因素分析

当前,全球的职业教育面临着巨大的变革,很多国家都力图使本国的职业教育和培训有着质的提升,以此适应社会经济的快速发展。研究者 Moynagh

和 Worsley 在一项旨在解决欧洲未来职业教育和培训问题的研究中指出,许多变革的驱动因素都可能对职业教育和培训的政策规定产生重大影响。这些驱动因素包括:技术的进步、消费主义、劳动力短缺、吸引更多的学习者、供应商之间日益激烈的竞争等。[①] 这些未来欧洲变革的驱动因素与澳大利亚学者 Mitchell 等人主张的影响 VET 变革的驱动因素相似。Mitchell 提及的驱动因素包括:社会经济的复杂性和不确定性不断增加,工作结构的不断变化,工业和就业结构的不断变化,欣赏生成和应用知识的价值,工人需要自我增值的意向,公共政策的倾向,新技术应用、更新的时间范围大幅度缩小,以及从大规模生产向市场分割的转变等。[②] 总之,承担主导作用的各级政府在推动职业教育变革的过程中受到多方面因素的影响。因此,在以往学者的研究成果上,结合我国地方政府与职业教育的关系的实际情况,本部分将影响地方政府履行职业教育职责的因素概括为三个方面,分别为对职业教育的认可度、地方社会经济发展水平以及地方政府的治理能力水平。

一、对职业教育的认可度

(一)社会氛围层面

我国改革开放以后,国家发展市场经济使得教育自身的价值以及附加价值都得到提升。在新自由主义的人力资源思想的驱动下,政府清楚地认识到教育是经济增长的基本动力,并实行了一系列教育改革,将教育事业提升到国家战略的高度。其中,值得注意的是,1986 年的《中华人民共和国义务教育法》规定九年制义务教育为中国所有儿童强制执行。接着,教育部 1999 年颁布的《面向 21 世纪教育振兴行动计划》进一步强化了全国各地执行该法的承诺。这些政策力图在 20 世纪 90 年代末期和 21 世纪初期努力实现全面扩大基础教育的机会。另外,为了适应改革后中国对高素质人才的需求,政府鼓励非国有部门和行业企业参与融资和提供教育,大幅度扩大了高等教育的规模,但一直以来并未把职业教育作为一个整体和体系来看从而做出明确的法律规定。

一般而言,一个人的社会地位,是通过他所从事的职业体现出来的,而从

---

① Moynagh M, Worsley R. *Learning from the Future: Scenarios for Post-16 learning*[M]. Learning and Skills Research Centre, 2003.

② Mitchell J, Clayton B, Hedberg J, et al. Emerging futures: Innovation in teaching and learning in VET[C]. *Austrlian National Training Authority*, 2003:14.

事何种职业与他所接受的教育密切相关。接受职业教育的人在走向社会后所从事的工作,多数属于低层次的,导致人们把职业教育与低社会阶层相对应。在中国,职业教育的地位长期以来都低于普通教育。社会是由不同阶层构成的,而不同阶层之间在社会地位上存在明显的差异。现代社会最大的特点是通过教育的方式把人进行了分层,强调一个人的后生性能力。职业教育不太高的社会地位使人们不愿意选择接受职业教育。在受传统"士农工商"社会阶层划分思想的影响下,我国的居民特别是城市居民认为,学术轨道是青年人的"正常"且"前景光明"的教育路径。再加上经过市场化和私有化进程,社会经济繁荣地区的高等教育机会有了大幅度的增加,导致我国职业教育的吸引力远不如普通教育,无论是在中等教育还是高等教育领域,均存在普通教育领域竞争激烈、职业教育领域少有人问津的局面。为改变这一现状,我国政府提出要将职业教育事业的建设摆在突出地位,努力调整普通教育和职业教育之间发展的不平衡现状。地方政府和职业学校必须采取不同的方式来吸引学生以确保招生人数大幅增长,由此贫困青年和农村青年被视为职业学校学生的新来源。国家通过了减少学费的政策,增加了对这些弱势青少年的上学补贴。例如,国家承诺有经济困难的学生在职业学校入学前两年可以得到资助;学生在第三年作为实习生退还学费和住宿费。在前两年的学习中,经济困难的学生可以参加夏、冬两季假期组织的"自愿实习"活动,以此来赚取一定的费用。这些新政策对农村青年有吸引力,因为政策允许他们在义务教育之外取得教育资格,而不会给家庭造成巨大的负担,这也在一定程度上促进了职业教育吸引力的提升。鉴于政府在舆论引导方面的重要地位和权威性,更为重要的是通过一系列政策突出政府重视、优先发展职业教育的决心和力度,这对于扭转职业教育的社会声誉具有重要的意义。

(二)地方政府层面

教育是社会跨越式发展的"助推剂",特别是在中国这样的发展中国家。很多国家通过教育来刺激经济的发展和技术的进步,以此使人民生活水平发生翻天覆地的变化。因此,教育可以被人们视为在一个国家的总体发展方面能获得分红的投资。自然,政府对教育的态度是影响教育制度有效性的关键因素。任何国家教育计划的提供和实施取决于政府,任何国家技术进步的基础都在于有效实施教育政策。政府通过教育政策强调各领域之间的交流,特别要把学科与科技相关课题的重要性和优势凸显出来。

有研究表明,影响职业教育和培训变革的因素很多,但就政府来说,尤其是其制定实施的各种政策是最具影响力的因素。政府对行业和地方的期望是其发展职业教育的第二个驱动因素。而根据地方的经济发展状况是否可以提供足够的财政支撑也是重要的因素。这三个因素被认为是密切相关并相互影响的。政策是影响职业教育参与者实施变革的主要驱动因素。内部驱动因素包括增加对回应能力的期望、增加对问责制的压力、反思教学和学习方法及获得学习机会、改变工作量和学生特征。中央机构的任务包括确定规范的职业要求,允许和支持地方参与决策和酌处权的计划。但更重要的是提升职业教育的地位,以及提高职业教育工作的质量。政府教育机构可能试图建立支持职业教育的社会氛围,这种社会氛围是建立职业教育规定的基础,使人们为这一职业感到自豪,还能赋予教育者权力,提高职业教育规定的职业地位。因此,为了职业教育向前发展,应制定有针对性和有效的教育规定,还应更加尊重那些从事职业教育者的能力和决策权,这些都是成熟职业教育体系应有的标志。

(三)学生个人层面

任何形式的教育的宗旨都在于如何帮助个人在生活中取得进步,实现个人的发展目的,确保个人良好的发展。上述讨论集中于职业教育与社会和政府层面的目标的关系。将个人的需求与社会世界的要求完全分开是不可能也是不可取的,因为这两者是不可分割地联系在一起的:它们相互依赖。学生作为一个独立的个体,其对职业教育的态度,反映了作为社会最基本组成单位的家庭对职业教育的认识,也间接映射出在政府影响下民众的认识和态度。这是探讨社会各维度对于职业教育态度不可或缺的信息来源。

1. 学生择校的影响因素

从一般层面来看,很多研究者致力于分析探讨影响各国学生教育选择的因素。例如,美国研究者 Baird 等人的一项研究表明,学生的关键选择标准包括:良好的环境、高学术水平以及课程实用性。Brennan 发现关键的选择标准还包括良好的教师质量,他将学校质量和教育成本确定为最重要的影响因素。[①] Maguire 和 Lay 的研究表示财政援助、同伴影响力、特殊计划、机构规模、位置、运动设施和社会活动是学生选择教育机构的极重要因素。英国学者 Mazzarol、Krone 以及 Moogan 等人提出的主要影响因素有:学校声望、提供的优惠课程、就业机会、课程内容(内容、结构、方法和评估)、地理位置(远离家乡、农村/城市、校园气氛、设施环境)等。Moogan 等人的研究表明,如果学生

---

① Brennan L. How prospective students choose universities: A buyer behaviour perspective[D]. Melbourne: The University of Melbourne, 2001.

想留在家里接受当地学校的教育课程,他们会根据该机构的位置(距离家庭)进行优先考虑,然后是考虑该学校提供的课程。希望远离家乡的学生会更加关注学校里所有可能的课程,而位置和社会变量将对留在家乡的学生占有更大的权重。[①]

2. 职业学校的影响因素

从以往的研究结果可以看出,学生的教育选择是一个复杂的、多阶段的决策过程,影响学生选择教育的各种因素可以在进行最终选择之前形成。具体到影响学生选择职业学校的因素的研究。有研究表明,学生用于确认参加职业机构决策的关键标准包括:对职业教育的个人态度、课程、毕业后未来就业的潜力、校园吸引力、学费和奖学金等。[②] 其中,鉴于学生对于职业教育的态度是择校的关键因素,因此,政府必须把职业教育和职业学校学生的良好形象推向社会。但在现实中,由于职业教育在无形中被归为"次等"教育,许多学生的态度影响了职业教育计划的实施,尽管该计划的主要受益者之一是学生本人。因此,要使职业教育方案得到充分执行,必须使学生作为利益相关者了解到这些方案及其重要性,同时他们必须对实用技能导向的课程和认知技能产生兴趣。为了提高职业教育的影响力和吸引力,吸引更多的学生,职业教育机构也必须强调它们提供的教育质量,包括向目标受众公布各种培养方案、教师的数量和质量,还有未来就业前景等。各级各类职业学校的推广工作可以展示毕业生成功就业的时间、就业类型和雇用他们的公司的简介,以及奖学金和财务援助的统计数字。值得注意的是,其中政府的建设和规划,以及质量监督和评估作用尤为凸显。

二、地方社会经济发展水平

社会经济和生产力发展水平不仅与职业教育的发展历史有密切的关系,还制约着职业教育的现实发展。职业教育与社会经济互为作用:在社会生产和服务中,不同职业对从业者的知识和技能掌握程度的要求和就业资格,决定着职业教育的发展规模和水平;社会为接受职业教育的人提供工作岗位的多

[①] Moogan Y J, Baron S, Bainbridge S. Timings and trade-offs in the marketing of higher education courses: A conjoint approach[J]. *Marketing Intelligence & Planning*, 2001, 19(3): 179-187.

[②] Pimpa N, Suwannapirom S. Thai students' choices of vocational education: marketing factors and reference groups[J]. *Educational Research for Policy and Practice*, 2008, 7(2): 99-107.

少，意味着职业教育的就业状况和它的教育回报效果。

经济学家认为，经济因素在确定地方政府结构变化方面起着重要的作用。根据公共选择理论，当政治和官僚垄断公共服务提供时，会产生过度生产和低效率等不良结果。因此，需要通过外包手段来打破垄断，即通过在公共服务市场引入竞争来降低成本和过剩供应。这个假设表明，一方面，大城市将更多的私有化，因为它们可以更多地利用服务提供商的竞争优势；另一方面，地方社会经济发展水平在很大程度上影响了该地区职业教育的发展资金。已有实例证明，资金不足是一个地区发展和推广的极大障碍之一。有研究者表示，政府需要把"职业教育的发展作为一项费用，而不是奢侈品"的资金考虑在内。职业教育的资金来自私人和公共资源，主要以公共资金为主。因此，一个地方的社会经济发展在很大程度上影响了私人和公共资金的投入。在农村地区，农村外部的公共资助对农村发展至关重要，特别是在大部分居民自身投入不足的地区。在政府对职业教育发展财政资源投入不足的情况下，职业教育机构将陷入"巧妇难为无米之炊"的境地，职业院校的管理者的主要精力将转移到如何获得更多的资金支持和如何更加高效地利用现有资源上，从而无暇顾及优化校内的培养工作，或者在与企业的合作中为了获得一定的资金支持，而将企业的要求过多地、不当地渗透入人才培养过程中。

职业教育的特点是以就业为导向，要求职业教育在发展中更多地关注和体现社会劳动部门的变化和对从业者资格要求的改变，因此，职业教育政策制定者、管理者和实施者都必须对实际情况的变化有足够的敏感度，并在工作中具备相应的应变能力，以体现职业教育与社会经济环境的紧密结合性，其专业设置和培养目标以及师资配备等都应该适应社会就业环境的最新发展。

三、地方政府治理水平

地方政府的治理水平体现在多个方面，以下从领导能力、支持参与以及与地方企业、行业的协调合作等方面来讨论地方政府治理能力对于履行职业教育责任的影响。

(一)良好的领导力

奥布莱恩和哈辛格指出，"领导类型与农村社区不同，地方领导人的努力可以改变该地方解决问题的表现"。职业教育事业的推动和发展需要良好的领导。一个职业教育事业的成功取决于地方政府认识到职业教育的重要性及政府对其的资金投入和推广宣传，他们的良好领导力对职业教育事业的成功至关重要。此外，各地领导者的参与和合作也特别重要，尤其是缺乏资源和资金的农村地区。发展和促进职业教育事业的地方领导者主要是地方政府、地方团体、商业社会团体及商会、行会等非营利组织。此外,良好的领导力也体现在地方政府出台的策略规划和执行的统筹能力上。

(二)地方政府支持与参与

地方政府对职业教育发展和推广尤为重要。从地方政府支持和参与的视角出发,应着重强调其工作在以下几个方面的重要性:第一,为职业教育的发展制定切实可行的政策法规,制定过程需要体现多元主体利益诉求的有效表达。第二,协调各方利益,统筹有序发展。制定利益相关者参与的程序和规则,在允许利益相关者参与的前提下规范其参与行为。第三,为职业教育发展和推广提供充足资金。一是提高职业教育财政经费的绝对值,二是提高其在教育财政中的比重,三是建立多元投资的职业教育经费来源机制,允许并鼓励企业、行业协会等出资兴办职业教育或者参与办学。第四,提供和维护职业教育所必需的基础设施(如仪器、设备、实训场所等),并不断提高其技术标准,重点是对基础薄弱学校基础设施的改造和促使区域内职业教育基础设施的基本均衡。第五,规范职业教育质量的监督和评估。发布地方职业教育发展质量评估标准,实行周期评估,并对亲自或者委托第三方的人才培养过程进行过程性监督。最后,为职业教育的发展创造友好的社会氛围和社会环境等。

(三)地方政府与行业、企业的协调与合作

对于职业教育的发展和规划工作,地方政府与行业、企业的协调与合作至关重要。很多研究者不断强调公共—私营部门关系的重要性。如前所述,公职人员统筹规划、管理基础设施等是职业教育发展和推广的关键要素。然而,促进职业教育的公共部门活动如果没有行业、企业的合作和投入是不会奏效的。

地方政府与行业、企业协调与合作,共同努力解决可能阻碍职业教育维护和发展的实际问题。地方政府需明确的是,职业教育是需要时间来发展的,地方政府和企业之间的良好关系必须贯穿于整个建设过程。地方政府作为本地的行政管理部门,应依据职业教育法律法规、地方经济发展情况把职业教育的校企合作纳入本地经济社会发展和产业发展规划中,统筹社会经济发展及行业产业发展,统筹职业教育发展,统筹本地各行业、产业、企业的用人需求,依据本地各行业、产业、企业发展对不同专业高素质技能型专门人才的需求状况,统筹区域间职业院校布局和专业的合理设置。同时,建立和完善职业教育校企合作筹资的实现形式、政策引导形式,创新校企合作制度的实现形式。

第六章 地方政府在发展职业教育中存在的问题

我国职业教育取得了令人瞩目的成就。1979—2008 年,"我国中等职业教育累计培养了 8000 多万名毕业生,高等职业教育累计培养了 2000 多万名毕业生,共为国家输送了 1 亿多名高素质劳动者和技能型专门人才,大力推进了以提高职业技能为重点的职业培训,面向企业在职职工和转岗职工开展了普遍的文化教育和技术培训,面向农村实施了农村实用技术培训和劳动力转移培训。职业教育的发展极大地提高了我国劳动者的素质,明显地改善了我国从业人员的结构",①2002—2011 年,"职业教育累计为我国经济社会建设一线输送了 7265 万名高素质劳动者和技术技能型人才","中国已经建立了世界上最大规模的职业教育体系"。② 仅就这些数字而言,我国的职业教育成就确实骄人。但同时,以时任教育部副部长鲁昕为代表的职业教育决策者表示,"职业教育仍然是中国教育体系的薄弱环节,面临着急需解决的突出矛盾:一是社会需求旺盛与有效供给不足;二是规模能力提高与结构质量不尽合理;三是就业能力提升与社会吸引力不强"③。

第一节 宏观管理及综合协调功能不足

从长期以来的职业教育发展可以看到,在我国地方职业教育发展过程中起主导作用的是地方政府的决策与领导。地方政府在区域职业教育发展创新中所做出的决策、所实施的领导方案及其行动力都深刻地影响着区域职业教育事业的发展壮大。我国地方政府在履行职业教育管理职能中存在的问题可

---

① 改革开放 30 年职业教育培养专业人才超过 1 个亿[EB/OL]. http://www.edu.cn/edu/zhi_ye/zhi_jiao_news/200812/t20081219_348675.shtm,2013-05-12.

② "最难就业年"呼唤职业教育[EB/OL]. http://www.chinanews.com/edu/2013/06-06/4899743.shtml,2014-03-05.

③ 教育部副部长鲁昕:加强职业教育科研工作[EB/OL]. http://edu.ifeng.com/news/detail_2011_02/21/4771248_0.shtml,2014-03-07.

归纳为两方面：一是政府越位；二是政府缺位。在实际运行中，各级政府却不同程度地存在"不该管的事管住不放"的越位现象和"该管的事没有去管"，更普遍的是"管了却没管好"的缺位现象。

长久以来，经济、政治和社会因素在职业教育体系建设中面临着各种挑战和困难。我国的职业教育和培训项目长期被视为与低地位的体力工作、低薪的工作相关，是一个难以获得高等教育机会的社会贫困阶层接受教育的方式，在整个教育体系中相对不被重视。尤其在很多农村地区，职业教育被农民们视为"二等教育"。除此之外，高等教育的迅速发展更加凸显了职业教育地位的缺失。高等教育的快速发展在某种程度上对职业教育发展造成了不利影响。例如，1999年《面向21世纪教育振兴行动计划》的决议旨在通过扩招推动职业教育的发展，并允许高等职业院校在1999年再招收20万名学生，由此成立了45所新的职业学校以吸纳新增加的学生，但是很多学生拒绝在这些机构登记入学。在一些省份，大约有三分之一的学生拒绝就读职业学校。

职业教育应有地位的缺失与政府对其的重视程度和相关政策的缺位有关，而应有地位的缺失直接导致了各种资源投入过少，因此各地的职业教育资源总量普遍较为匮乏。例如，2013年北海市职业教育部门发布的数据记录显示，当地普通高中共5所，有学生32519人；相比之下，中等职业学校共7所，在校生25629人，人数比高中少了21％。同时，中职教师数量也比普通高中少55％。[①] 北海市普通教育与职业教育的巨大落差并非个例，在全国是十分普遍的现象。因此，为成功营造"崇尚一技之长、不唯学历凭能力"的社会氛围，提高职业教育社会影响力和吸引力，扭转职业教育的不利地位，地方政府还需付出更多的努力。

一、地方政府职业教育管理定位不够清晰

当代大职业教育观影响下的职业教育事业涉及的领域非常广泛，因此，对当代职业教育的定位做出正确的界定和判断是地方政府制定合适的政策规划的重要保障。当代职业教育的定位有两个具体方面：一方面，职业教育被视为实现从个人、地区到国家甚至全球机构所预期的各种经济和社会目标不可缺少的教育事业。这体现在许多国家的专门职业教育部门及其学校制度对职业教育重要价值的强调上。因此，由各级各类职业学校、大专和高等教育等重点

---

① 李菱菱.中等职业教育发展中的地方政府职能研究[D].北京：中央民族大学，2015：98.

教育机构所实施的职业教育可以被看作是一个日益重要的社会项目,是教育事业的重要领域之一。此外,这类教育并不仅限于初期的工作生涯准备,即发展职业能力,而是越来越重视确保延长工作生活所需技能的种类和水平。也就是说,因为对特定类型工作的需求波动、工作变化的绩效要求,独特的职业需求出现在特定的环境中,这意味着工作的转变需要职业教育来维持个人的就业适应能力,通过持续的职业教育实施来实现个人在工作生活中的发展。此外,作为一项针对个人生活发展的教育事业,职业教育在许多国家吸引了广泛的具有不同能力、兴趣、发展轨迹的学习者参与其中。因此,所有这些因素对制定和规划职业教育政策的人和部门来说都是一项重大挑战。

另一方面,因为职业教育被视为重要的社会事业,政府、企业和行业在其中的作用愈加突出,但值得注意的是,职业教育留给学生和教师等一线人员的空间明显不足。随着政府、行业、企业雇主和其他主要社会机构的兴趣和期望增加,职业教育制定和颁布的各项政策越来越多地受到教育机构外部人员的需求和要求的影响。因此,这些利益相关者群体往往力求更多地影响政策。尽管这种外部影响是必需的,通常也是正确的,但是这些不断扩大的影响正导致各职业教育机构和大学受到越来越多的来自外部力量的管束与监督。此外,教育机构和实践依据教师自身的意愿而发展的情况很少,因为大多数教学都发生在为特定社会目的而建立的机构内。在这些方面,教育政策与地方的连续性发展及其社会和经济目标密切相关,职业教育也不例外,因为其许多目的与教育机构和本地方之外的利益直接一致。然而,当通过学校、职业学院或大学提供职业教育时,这些外部利益正在越来越多地形成,对政策目的、形式和结果的影响越来越大。因此,决策者需要充分了解他们正在审议的教育目标、过程和结果。

政府治理水平的一个重要体现在于,如何制定职业教育事业发展的战略规划。规划是有效利用各方资源和资金的基础,特别是在资金和资源较少的农村地区。良好可行的职业教育开发和推广规划可以帮助发展和支持与职业教育密切相关的当地行业、企业。再者,由于地方经济民生与职业教育促进的关键方面相互依存,因此将职业教育规划纳入地方整体经济战略是十分必要的。换言之,规划职业教育的发展需要各个关键利益相关者参与其中。职业教育的战略规划要求地方政府主导,并在地方行业、企业和各级各类职业学校之间协调领导和行动。

在地方职业教育发展过程中,地方政府落实中央政府制定的政策法规尚不到位。例如,国家提出的"严格实行就业准入制度""劳动保障、人事和工商等部门要加大对就业准入制度执行情况的监察力度""对支付实习学生报酬的企业,给予相应税收优惠"等相关政策要求,在多数地区尚未得到有效落实。据抽样调查,86.6%的中职学校反映政府对就业准入监管不严,65.6%的企业反映政府未落实对企业的相关税收优惠政策。①

很多研究者,包括一些全球主要机构建议,某些形式的职业教育(如德国的双元制)是适用于发达国家的教育,而其在被借鉴和引入时较少考虑到是否有基础来实施这样一个制度,更不用说确定教育政策实施前提的职业标准能力,或者这些教育条款应该如何实现。换言之,很多时候的经验借鉴都绕过了对这样一个模式是否真的适合的考虑。对具体情况的考虑在原则上决定了该地区职业教育国有公共管理方式的选择。考虑到本地实际情况,地方职业教育国有公共管理可以分为以下几个方面:组织和行政方面(规范法律法规、方案,设立协调委员会和受托人);经济方面(有价值的礼物,福利,支付教育服务,奖励,国家公共专业知识,游说职业教育机构的利益,筹款活动);社会方面(询问,测试,公关活动,创新项目公开竞赛,公开听证会);前瞻性方法方面;等等。

从宏观上看,国家对职业教育的管理主要依托各部门来进行,但从目前来看,不同部门之间不协调且权利责任不明晰。在制定相关政策和管理过程中,各部门之间并没有共同协商制定出科学、合理、可行的政策和管理措施,而是各部门依据自身权限管理所辖地区事务,有时甚至会出现争夺资源的现象。职业教育管理主要存在多头管理、职能交叉、统筹乏力等状况,职业教育管理职责仍处于不够明晰的状态。地方政府决策者的认知结构和学习能力在职业教育发展过程中扮演着至关重要的角色,地方政府对如何履行发展职业教育职责认识不足极有可能影响职业教育发展。地方政府决策者在分析本地区职业教育所面临的内、外部压力时,如果对新的发展路径了解不清、认识不深而不敢或者不愿意引入新的发展模式,将会严重阻碍地方职业教育的发展进程。即使地方政府领导者和决策者对地方职业教育发展投入极大的热情,对创新性认识的缺乏同样也会成为地方职业教育进一步发展的"绊脚石"。

目前,我国现行职业教育管理体制的主要特点包括:(1)职业教育的管理主要集中在中央,由中央各部门制定宏观的政策方针等,从中央到地方的各部

---

① 国家教育督导报告:关注中等职业教育[EB/OL]. http://www.jyb.cn/info/jyzck/201107/t20110705_440904.html,2013-05-17.

门下设有各级职业教育管理机构,职业院校也被纳入各办学部门的管理之下。① 各部门对下属的职业院校直接管理,形成了办学和管理合二为一的管理体制,这些现状导致了较多问题:职业院校之间缺乏沟通、合作,职业教育资源的浪费。由于各部门条块分割、缺乏合作,资源难以在市场机制下得到合理配置并得到有效利用。例如,中等专业学校、职业高中和高等职业学校归教育部门管理,技工学校和职业培训归劳动保障部门管理,②这就导致许多学校规模小且质量参差不齐,学校、专业等重复设置的现象,不仅造成资源浪费,而且难以实现优胜劣汰。同时,由于学校之间缺乏沟通,难以实现规模效益和资源共享,制约了各学校办学水平的提高,最终使得一个地区的教育力量难以发挥整体优势并形成合力,严重影响了当地职业教育的发展水平。(2)职业教育管理部门权责问题。由于各部门之间的权责存在交叉,职责和权利不明晰,在管理过程中,一方面可能存在管理盲区,各部门都没有给予管理和重视,未能承担相应的义务,侵害了相关利益主体的利益,造成管理的漏洞和缺失;另一方面,由于存在职责的交叉,各部门之间存在争权夺利、多头管理的现象,并且在管理的过程中由于制定的标准不同、管理方法不同、管理权责划分不明,各管理部门不能很好地履行其管理职责,不仅使得各部门之间矛盾丛生,互相掣肘,争经费、资源、指标,还使得各院校的办学经费、办学条件等受到制约,影响了职业教育的可持续发展。

我国职业教育政策的执行主体特征不清晰,政策中没有就执行主体的权利和义务进行清晰说明,致使政策执行不力。例如,2005 年国务院发布了《关于加快发展现代职业教育的决定》,其中强调,要持续完善政府主导,依靠企业,充分发挥行业作用,社会力量积极参与,公办与民办共同发展的多元办学格局。但是,该《决定》中提及的发动社会力量共同兴办职业教育的目标,并没有在后续的一系列相关政策中具体规定社会力量兴办职业教育的权利和义务,即没有确定职教政策的主体地位,从而导致各企业参与职业教育的积极性不高、主动性相对较差,真正吸引社会力量参与职业教育发展的格局尚未形成。职业学校主动寻求与企业进行合作办学,但企业配合不积极,使职业学校处于较被动地位,从而形成"一冷一热"的不利局面。

地方政府管理定位不够清晰,制约了职业教育系统运行机制的完善,同时也使办学者对政府形成依赖,失去了自主发展的动力和活力。

---

① 宋楠.职业教育管理体制创新研究[D].长沙:湖南师范大学,2004:19-20.

② 牟晖,杨挺.我国职业教育管理体制改革研究综述[J].教育与职业,2009(27):12.

（一）区域职业教育发展中，地方政府尚未在职业教育制度的建立、优化与创新上发挥应有作用

按照道格拉斯·诺斯（Douglass C. North）的理解，制度是社会的游戏规则，是人们专门设计的用来塑造人类相互作用关系的各种正式和非正式的约束。在此基础上，有学者又进一步将制度分为正式制度和非正式制度。其中正式制度是制度的规则制度；非正式制度包括规范、文化和伦理。① 据此，我们可以将地方职业教育制度分为正式制度和非正式制度。正式制度是地方职业教育发展的基础，也是地方职业教育持续发展、演化的根本条件；非正式制度是地方职业教育实现既定目标、完成预设任务的重要保证。地方职业教育制度通过规范和约束主体的思想、行为，来实现对地方职业教育发展的整合与协调作用。地方职业教育的发展过程是一个具有复杂性和动变性的过程，地方政府必须从实践要求的维度对其制度进行适时调整，为地方职业教育发展提供有力支持。

就地方政府而言，要努力加强地方职业教育资源的整合，实行强强联合，保证区域内的职业教育朝着稳步健康的方向发展。比如，在适应经济发展需求的基础上，对中高职"3＋2""3＋3"分段培养、中职与普通本科"3＋4"分段培养、高职与普通本科分段培养、高职与普通本科联合培养、"双专科"高职教育的试点内容、试点要求做出明确的规定。在相关的政策法规支持下，政府要切实根据地方产业发展状况与经济发展水平，引导地方不同的职业院校发展自身的特色专业，实行产学研一体化人才培养。各级政府应根据社会发展需求，对行业企业的用人需求、学校教师资源的配置进行整体统筹，合理调度。政府要通过宏观调控的手段，以广大职业学校为对象，积极引导学校根据市场发展需要，逐步放权给学校以促进其自由发展；同时各级政府也要着眼于整个职教系统，综合运用政策、法规、信息和契约等手段对学校进行一定的调控，以符合整个现代职业教育体系建设。

当前，地方政府在职业教育制度建设方面尚有待改进，主要表现在三方面：一是政府要建立与完善多元化的教育投入制度，以此来保证地方职业教育发展的稳定性。职业教育投入制度是指职业"教育经费来源、分配、使用和管理的系统与制度"②，不仅包括经费的支持，也包括物力的投入。我国职业教

---

① 孙卫，唐树岚，管晓岩.基于制度的战略观：战略理论的新发展[J].科研管理，2008（2）：15.

② 顾明远.教育大辞典[Z].上海：上海教育出版社，1992：2.

育发展的经费制度从属于国家教育经费管理制度,是体现国家在中央和地方以及地方各级政府之间划分职业教育的收支范围、管理职责和权限的制度,是关于处理职业教育投资分配关系的管理制度。[①] 地方经济发展的要素有很多,其中职业教育作为服务其发展的载体之一,须在多元化的投入制度下才能获得稳步发展。职业教育的发展单纯依靠政府资金的支持显然不够,实行区域合作、拓展经费来源作为地方职业教育发展的补充成分,是提高资源利用效率与优化职业教育发展环境的重要路径。因此,地方职业教育的发展应该建立起以政府投入为主导,吸收行业企业以及社会力量积极参与的多元化投入模式,以提升地方职业教育发展的稳健性。当前职业教育发展的经费来源主要依靠财政拨款,社会融资的渠道较为狭窄,各地需要根据发展状况,提高职业教育财政经费的额度标准,建立起地方职业教育招商引资等多渠道的筹资制度。

二是政府尚未加大区域职业教育集团的组建力度和区域职业教育资源整合力度。产生于 20 世纪 90 年代的教育集团从企业集团的组织形式移植而来,近年来迅速发展。职业教育集团是教育集团的形态之一,是指由职业院校、行业协会和相关企事业单位以集团形式有机联系、自愿组成的产教联合体,通常以高职院校或重点职业学校为主体,以协议或资本作为主要联结纽带,以集团章程作为共同行动规范,以举办职业教育与培训作为主要业务。[②] 加大区域职业教育集团的组建力度,坚持以服务区域经济发展为宗旨,通过建立内部约束激励机制,充分发挥自身优势,既可以为集团发展提供多样化的途径,形成共同协作、相互支持的技术技能型人才培养模式,又可以进一步明确职业教育集团的权、责、利关系,有助于集团成员按照集团章程来规范自己的办学行为,凸显行业的自律功能。为了实现各参与者与职业学校之间的共同利益,集团成员之间可以形成相互监督、相互制约的机制,这在一定程度上可以遏制不规范办学行为的出现。

从目前实践来看,组建职业教育集团的初衷并没有得到充分显现,在减轻政府教育管理负担与成本,将办学的权力实质性下放并落实到行业、企业和学校,在管理体制和制度上重新建立人才培养与人才使用的关系以实现区域资源的整合和优化等方面体现得不够明显,地方政府还要进一步加大区域职业

① 迟旭.区域经济视域下吉林省职业教育制度设计研究[D].长春:东北师范大学,2009:79.

② 俞建伟.我国职业教育集团的产生、发展和趋势[J].教育与职业,2008(20):5-6.

教育集团的组建力度,借助集团发展的力量,紧密结合地方行业经济发展的要求,进一步调整专业结构与人才培养方案,凸显学校的特色和内涵发展,避免专业重复设置带来的人才培养质量低下、就业能力薄弱的情况,将行政管理部门与行业企业的力量进行整合,增强职业教育服务地方经济发展的能力。

三是政府尚未合理建立联系各职业教育(管理与实施)机构的教育制度与管理制度。针对如何最有效地开展职业教育这一关键问题,很多研究者提出职业教育的决策过程需要更加分散。有关职业教育的内容、目标和过程的关键决策都需要学校和教师的参与,否则职业教育可能成为职业教育事业中只关乎一部分人利益的教育。此外,一个领域和具体部门的职业教育课程开发方法需要考虑一系列的限制因素和要求。超越已有的权威规范,了解职业实践是如何进行的,这在地方一级(即在实践工作的地方)最容易获得理解和支持。故而,提高教学者的酌处权和实践环境中提供经验的人士的酌处权以及考虑作为学习者的能力和兴趣是至关重要的。对职业教育领域的了解以及托管和支持职业教育领域的部门和机构及其关系,现在已经足够成熟,有必要采取措施促进酌处权和专业能力的行使。建议地方政府有关部门适度放松控制,减轻社会上有特权的其他人的影响力,使职业教育机构和教育工作者能够更好地控制职业教育的提供。也就是说,这些教育机构和一线工作者应该得到一种酌处权,了解学生的需求和职业教育计划所需要的工作环境,以便适当、集中和有针对性地开发和颁布教育规定。这不仅可以满足学习者的需求,也可以满足毕业生对未来工作场所的需求,同时还可以满足其特定职业所需的规范知识。这些能力对职业教育的有效提供至为关键,它们是建立在对目标、过程和预期成果充分了解和广泛关注的基础上的。事实上,这里提出的大部分内容在职业教育和培训体系中是显而易见的。

在实际建设中,地方政府长期强势主导,往往易导致微观调控和直接管理过多,造成职业院校的很多工作都受到政府力量的干涉,自我发挥的空间较小。比如,学生的培养方案、招生计划、收费、专业设置、校规制度、教师考核标准等需要通过有关部门的层次审批;在招生上,学校没有自主招生权,实行的是与普通高中一样的统考招生。此外,政府为防止中职学校文化课教材水平参差不齐的情况的出现,还统一规定中职学校文化课教材。政府过度干涉学校具体教学行为不仅使学校在招生规模上受限制,专业设置上没有特色、没有优势,也会加重政府部门的工作量。中职学校办学一方面缺乏资源,另一方面自主管理权又被弱化,久而久之,会对政府部门形成依赖,遇事则上报,从而导致工作效率低下,教学质量不高;而政府部门包揽一些原本应由学校、企业、社会所承担的具体事务,则使行政工作愈发繁杂。这种备受牵制的管理现状必然会影响各个职业院校的健康持久发展。

我们在调查中了解到,有些区县职教中心校长由教育局局长或副局长兼任,这使得职业教育举办者、办学者和管理者混为一体。如 2014 年《河北省人民政府关于加快发展现代职业教育的实施意见》明确指出:"职教中心的校长要继续由县(市)长兼任。"这在当时的历史背景下对于依靠政府大力支持,快速发展农村职业教育确实起了巨大的推动作用,但随着环境的变化,这种管理方式亟待改变。此外,教师人事调动基本取决于上级主管部门,在考试、资格鉴定、评估等方面本可以由非政府组织行使的职能被政府取代了。在职业教育决策上,大部分都是政府一言拍板,参与职业教育的企事业单位和接受职业教育的学生和家长的参与管理权没有得到切实保障。

地方政府的越位一方面制约了市场经济条件下整个职业教育系统运行机制的完善;另一方面使办学者对政府形成依赖,失去了自主发展的动力和活力,同时对政府自身建设也带来诸多危害。

(二)地方政府制定职业教育制度细则不够明晰

一般而言,政府责任总伴随着政策制度的有效供给而实现,政府执政力也总在制度改革创新中得以提升。政府在制度层面的责任主要是出台规范、激励与保障区域高职教育发展的系列制度并监督制度的有效实施,即:通过规范性制度约束高职教育各行为主体的责任与义务;通过激励性制度增强利益相关者的合作意愿,鼓励社会力量投资办学;通过保障性制度落实高职教育经费、设备投入等。

我国职业教育缺乏实施性、操作性的政策安排,导致职业教育政策效果大打折扣。我国职业教育政策大多是以宏观命令的形式下发的,缺乏相应的可操作措施,使得职业教育公共政策的成效大打折扣。20 世纪 80 年代至今,政府出台了很多职业教育相关决定、政策、法规等,一直强调职业教育的重要性,但是在政策执行的过程中,往往由于缺乏具体的政策措施,政策执行不到位。其基本表现是:职业教育宣言多,政策质量较低、政策工具不足。就是说,由于缺少可操作的具体政策,政策落实阻力较大。职业教育在多数情况下是一种弱势教育,尽管与产业、职业、行业、企业关系最紧密,但都很难在市场竞争中成为自由的主导力量,其改革发展必须依赖政府权力而大力推进。在 20 世纪大多数时间内,美国职业教育主要为黑人子女等下层社会群体提供工作"技术准备",导致了种族不平等和收入差距的扩大;近年来受"自由教育"和"新职业主义"思潮的影响,政府从制度上积极推进职业教育与学术教育的课程并轨。① 当然,政府提供教育制度的直接功能在于"管理"与"协调",以促进教育目标的实现。在德国模式中,政府在职业教育与培训方面发挥协调、管理与控制作用,着重通过制度形式控制但不包揽一切,即政府的作用在于围绕国家法则建设制度框架,通过制度绑定资本与劳动力的关系。在德国制度框架中,地方政府、雇主与行业委员会积极执行相关政策与制度,形成了完全成熟的社会伙伴形式。② 我国正处在产业结构调整的关键时期,职业教育既要为经济转型提供人力资源和人才保障,又要为促进社会就业与民生幸福提供路径。地方政府需要围绕区域经济目标、教育目标和社会目标的全面实现,制定有利于促进产教对话、校企合作的相关制度与细则(如建立就业资格准入制度),倒逼行业企业参与职业人才培养等。

(三)地方政府在激活校企联动协作机制方面有待加强

地方政府在机制层面促进区域职业教育发展,其核心就是要建立区域统筹供给机制、区域协调联动机制以主导职业教育各建设要素的流向统一。这种联动协作包括宏观上通过各种相互关联的制度在经济、科技与教育领域间形成联动机制、产生联动效应;中观上通过具体制度供给联结学校、企业与行业协会,调动多方合作积极性;微观上通过制定岗位技能标准促使专业标准、课程标准等与其相衔接。当前,我国职业教育正处于规模扩张转向内涵提升的关键阶段,专业服务产业的基础能力还很弱,专业的内涵发展迫切需要地方政府加大财政投入,积极主导、推行职业教育综合改革方案,激活学校与行业企业多方联动的综合协作机制。例如,建立区域职业发展中的园区模式、集团模式,其核心就是建立"经科教联动机制"或"校所企合作机制"。

近年来职业学校的"工学结合""校企合作"的人才培养机制虽在政府相关部门、学校、行业企业与社会力量的共同努力下初步形成,但仍存在一些问题,如合作的深度和广度依然不够。这一方面要求职业学校及时根据地方市场发展的需求,结合自身的办学条件,适时调整专业结构,加快形成以特色专业、强势专业为龙头,以相关专业为支撑的专业群建设,充分发挥专业群的合力,扩大职业教育的覆盖面,尤其是要覆盖一些偏远地区;另一方面要与企业紧密联

① [英]琳达·克拉克(Linda Clarke),克里斯托弗·温奇(Christopher Winch).职业教育:国际策略、发展与制度[M].翟海魂,译.北京:外语教学与研究出版社,2011:132.

② [英]琳达·克拉克(Linda Clarke),克里斯托弗·温奇(Christopher Winch).职业教育:国际策略、发展与制度[M].翟海魂,译.北京:外语教学与研究出版社,2011:158.

系,加强学生的实习和社会实践,改革以学校和课堂为中心的传统人才培养模式,企业要与学校共同承担学生的相关专业理论教学和技能实训工作,做好学生实习中的劳动保护、安全等工作,为顶岗实习的学生提供合理的工作报酬。深化校企合作与工学结合,充分发挥产学研结合的作用,也是地方政府履行发展职业教育职责的一项重要内容。

(四)地方政府需要加强指导服务职业改革发展

世界上任何一个国家或区域,其综合发展水平与发展速度的加快推进,与政府提供的各种各样的有效服务紧密相关,发展的背后总有一个重服务、讲效率的服务型政府。现阶段我国"服务型政府"建设的战略性目标,从根本上要求地方政府必须从公共利益与公共服务出发开展活动,实现公共责任。其"指导—服务"式行动方式落实到职业教育发展上,就是着重加强对区域职业教育发展的规划、指导、主导与服务。"规划"就是将区域职业教育发展的规模、质量、进程等纳入区域发展战略,科学谋划其发展方向、目标、任务与措施,同时做好教育资源配置工作,并向社会公布争取舆论支持。"指导"就是站在区域战略高度上指导职业教育机构确定发展目标与发展方式,创建机制,促进教育管理部门与生产部门、技术部门等沟通协调,共同解决矛盾。"主导"就是通过政策、资金、税收等多种调控手段,倾向性支持"体制创新""机制创新"的职业教育模式改革,通过各种途径推广改革成果与经验。"服务"就是为区域职业教育发展所需要的各种条件、制度、信息以及获取方式等提供良好的公共服务,尤其为校企合作提供外部环境。可见,地方政府在行动方式上体现的责任本质上是一种对公共权力负责任的姿态,是一种生态的"服务型"理念。

二、地方政府综合协调功能欠缺

政府在职业教育发展中承担的主要角色是宏观调控者和管理者,其工作是对职业教育进行方向调控、速度和结构调控、质量管理等,特别是中央和省级政府在这些方面应具有较强的功能。然而,从现实状况看,政府在这些方面做得还有欠缺,职业教育发展中存在诸多不协调现象。我国区域经济社会发展由于地缘性和历史原因,存在着不均衡的现象,以经济实力为基础的职业教育发展的不平衡,尤其表现在东中西部地区、城乡之间、部门之间职业教育发展的不平等,但政府部门进行宏观管理和综合协调也相对滞后,具体表现在以下几个方面。

（一）宏观制度落实不够到位，未能有效处理技能人才供给与劳动力市场需求之间的矛盾

职业教育与社会经济发展不协调。这突出表现为职业教育体系的不完善、结构性失调和质量不适应。近年来，我国区域职业教育在与社会经济的联系中出现了一系列的问题。例如，职业学校毕业生就业率走低、就业后的毕业生被反映素质低、毕业生不被社会认可等，这严重影响了学生和家长报考职业院校的积极性和职业教育的发展。究其原因，除了一些客观因素外，区域职业教育体系的不完整、不完善也是重要原因。首先，纵向上来看，职业教育体系不完整。我国职业教育主要包括中等职业教育和高等职业教育。中等职业教育主要招收完成九年制义务教育的初中毕业生，高等职业教育主要招收参加高考的普通高中毕业生，中等职业院校毕业的学生往往很难再考入高等院校。而我国的职业教育体系除了高等职业教育外，再没有更高层次的本科生职业教育、硕士生职业教育。其次，横向上来看，职业教育体系不完善。我国职业教育与普通教育之间似乎是"两条线"，两者的联系与转换并不顺畅。从中等职业教育来看，中等职业教育学校毕业的学生几乎没有升入普通高校的可能。我国普通教育是独立运作的，从义务教育开始，普通教育中成绩不好的学生可以走职业教育的道路，而职业教育中的学生走回普通教育的道路却是很难的事情。从高等职业教育来看，即使是现在的"专升本"制度也对职校毕业生有严格的控制。高等职业院校毕业的学生要想深造只能考入普通本科，而普通本科面对高职招生有严格的专业性、地域性的要求。各层级之间缺乏衔接，并且学校缺乏自主权。目前职业教育在管理上层级分割，例如，中等职业教育和高等职业教育分别隶属职成教育和高等教育两个部门，这就使得不同层级的职业院校沟通不畅，无法建立统一的职业教育规划和标准，培养方案不能有效衔接，课程内容大量重复，层次区分不明显，造成了教育资源的浪费，也挫伤了学生的兴趣和积极性，不利于学生的发展，进而影响了教育的连贯性和统一性。最后，从职业教育与区域经济社会的联系来看，两者的联系并不紧密。区域职业教育与本地区的经济发展缺乏有效沟通，导致职业教育的办学模式、人才培养模式、专业设置等方面不能与区域经济保持一致，从而不能有效地推进区域经济的发展，即使现在我国职业教育发展中的"校企合作"模式在解决这一问题上也没有很好地发挥作用。

　　人力资源与社会保障部 2011 年颁布的数据显示,在 2010 年,全国 7.8 亿劳动者中经相关部门认定的高技能人才只有不到 3000 万人,整个技能劳动者队伍(含专业技术人员)的总量不超过 1.5 亿人,全国低技能或无技能的劳动者总量为 6.3 亿,基本上每 5 个劳动者中就有 1 个是低技能或无技能者。如果今后我国职业教育容量保持恒定,每 10 年所能提供的职业教育机会还不到 8000 万。很明显,相对于天文数字般的低技能或无技能劳动力队伍,我国的职业教育总体能力偏低。随着经济发展水平的提高,经济结构和产业结构变化带来的人才需求会导致职业教育供不应求,如第三产业中的咨询、策划、广告设计等专业人才会更为紧缺;相反,职业教育所培养的有些专业人才,社会则不需要,如有一段时期职业教育就出现了文秘、会计、计算机技术等人才的饱和过剩现象。这样,就产生了"有人没事干,有事没人干"的局面。此外,职业教育所培养的人才质量规格不适应经济发展的需求,或者是所培养的人才职业技能与职业素质不高,或者是普通文化基础知识不厚实,缺乏发展的后劲,从而导致职业学校毕业生要么毕业后不能马上上岗,要么岗位适应能力不强。

　　中等职业教育是我国高中阶段教育的重要组成部分,担负着培养数以亿计高素质劳动者和千万技术技能型人才的重要任务,是我国经济社会发展的重要基础。然而,今年来,我国中等职业教育规模呈现出萎缩趋势。2004—2014 年,中等职业教育机构数(不含技工学校)由 11570 所逐渐回落至 9060 所,中等职业学校(机构)在校生数由 2004 年的 1174.8 万人增长至 2010 年的 1816.4 万人,而后回落至 2014 年的 1416.3 万人。[①] 但从需求侧的情况来看,从 2001—2014 年,职高、技校、中专学历劳动者的求人倍率[②]呈现逐年攀升的态势。从 2011 年起几乎都保持在 1 以上,除硕士学历劳动者以外,这种供不应求的状况在其他教育层次中并不多见,这说明劳动力市场上存在明显的中等职业教育劳动力总量不足现象。[③] 尽管我国高等职业院校数量从 2004 年的 872 所上升至 2014 年的 1327 所,其在校生人数从 2004 年的 595.7 万人增长至 2014 年的 1006.6 万人,[④]从劳动力市场对各学历层次劳动者的需求来

---

　　① 数据来源:教育部官方网站,统计数据不含技工学校。

　　② 求人倍率是指劳动力市场在一个统计周期内有效需求人数与有效求职人数之比。计算方法为:求人倍率=有效需求人数/有效求职人数。

　　③ 张原. 中国职业教育与劳动力需求的匹配性研究[J]. 教育与经济,2015(3):9-10.

　　④ 程宇,宋美霖. 2014 年全国高职院校数量变化趋势及分类比较[J]. 职业技术教育,2014(23):63-64.

看,从 2004 年到 2014 年,专科和本科学历劳动者的求人倍率均小于 1,但高级工程师、技师、高级技师等高技能人才的求人倍率却基本保持在 1.5 以上,有些季度甚至接近 3.5∶1。高等职业院校人才培养数量在十年间有了大幅度提升,但仍不能满足产业发展对高技能劳动者的需求。这说明高等职业教育人才培养的规格、质量无法跟进产业发展对人才知识、能力与综合素质结构的新要求。据人社部统计,2014 年全国技能劳动力只占全体劳动力的 20%(1.5 亿∶7.7 亿),其中高技能劳动者只占 5%。与"中国制造 2025"的战略目标相比,高技能人才数量远不能满足发展的需要,这反映出政府在我国高等职业教育人才培养上任重道远。

(二)对专业设置、实验实训基地建设的统筹管理有待提高

就业标准与市场需求出现不平衡现象,即培养职业学生的供给与市场劳动力缺口的需要是不平衡的,需求和供给之间存在强烈的不匹配。职业教育机构所实施的课程与市场几乎没有相关性,劳动力市场需求与职业课程之间缺乏互惠关系。虽然技术工人需求缺口很大,但是雇主在职业资格人员中找不到合适的技能人才,更喜欢招聘工程专业毕业生或者普通中学生并在内部进行培训。职业教育的管理体制不健全,各自为政、规划不一的管理体制已显现出专业设置、规模、结构难以与社会经济对接,难以与劳动力市场相匹配。这是职业教育体系中存在的主要问题。职业教育范围广,包括职前、职后,也包括中等、高等,又包括学历、非学历,还包括全日制、非全日制;管辖部门也包括教育局、劳动和社会保障局、总工会、各部门和经委等。例如,职业高中归口教育部门管理,中等专业学校归口国家行业部门或省级教育部门主管,技工学校归口地方劳动部门管理。条块分割式的管理体制导致政府各职能部门缺乏科学统一的认识和有效的信息沟通渠道,各自为政,难以对三类职业学校进行统筹协调,导致职业学校专业设置重复、供需不一致,即学校的专业设置不能直接与市场需求挂钩,办学质量参差不齐,影响到职业教育的快速发展。例如,《督导报告》中指出,当前我国中等职业学校中,专业设置与社会实际脱节严重。实证调查显示,超过 50% 的企业表示,职业学校中所设置的专业与当前市场需要并不符合。同时,加工制造、信息技术等专业的学生也表达了类似看法,认为学校培养项目的针对性和适应性不强。另外,面向农村的中等职业教育目前也不能满足新农村建设的需要,这些问题严重阻碍了这些地区的建设、"三农"问题的解决、城乡一体化的现代化建设目标的实现。

专业结构是指各级各类职业学校中各种具体的学科专业（种类、规模和质量内涵）所构成的比例关系和组成方式。专业结构与区域布局是否合理，关系到地方职业教育发展创新，关系到职业教育体系能否与地方经济发展有效融合，能否与地方产业结构合理对接，以及能否有效促进地方社会发展。目前我国许多职业院校为了争取生源，拓展生存空间，不顾自身实际情况，盲目增加专业设置，社会上什么专业热门就跟着设置什么专业，导致每个职业学院都建成了"小而全"的综合性"职业大学"，有限的资源得不到合理的利用。在这种背景下，由于有限的教育资源过于分散，原来的强势专业也得不到及时发展，学生的培养质量也随之下降。在劳动力市场上，职业院校蜂拥而上设置热门专业也导致职业教育专业庞杂、繁多，培养出的学生供过于求，"热"门专业瞬间变成了"冷"门专业，造成了教育资源的巨大浪费。

政府缺乏对职业教育学科和专业建设的政策引导，导致职业教育培养方向与市场实际的人才需求发生失衡。关于我国《职业教育法》，政府只是在宏观上规定了发展职业教育的一些根本性原则，在具体贯彻执行的过程中需要结合本地实际情况实行进一步的细化落实。可是，由于缺乏国家对职业教育人才培养方向和专业设置的政策引导，一些地方不按社会经济发展的实际情况设置职业教育专业和人才培养方案，而是热衷于发展人们所谓的"社会热门专业"，如金融、会计、保险、银行等，对真实需求量大的生产一线、服务行业等专业却很不注重，导致相当多的职业教育出现了"好招生，难就业"的失衡问题。而这种"好招生"，从长远来看，必然会因为不好找工作而变为"难招生"，将会对职业教育实现可持续发展带来很大隐患。

职业教育的专业设置大多集中在第二产业，第一、第三产业类的专业数量很少，专业结构与当地的产业结构吻合度也不高。各级政府对职业教育专业设置的宏观掌控力度不够，各院校的专业设置趋于雷同且相对单一，没有形成办学特色和核心竞争力，一方面重复建设造成规模不经济，另一方面也在一定程度上造成了各校招生中的争抢生源现象。

职业院校存在很多"问题专业"。所谓"问题专业"，是对那些长期生源严重不足，或失业量较大、就业率持续走低，且薪资较低的高失业风险型专业的形象称呼。"问题专业"主要有三种表现形式：一是长期生源不足且需求不足的专业。二是区域内专业布点过多，人才培养数量较多，远远超过市场对该类人才的需求。例如，中等职业学校信息技术类专业毕业生比重过大，占到中等职业学校毕业生的四分之一，导致部分毕业生就业困难。三是区域内某专业的人才培养数量与质量无法满足市场需求，尤其是对区域内新兴职业来说，职业院校的专业设置相对滞后,企业无法及时得到所需人才。有实证研究表明,我国商贸与旅游类、能源类、加工制造类、资源环境类、土木水利工程类的职业教育人才存在结构性不足,而农林类、财经类、文化艺术与体育类、社会公共事业类、医药卫生类的职业教育人才存在结构性过剩。[①] 造成"问题专业"出现的原因有很多,其中政府的统筹管理不善是一个重要的方面。

(三)资源优化配置与区域空间均衡分布不够科学合理

职业教育目前仍然是整个国民教育体系中的薄弱环节。中国人口众多且各地区经济社会发展不均衡,职业教育面临的问题很多,资源十分短缺,更需要政府充分发挥调控和干预作用,以集中必要的资源来扶植和资助职业教育发展的重点和薄弱环节,协调职业教育发展的规模、速度和学校布局。近年来,职业学校校园占地面积迅速扩大,校舍建筑面积逐年大幅度增长,同时教学设施设备也大规模增加,职业教育办学大规模扩张。我们在实地调查中也发现,各公办职业院校为了扩大影响,在征地、盖楼方面都在为如何筹措资金、争取征地而着急,公办职业院校占地面积动辄数百亩以上,这在一定程度上反映了政府资源优化配置方面的缺失。

1. 东中西部地区职业教育资源配置的差异

我国在客观上存在着经济社会发展水平差异很大的东、中、西部地区。与东中西部区域经济发展的不均衡相适应,我国三大区域职业教育资源的分布在学校规模、师资配备等方面也呈现出很大的差异,其主要表现为:东部地区的职业学校数量多、规模大、办学质量较高;西部地区的职业学校数量少、规模小、办学质量较低。下面分别在东部、中部和西部各选择 4 个省(自治区、直辖市),并选择中职生均公共财政预算教育事业费支出、中职生均校舍建筑面积、中职生均图书册数、每百名中职学生拥有教学用计算机台数、中职生师比、中职双师型教师占比六个反映中职资源配置的指标进行综合对比。

---

① 王冬琳,刘新华,王利明,蒋从根.我国职业教育专业结构与生产力发展水平关系的实证研究[J].职业技术教育,2013(16):51-52.

表 6-1 东中西部部分省(自治区、直辖市)中职资源配置指标对比

		生均公共财政预算教育事业费支出(元)	生均校舍建筑面积(m²)	生均图书册数(册)	每百名学生拥有教学用计算机台数(台)	生师比(%)	双师型教师占比(%)
	总计	1503	12.52	20.4	13.31	24.75	15.79
东部地区	上海	7443	16.39	31.89	26.35	22.31	15.5
	北京	7455	14.71	29.55	21.98	20.08	17.27
	广东	1785	15.28	25.77	20.32	24.69	16.67
	浙江	2882	14.66	22.11	17.17	21.02	20.79
中部地区	安徽	701	9.86	16.89	9.93	37.23	12.71
	河南	1118	11.19	22.19	12.24	25.48	12.61
	江西	697	11.75	18.74	12.19	30.31	17.45
	湖南	770	13.13	18.69	17.5	27.12	16.67
西部地区	甘肃	1186	13.24	23.89	12.34	21.78	9.32
	青海	1307	8.71	11.18	8.82	28.63	24.92
	宁夏	1191	8.72	14.87	11.53	34.5	24.61
	重庆	1510	12.53	13.9	13.44	29.07	17.97

数据来源:《中国统计年鉴》《中国教育统计年鉴》《中国教育经费统计年鉴》[Z],2014.

从表 6-1 中数据可以看出,东中西部地区间经费投入差异很大,中西部地区生均公共财政预算经费偏低,生均校舍建筑面积、生均图书册数、生师比等指标大部分未达标,甚至出现了职业教育资源配置的"中部塌陷"现象。[①] 东中西部资源配置的差异性主要由地区经济发展水平决定,尤其是部分西部省份长期依靠国家财政转移支付,地方财政无法有效支撑职业教育的发展。同时,东中西部地区对职业教育的重视程度也是影响职业教育资源配置的关键因素。部分经济发展较为落后的省份没有认识到职业教育对于区域可持续脱贫的重要性,致使管理者将财力、物力、人力用于见效快的短期经济建设上,忽

---

① 教育部.十年 1.2 万亿:助推职业教育健康发展——教育部财政司有关负责人就职业教育财政投入答记者问[EB/OL]. http://www. moe. edu. cn/publicfiles/business/htmlfiles/moe/s271/201406/170903. html.

视职业教育发展,造成恶性循环。[①]　此外,近年来职业教育发展水平的"中部塌陷"现象也反映出我国区域间职业教育经费投入比例结构不合理。

　　职业教育资源配置差异大还体现在政府和社会各界对职业教育的投入上。近年来,通过各级政府的努力,我国地方高职教育经费投入大幅增长,教育事业快速发展,为促进区域经济社会发展做出了重要贡献。截至2016年年底,全国高职院校1329所(占全国普通高校总数的52.47%),其中近半数归地市管理。由于实行分级办学的管理体制,地市高职院校大多生均拨款水平不高。生均拨款标准是公共财政向高等职业教育投入的基本依据,建立生均拨款制度是促进高职院校提高人才培养质量的根本保障。财政部、教育部颁布的《关于建立完善以改革和绩效为导向的生均拨款制度加快发展现代高等职业教育的意见》(财教〔2014〕352号)中明确提出,到2017年各地高职院校年生均财政拨款水平应当不低于12000元。截至2016年年底,全国所有省份出台了高职院校生均拨款标准,但不少省份的高职院校生均拨款与12000元的要求还有不小的差距。特别是中西部一些地市的高职院校,有的生均拨款刚过千元,一般只有3000~5000元,和要求的标准相差一个数量级。2010年,全国中等职业学校共支出公共财政预算教育经费739亿元,全国普通高中学校则支出1063亿元,在职普学生比大致相当的情况下,普通高中与职业学校的经费支出比为1∶1.4,普通高中与职业学校的生均公共财政预算教育经费支出分别为4361元和3301元。社会力量对职业教育的热情与支持也远逊于普通教育,2010年社会各界对普通高中捐赠18亿,而职业学校只得到2亿多的社会捐赠,只是普通高中的13.9%。[②]　虽然国家对西部地区的投入不断增加,但由于区域经济发展水平较为落后,加上职业教育的底子薄、基础差等,西部职业教育的资源水平在全国范围内仍然明显偏低。这种职业教育资源区域上的分布不均衡直接导致了城市与农村之间、东中西部之间职业教育机会的不均等,从而影响了区域经济社会的协调发展。

　　2.城乡职业教育资源布局的差异

　　受城乡二元结构体制及其在资源配置制度上的影响,城乡职业教育资源布局存在较大程度上的结构性失衡。一是在教育经费分配上不均衡。我国目前的财政体制决定了农村职业教育在经费获得上的困难。近年来,国家为加

---

①　常彦.西部职业教育因何落后[J].职业技术教育,2008(15):68.

②　教育部等关于2010年全国教育经费执行情况[EB/OL]. http://www.chinadaily.com.cn/hqgj/jryw/2011-12-30/content_4830356.html.

快发展农村职业教育,安排专项资金大力支持各地的县级职教中心的建设。2006年实行了国家中等职业教育资助政策,2009年又对接受中职教育的涉农专业学生、农村家庭经济困难学生实行免费政策,这些帮扶政策使接受职业教育的农村学生越来越多。但随着中等职业教育规模不断扩大,经费投入明显跟不上农村职业教育的发展进程。目前,农村职业教育基本上实行地方政府负责制,其经费的主要来源是财政性教育经费。我国职业教育采取的是分级管理的办学体制,因而中等职业教育的办学主体在地(市)、县(市)两级人民政府,而这两级政府又是中国各级政府中财政最困难的。地(市)、县(市)两级人民政府为落实九年义务教育已经付出了巨大努力,以致职业教育成为我国教育类型中投入水平最差的类别。而农村职业教育为满足城镇化发展和新农村建设对人才培养的要求,需要投入比普通高中更大的成本,经费投入不足成为制约农村职业教育发展的重要因素。二是城乡师资队伍配置不均衡。与在校生规模的迅速扩大形成鲜明对比,近几年农村职业教育的师资数量呈现出负增长的态势。从表6-2的数据可以看出,2007—2010年,中等职业教育在校生规模增长了14.99%,而中等职业学校专任教师数只增长了0.99%,且在2008年和2010年还出现了负增长,导致中等职业教育的生师比从2007年的24.75上升至2010年的26.67。职业教育教师的增加速度跟不上学生规模的增加速度,导致职业学校的班级规模过大,生师比逐年升高。例如,西部大省四川的绵阳市,2011年年底中等职业学校在校生共计7.5万人,在职教师为2045人,师生比为1∶36.7。[①] 可以说,职业教育体系中教师编制的严重紧缺是制约我国职业教育事业发展的重要因素之一。

表6-2　2007—2010年中等职业学校在校生规模、专任教师数量、生师比情况

	2007年	2008年	2009年	2010年
中等职业学校在校生(万人)	1941	2057	2179	2232
中等职业学校专任教师数(万人)	85.89	80.05	90.29	86.74
中等职业教育生师比	24.75	25.04	26.09	26.67

　　三是城乡职业教育发展重心失衡。城市与农村的发展环境决定了城乡职业教育发展路径的差别,尤其是近年来国家积极推动"新型职业农民"队伍建设,希望通过"有文化、懂技术、会经营"的职业农民培养带动我国农业现代化

---

① 龙勇.职业教育发展中的政府职能履行状况分析——以绵阳市为例[D].成都:西南财经大学,2013:19.

发展步伐。但很多农村职业学校忽视了自身独特的发展优势,将仅有的资源用在与城市学校重复发展的专业、项目上,造成资源的重复布局和浪费。可以说,导致职业教育城乡布局失衡的因素,不仅在于客观条件的限制,更在于地方政府管理思路的阻碍与缺乏对发展形势的科学判断。

我国职业教育资源分布不均衡直接导致城市与农村在职业教育水平上的巨大差距。这不仅影响职业教育的均衡和可持续发展,也导致城乡差距不断扩大。在城乡统筹的发展背景下,现有的农村职业教育资源已经无法满足其现实要求,亟须利用城市的优质资源和就业优势开展城乡合作,实行省、市、县三级合作办学,以带动农村职业学校的发展,实现城乡职业学校在教育资源上的均衡配置。

(四)行业、企业和各种社会力量的参与度不高

企业不愿意参与职业学校的课程开发、教育教学活动,不愿意接受职业学校学生的参观实习,不愿意接受职业学校的毕业生就业,职业学校与社会各种力量间的若即若离的状态已影响到了职业教育质量的提高。虽然政府已经在鼓励多方参与职业教育,如职业教育主导的行业教学指导委员会等机构的设立就是这样的尝试,但这种社会合作仍比较初级。首先,政府应界定哪些个人和组织是职业教育的社会伙伴。根据西方国家的经验,行业、工会、非政府组织、宗教团体、企业等都是职业教育的参与者,根据这样的标准,我们提倡的校企合作所定义的职业教育参与者范围显然比较狭窄。其次,政府应出台相应的规定激励社会组织的参与。

行业企业参与中等职业学校的教育教学管理、专业设置和课程建设仍不充分,校企双方的责权利缺乏制度保障,校企合作办学的长效机制尚未建立。据抽样调查,仅有 17.5% 的企业与学校共同开发实训教材;仅有 16.8% 的市(地)、县教育局局长表示本地区在中等职业学校专业设置审批中,制定并实施了企业参与的制度;有 61.6% 的企业建议发挥行业协会的作用,全程参与人才培养、相关评估标准的制定和实施;有 67.4% 的企业希望政府出台明确政府、行业企业、学校等各参与主体权责的政策文件,推动组建职教集团。

在职业教育发展过程中,(大)商业利益受到了重点关注,小企业和学生群体利益被忽视。在改革和课程重组时,学生群体这个客户群几乎被完全忽视,这凸显了当地政府和企业行业所关注的焦点太过狭隘。一定程度上,这也反映了对职业教育和培训改革的原则——对重要需求作出反应,而且反应应该全面周到且不仅限于不与大企业和商会利益的相违背。学生是重要的消费者,越来越多的职业教育计划的赞助者也构成了需求方,小企业和运营商也是

如此,但事实上他们的利益却很少被顾及。

　　地方政府、职业学校和地方社区的社会伙伴关系是一种特殊的互动,提供了实体的集约发展,确定了教育机构、政府代表、当地社区、工业园区、科教复合体和企业大学的社会伙伴关系的基本形式。教育机构、地方教育当局和地方社区代表的社会伙伴关系发展应该坚持以下规则:一是每个参与者对寻求职业教育服务区域市场运作和发展的最佳形式和方法感兴趣;二是各方遵守规范性法律行为,以此作为交往关系中合法性的保证;三是所有参与者的平等合作和社会经济利益平衡;四是出现每个相互作用方的利益的目标和非附加性质。

　　公共经济学根据产品在市场中的表现,从非竞争性和非排他性两个维度,将其区分为私人产品和公共产品。非竞争性是指一个人对某一产品的消费,不会减少他人对该产品的消费;非排他性是指个人无论付费与否,都可以消费某种产品,获得效用。公共产品是具有部分非竞争性或非排他性的产品,由此可见,教育属于公共产品①,教育的产品属性同时也就决定了教育具有公共性。教育公共性是指无论是公共的资源还是公共财政费用的使用,都会影响社会中每一个公民共同的必要的利益,应该面对社会每一个公民,把共同消费和利用的可能性开放给全体公民,其结果为全体社会公民得以共享的性质。②职业教育作为教育的一个组成部分,无疑也具有公共性的特性。教育的公共性决定了教育要将公民的意志作为首要原则,在政策的制定中要广泛征求群众意见,考虑群众需求,提高公众的参与度;在政策的执行和评价上接受社会公众监督,以保障教育的民主性,保障教育决策、教育资源分配、教育信息等的开放性和透明度,从而使职业教育可以真正保障公众权益,使公众享受到公平、优质的教育公共服务。目前,政策的制定、评价的主体都是各级政府及教育主管部门,而公众并没有参与到政府政策的制定、执行和评估中。政府集供给、支付和监管三重角色为一体,这不仅不利于各种主体的利益表达和利益整合,也不利于满足群众的需要。

　　企业参与职业教育,既是职业教育发展的一种必然,也是职业教育健康可持续发展的一种趋势。无论是发达国家还是我国国内,都大力提倡和鼓励企业积极参与职业教育。国外一些国家在职业教育发展中,行业企业参与度比较高,政府对私立学校鼓励力度也较大。例如,法国通过成立"教育—企业工

---

① 李玲馨.教育公共性与有为政府分析[J].阜阳师范学院学报,2010(1):141.
② 张茂聪.论教育公共性及其保障[D].济南:山东师范大学,2010:45.

作线"加强企业与大学的联系,在法律中规定大学行政委员会中企业和科技界的代表要占 30%～40%,以协助大学制定改革与发展的方针和政策;规定企业完成各项缴税义务后要按上一年职工工资 1.5% 的比例提取继续教育经费和按 0.5% 的比例缴纳"学习税",使其用于本企业职工的在职职业培训和支持职业技术教育的发展。美国联邦政府通过成立全国职业技能标准委员会,把行业的技术标准变成国家经济和教育政策的组成部分,以通过行业来影响和规范职业教育管理。

在我国,职业教育培养的人才与企业供需之间严重错位的主要原因是企业参与力度、程度不够。政府虽然要求职业学校加强校企合作,但却没有制定具体的鼓励企业参与职业教育发展和办学的激励措施,例如在职业院校聘请企业技师担任兼职教师、企业接受教师技能培训和学生实习实训等方面,政府都没有明确的规定。校长们普遍反映"校企合作"在理论上是双方共赢的好事,但实际上进行得并不顺利,企业的积极性也不高。

2005 年《国务院关于大力发展职业教育的决定》规定了各级政府的责任,"各级人民政府要加强对职业教育发展规划、资源配置、条件保障、政策措施的统筹管理,为职业教育提供强有力的公共服务和良好的发展环境"。要从严治教,规范管理,引导职业教育健康协调可持续发展,要充分发挥职业教育工作部际联席会议的作用,统筹协调全国职业教育工作,研究解决重大问题。国务院教育行政部门负责职业教育工作的统筹规划、综合协调、宏观管理,劳动保障部门和其他有关部门在各自职责范围内,负责职业教育的有关工作;县级以上地方政府也要建立职业教育工作部门联席会议制度。然而,这些规定并没有明确具体地提出各级政府在"行业企业参与职业教育"方面的责任,可操作性不强。

总体来说,由于目前没有形成作为职业教育受益者的行业企业应承担的具体法律义务,也没有颁布作为职业教育提供者的社会办学力量享受的实际优惠政策,导致地区行业企业和社会力量参与职业教育的积极性不高。

1. 相关政策和法律有待完善

目前,针对校企合作的政策性文件很多,但是在法律层面上,要求企业承担职业教育责任的法律制度严重缺失。要求企业与学校合作,承担职业教育责任,不仅缺乏宪法的依据,在基本法上也没有明确的规定。即使是作为职业教育领域的单行立法《中华人民共和国职业教育法》,也没有明确企业承担职业教育责任的具体规定。在当前的职业教育法律制度下,校企合作属私法调整,而非公法范畴,校企合作法律关系在当前的制度框架下被解读为一种民事合同法律关系。当事方往往仅指学校和企业,而政府、行业和学生则不是当事方,只是利益相关方;而合同法上无法找到企业承担职业教育义务的法律依据,这种校企合作协议只是排除了企业方责任的一系列免责条款,这样就把法律风险、法律责任和管理责任都归置于学校方。因此,职业院校通常不愿意把校企合作落到实处,政府也可以"校企合作纯属学校自主办学权"为缘由不作为或无所作为。[①] 有关校企合作的法律法规政策体系对于学校和企业的责任、权利、义务缺乏明确的规定,导致校企合作缺乏法律保障和约束。

笔者在调研中发现,有许多学校虽然成立了校企合作协会,但还没有建立权威完整的校企合作准则和指导手册。此外,参与校企合作的企业既没有政策上的优惠,也缺乏利益上的激励;而学校对校企合作中的企业利益重视、保护均不够,企业与学校的合作完全是一种自发行为。

2.相关部门的关系有待理顺

在职业教育多元化的管理体制下,管理主体形成了教育部门及人力资源、社会保障部门和行业主管部门三个独立的管理组织机构。现阶段职业教育管理体制存在条块分割、部门分割和职能分割等问题,"一是教育部门、人保部门、行业部门之间的不协调,教育部门、人保部门和行业部门各自分管职权范围内的职业院校,各部门各自设立一套管理机构和管理制度,部门之间的职权和责任存在交叉,从而导致职业教育分散管理、多头管理、职能交叉,职业学校教育和职业培训之间、职业培训和就业之间相互分离;二是职业教育主管的教育部门与财政部门等其他相关行政部门之间的不协调,财政部门管理职业教育事业经费,国家发改委管理职业教育基本建设,在校企合作规划、重大制度制定和实施等工作上,管理的分工在一定程度上削弱了管理主体的作用"[②]。

(1)行业方面。我国行业管理的组织体系是由政府的行业管理部门和民间的行业协会组成的。政府的行业管理部门主要是指政府从事行业经济管理的职能部门。行业协会是同行业企业自愿组成的促进行业经济发展的民间组织。行业协会的职能是在政府和企业之间起到"桥梁"和"纽带"作用。在经济体制改革逐步深化后,由于政企分离,大多数行业主管部门剥离了职业教育办学职能,行业办的学校与行业分离。

作为解决一系列社会问题的重要组织制度创新形式的各种非政府组织,在社会发展过程中发挥着不可替代的作用,被视为调节政府与市场之间矛盾

①　罗仕俐.职业教育校企合作立法难题探析[J].职教论坛,2011(9):59.
②　耿洁.职业教育校企合作体制机制研究[D].天津:天津大学,2011:38.

的"第三部门"。然而,"由于历史与文化的特点,与西方发达国家相比,我国的非政府组织活动程度较低,主要表现是行业协会、学术团体以及社区民间组织数量较少,而且发挥作用较小"①。我国没有形成强有力的行业中介组织,"企业缺乏其集体利益的代表的同时也缺乏行业组织的内部约束。这体现在企业承担教育责任上,就表现为行业中介组织对行业内企业承担职业教育与培训责任缺乏统筹和管理,同时也缺乏有力的约束和监督"②。这在很大程度上影响了行业、企业参与职业教育的积极性和主动性。

(2)企业方面的利益诉求。由于现行法律没有赋予行业协会、企业明晰的权力和地位,它们无法进入运行体制内发挥作用,只能在体制外以自己的方式参与职业教育。有学者提出我国现有行业协会参与职业教育的方式有:"一是职业院校为了自身生存,为得到行业协会的支持,成为行业协会的法人单位、常务理事会单位或会员单位,从而使行业协会成了学校和企业之间的'互动桥梁';二是行业协会与企业或者职业学校联合创办职业院校;三是行业协会举办职业教育培训机构"。这种参与方式存在着很多不足:"只能使极少数的职业学校在其指导下符合职业教育的规律,但并不能改变职业教育的大局;行业协会在很大程度上是受利益的驱使;行业协会具有和行业主管部门几乎相同的工作内容,既有本行业职业资格标准的制定权和颁发权,同时又能兴办学校,容易造成垄断。"③因此,如何规范和约束行业协会的职责成为要解决的问题之一。

我国的行业协会是多种多样的,有政府领导的,有社会自主式的,经费来源有自负盈亏的,也有企业供养的。"行业协会作为行业企业的代表,了解行业企业的需求和发展趋势,独立于政府和市场之外,既能关注大局又信息灵通,弥补了政府和市场的不足,它作为管理和指导力量可以使社会资源得到有效配置,可以从整体上把握职业教育的发展全局。"然而,我国的行业组织是"缺位"的,行业组织的功能并没有得到有效地发挥。

作为市场主体,企业自主经营、自负盈亏,追求的是经济利益的最大化。参与职业教育培养人才会产生一系列的成本,如果没有长远规划,对于部分追求短期利益最大化的企业来说参与校企合作显然是不划算的。即便是出于利

---

①　段素菊,庄曼丽,董新稳,等.企业参与职业教育:现状、问题与对策——基于北京部分大型企业的调查分析[J].中国职业技术教育,2012(3):67.

②　徐丽华.校企合作中企业参与制约因素与保障措施[J].职业技术教育,2008(1):77.

③　徐丽华.校企合作中企业参与制约因素与保障措施[J].职业技术教育,2008(1):78.

用职业学校学生这一廉价劳动力来减少经营成本,企业也要因此承担一定的风险,例如,学生的不规范操作反而会影响到企业正常的生产运营活动,学生的人身安全也是企业需要考虑的因素。因此,企业的利益诉求促使其更加倾向于雇用未经系统培训的低技能人员,特别是在目前我国企业主流的用工模式是劳动密集型这一背景下,这种选择便成了必然。一些技术密集型企业出于知识产权和自我保护的需要,不可能让学生接触到核心技术和核心机密,即便顶岗也是低层次的。

在计划经济体制下,政企一体使得国有企业有能力举办职业教育。但在市场经济体制下,政企分离使得企业成了自主经营、自负盈亏的营利性组织,企业只在实现了生产经营目标的前提下才有可能投入职业教育或培训。劳动力需求是从企业的生产经营活动中衍生出来的需求,企业参与职业教育及培训的目的性明确,可以说是带有功利性的。目前我国普遍存在的粗放型的生产方式使得企业对人力资源开发的内在需求不足,单纯依靠增加资金、人力、物力等生产要素的投入量来提高产量和效益,这也是企业缺乏参与职业教育积极性的原因。

影响企业行为的关键因素是企业的决策目标,而决策目标由企业的性质决定。同时,企业的行为还受企业规模、所有权结构、文化特征等内部因素的影响。例如,有学者对我国企业参与校企合作的影响因素进行了实证分析,研究显示,"除了政府宏观引导激励企业参与合作以外,企业所处区域的经济发展水平和职业教育发展水平,以及企业外部劳动力市场的发达程度,对企业的参与决策有很大影响。在外部环境条件不变的情况下,企业规模、企业所有权结构、企业文化特征和企业对新员工的入职培训时间等因素对企业是否采取参与校企合作的决策有显著影响。其中,企业规模越大,其参与校企合作的概率越高,政府拥有或部分拥有产权的企业倾向于参与校企合作;创新和成长型的企业文化特征,促使企业参与校企合作;企业对新员工的入职培训需要时间越长,其参与校企合作的概率越大"[①]。还有学者基于逻辑的分析方法,指出企业参与职业教育行为的影响因素有:需求,即企业劳动力需求程度;个性,即企业实力、决策者的态度和公司战略;环境,即劳动力的供求状况、保险与补偿性因素状况。这是对企业个体行为的分析,如果要分析企业群体的情况就需

---

　　① 张利痒,杨希.企业参与校企合作职业教育影响因素的实证研究[J].中国职业技术教育,2008(33):56-57.

要考虑企业的类型结构。① 学者们的研究说明,企业规模、企业文化等是影响企业参与职业教育的重要因素。不同规模、不同行业、不同类型的企业对于职业教育的态度和行为是有差异的,如果不能因"企"而异,有的放矢,就难以找到利益和需求的共赢点,校企合作也只会是"纸上谈兵"。

(3)学校层面。学者们普遍认为校企合作很多是"职业院校求生存和提高教学质量的被迫之举,远未形成与之相配的专业、课程、教学、科研、管理的系统机制,有些院校师资层次不高,科研能力较弱,人才培养水平低下,缺乏吸引企业参与合作的显著优势"②。另外,学校没有建立起有利于企业参与的管理制度和机制。

首先,在学校方面。校企合作面临诸多障碍,主要体现在专业设置、实训条件、课程及师资方面。学校自身优势和能力的缺陷削弱了行业、企业投身职业教育的热情。有学者对此提出,"首先是学校自身优势不明显,表现在专业设置与社会需求和地方经济发展的需求脱节;课程改革仅依靠由学校和企业组成的有关组织机构进行课程内容的选择和知识的编排,缺乏权威组织机构的审核,存在着局限和片面性;学校的实训基本条件不足,具有生产性和新技术研发能力的设备和实训场地不足;真正具有较高理论知识和丰富实践经验,能知道学生实训的双师型教师严重不足,能参与企业新技术、新产品开发的就更少了。其次,学校的管理体系不能适应校企合作的需要,表现在传统的以学校和课堂为中心的教学组织形式无法适应校企合作的要求;教师对企业存在一定的抵触情绪;学生分散在不同的企业顶岗实习,实习成绩的考核很难统一标准,确定过程管理和实时监控。最后,高职院校自身负担过重"③。还有学者对此进行了调研,调研的企业普遍反映职业院校的教育教学质量不容乐观,主要表现有三:"其一,目前学校的课程、教材太老,和企业的发展不匹配。学校的老师不了解企业的实际情况。学校的教学计划与实际工作不一致。这样职业院校的毕业生到企业后都会遇到一个大问题,即重复培训的问题,学生在校要培训一遍,到企业后还要再培训一遍。其二,大多职业院校不注重学生综合素质的培养。现代企业更看重的是员工的敬业精神、学习能力、交往能力等

---

① 柴彦辉,刘春生.基于逻辑分析的企业参与职业教育行为研究——论制订"十一五"期间促进企业参与职业教育区域政策的理论基础[J].教育科学,2006(5):29.

② 叶小明,朱雪梅.中国高职教育校企合作:模式特征与实践策略[J].现代教育管理,2011(4):91-92.

③ 丁金昌,童卫军.关于高职教育推进校企合作、工学结合的再认识[J].高等教育研究,2008(6):92.

综合素质,而这些恰恰是目前学校所忽视的。其三,职业学校培养的学生质量高低不一,校企合作难以长期持续。有的职业学校教学质量不能保持稳定,这样职业学校不能够与企业建立长期的合作关系。职业教育本身的教育质量不过关,企业自然不愿意为职业教育赔钱买单。"①

此外,学校和企业还存在合作动机的冲突,从而使得合作本身存在先天的不足。例如,有学者认为,"我国校企合作项目整体运行情况不够理想的基本原因之一是合作动机的冲突,也就是校企各方的某些动机不具有相容性,不可能同时实现所有的合作动机。目前,在校企合作中各方合作动机上的冲突主要表现为追求物质利益和经济利益而产生的应付现象与短期行为,学校为了解决学生就业和资源问题出现了急功近利和形式主义",并指出从校企合作校方的角度讲,出现合作动机冲突的主要原因,首先是"学校虽然在智力、技术信息方面具有比较优势,但在对市场的把握和技术商业化等方面明显处于劣势,运作能力也较弱。其次,高职院校自身优势不明显,既没有本科院校的研发、技术服务和人才培养质量优势,硬件设备又较市场落后,对企业的吸引力不够,不具备吸引企业参与合作的优势,在合作中处于不利地位,难以吸引企业参与开展深层次的校企合作"。②

尽管我国大部门的职业院校都意识到了校企合作的重要性,但是"我国的职业教育是在中央政府的整体设计和强力推动下发展起来的,目前仍然是政府主动设计模式"③,这就使得职业院校很难突破长期的政府导向模式,在面对企业时缺乏主动服务的意识。另外,我国职业院校存在先天不足:专业设置、课程设置的职业特色不突出,办学特色不明显,毕业生难以体现其不可替代性,教师也缺乏为企业解决实际问题的能力。这些都使得职业院校缺乏吸引企业参与人才培养的筹码,企业在合作中没有话语权,处于劣势,从而影响了校企合作的深入持久开展,甚至导致企业的"不作为"或"作为有偏差"。校企合作存在许多有待解决的问题。

其次,在合作模式方面。实践层面的校企合作形式是丰富多彩的,有订单式、引企入校、产学研、集团化等形式,但这些形式归根结底都归属学校主导的

---

①　段素菊,庄曼丽,董新稳,等.企业参与职业教育:现状、问题与对策——基于北京部分大型企业的调查分析[J].中国职业技术教育,2012(3):65.

②　方向阳,丁金珠.高等职业教育校企合作双方动机的冲突与治理[J].现代教育管理,2010(9):85-87.

③　朱新生.难解的症结与应有的规约[J].教育发展研究,2006(11A):72.

校企合作模式。对于校企合作的教育模式,有研究者基于国际经验和我国职业教育校企合作的实践认为,要"建立符合我国实际情况的各种特色区域性的职业教育校企合作教育模式"①。有学者认为,我国职业教育校企合作模式的共同本质特点是:"都归属以学校为主的校企合作模式,这个模式具有三个弊端,即容易偏离校企合作模式的本质目标,不易调动企业主动合作的积极性,不利于合作的内部机制和外部条件的健全和完善。"②

对于选择何种校企合作模式,学术界存在不同的观点。有学者认为,是学校本位还是企业本位,应该由双方的条件和能力、行业的特点等因素决定,不能一概而论;纵观国际职业教育发展的轨迹并结合我国国情分析,在两种本位的取向上,应逐步从以"学校本位"为主逐步转向以"企业本位"为主,但从现实考虑,后者只是一种理想模式。③ 也有学者认为,既然企业一方的态度决定了在一般意义上"找准双方利益共同点"并不容易,那么短期内可行的方式就应该含有"利益捆绑"的因素;在特定地区,已经出现的行业或企业集团办学必将作为一种榜样,尽管它可能不是后来的主流途径。④ 还有学者认为,学校主体式和企业主体式校企合作都有其自身无法克服的弊端,共同主体式校企合作才是现代职业教育发展的必然归宿。⑤ 如果说企业主体式作为一种理想模式、一种榜样,在实践中究竟应该如何落实呢?

校企合作创新模式的选择应是校企各方基于自身的研发能力、条件及所处的信息位置,对风险、收益进行衡量与分析的基础上做出的选择;一项合作的最终模式选择是由具体的信息环境和双方的博弈规则决定的,并不存在绝对的最优模式。⑥ 在我国现有体制下,校企合作的生命力取决于具体环境以及校企双方的价值选择和能力。如何突破现有的学校主导型校企合作模式存在的弊端,归纳出有中国特色的校企合作模式是一个重要的课题。

再次,在合作内容方面。合作的内容是衡量校企合作程度深浅的标尺。实践层面存在着不同程度的校企合作,有浅层次的,也有深层次的。浅层次的合作主要停留在顶岗实习、提供兼职教师、提供实训设备等层面上;深层次的

① 黄亚妮.高职教育校企合作模式的国际比较[J].高教探索,2004(4):70-72.
② 黄亚妮.高职教育校企合作模式初探[J].教育发展研究,2006(10):68-73.
③ 马成荣.校企合作模式研究[J].教育与职业,2007(8):63.
④ 张宇,和震.职教培养模式转变的路径及推进策略——基于"校企合作的工学结合"的分析[J].教育发展研究,2008(21):65.
⑤ 肖凤翔,雷珊珊.浅析现代职业教育校企合作的基本类型[J].职教论坛,2012(7):65.
⑥ 辛爱芳.析产学研合作中的合作模式选择[J].企业经济,2004(9):62.

合作则涉及专业设置及课程开发的层面。

有学者通过调研企业参与职业教育的现状,发现大部分大型企业与学校都有着不同程度的合作,在参与人才培养方案的设计与实施、为学生提供实习机会、联合科技攻关解决技术难题、为职校教师提供实践机会、委托学校进行员工培训、为学校提供实训设备设施、为学校提供兼职教师、与学校签订订单培养协议、为学校提供技术支持、专题讲座、在学校建立生产型实训车间、开展校企文化交流等方面也愿意与职业院校展开合作。[①] 但在实践中这些合作基本都处于浅层次状态。调研发现,国企及知名合资企业普遍不愿意与职业院校进行深度合作,合作程度非常有限,即使有合作也仅仅是接收实习、订单培养等内容。

对于校企合作的层次,有学者提出,校企合作目前"还普遍滞留在校级层面,各专业往往是被动地接受学校提供的校企合作资源;由于合作对象提供的合作内容很难满足与适应学校不同专业面、不同行业和职业岗位群的需要,合作内容则更多地停留在宏观层面,很难将校企双方的合作深入到专业微观层面"[②]。而只有落实到专业层面的校企合作才是真实的校企合作,才能够发挥育人的功效,才是深层面的校企合作。在校企合作的实践中,学校层面首先要将校企合作的顶层机制设计好,各个专业系部则负责开展具体的工作,只有这样校企合作才有可能深入开展下去。

最后,在运行机制方面。校企合作运行机制是指校企合作各影响因素的结构、功能及相互发挥作用的关系和这些因素产生影响、发挥作用的过程和原理以及运行方式。校企合作是"在技能型人力资本专用化的过程中,教育部门与产业部门、职业学校与企业以利益为基础,共同举办职业教育的模式;校企双方以技能型人力资本专用化为共同目标,实行责任共商、决策共定、风险共担的运行机制,以实现职业教育的资源互补、互惠互利、合作双赢"[③]。校企合作运行机制涉及的主体有政府、行业、企业、学校。各个主体要相互合作、合理制约,就需要有一定的规则进行约束,然而目前校企合作的运行机制还不健全。

---

① 段素菊,庄曼丽,董新稳,贾玉洁.企业参与职业教育:现状、问题与对策——基于对北京部分大型企业的调查分析[J].中国职业技术教育,2012(3):26.

② 孔德兰.构建以专业群为单元的校企合作有机体的实践与思考[J].中国高教研究,2011(10):73-74.

③ 耿洁.职业教育校企合作体制机制研究[D].天津:天津大学,2011:89.

目前校企合作仍处于探索阶段,政府、行业、企业、学校各自的责任、权利和义务都不够明晰。我国提倡的"政府主导、行业指导、企业参与"的职业教育运行机制在实践中的可行性有待进一步检验。其中政府层面涉及教育部门、行业主管部门、人力资源和社会保障部门。通常所说的校企合作是指教育部门主管的职业院校与行业企业的合作,这种合作普遍体现出企业不够积极主动的特征。而行业主管部门管理下的职业院校与行业企业的合作有所不同,因为同属于一个系统内,所以合作意愿较强。针对不同主管部门的职业院校与企业的合作,在合作机制的整体设计上应该分类对待,采取不同的合作模式。

市场经济体制施行后,随着政府行业管理机构的撤销,在法律上有明确地位的行业协会未能真正形成。目前,我国的行业要发挥出对职业教育的指导功能,使其在校企合作中充分发挥沟通、协调的作用,仍需一个过程。行业性质也影响其作用的发挥,到底什么样的行业才能发挥指导作用,政策并没有给出具体规定。有些行业是企业利益的代言人,毋庸置疑这类行业可能不仅无法发挥指导作用,反而会影响职业教育人才培养的质量和素质。

企业参与职业教育的行为和内容也缺乏具体的规定和实施细则,学校和企业在专业设置、课程建设、教学、实训基地建设、教师培养上的责任分工、权利及义务等缺乏依据。校企合作机制在实践中处于探索阶段,缺乏相应的制度和机构保障,校企合作很难形成长效的合作机制。

企业作为市场主体,追求经济利益的最大化。目前我国的市场经济体制不健全,在利益博弈过程中,企业会有"搭顺风车"的行为,会倾向于把参与人才培养的成本转嫁给其他企业,这类企业的行为缺乏相应的约束来保障和促进企业参与职业教育。此外,企业参与职业教育必然会产生一些"额外的成本"并承担着安全、质量和技术风险,对此国家并没有建立相应的财政税收制度来鼓励和支持行业企业参与职业教育。在实践中,"虽然从国务院到教育部乃至地方教育部门,都积极推动校企合作发展实践,但还没有对校企合作体系进行很好的设计、监督、考核和推行"①。目前,尚未建立专门的协调机构负责设计、监督、考核和推行校企合作,很多项目难以获得企业主管单位、劳动部门、教育部门的充分支持和协调。如果政府要从职业教育的设计者变成企业积极参与职业教育的协调者,可以委托民间人力资源咨询机构或直接由政府

---

① 叶小明,朱雪梅.中国高职教育校企合作:模式特征与实践策略[J].现代教育管理,2011(4):93.

人事部门建立一个专业的校企合作协调机构,在企业和高职院校之间做广泛调研,并因此找到双方利益平衡点,然后立法推进。[①] 我国职业院校形成的校企合作模式基本上都属于以学校为主的模式,容易忽视企业的地位和利益,政府作为第三方,应该发挥沟通和协调的作用。真正要调动企业的积极性,离不开政府的强力支持和制度保障。政府在这些方面发挥的作用还不够,政府要从政策层面充分考虑企业的利益和需求以及学校办学等,从而保障校企合作的有效运行。

三、职业教育公平培育中政府责任失衡

依据"主权在民"的逻辑推演,政府必须担当起公众的教育责任,促进教育公平的实现。无论从政治、伦理的维度,抑或是经济学的外部性视角,教育都应是政府极重要的公共服务领域之一。职业教育公平,就是社会对具有接受职业教育愿望的人享受职业教育权利的均等、对职业教育内容选择权的均等、对职业教育优质资源享受权的均等提供保障。职业教育公平是教育公平的重要组成部分,是教育公平在职业教育领域的延伸和体现,其主要包括两个层面:一个层面是指职业教育和普通教育的公平性,即职业教育应得到与普通教育同等的对待,具有同等的发展机会,获得同等的待遇和社会认可;另一个层面是指每一个社会成员都拥有接受职业教育的权利和机会,即职业教育对社会个体的公平性,每一个接受职业教育的个体都能公平地享有同等的发展机会,获得同等的待遇。

职业教育与我国绝大多数社会成员的生存有密切的关系,它是人们追求幸福、实现个人价值的有效手段。追求职业教育公平就是希望职业教育平等地促进人们向上流动,并为个人的未来发展和美好生活奠定基础。但是,职业教育本身具有的价值和它在现实中的价值实现是两码事。自改革开放以来,我国确实在大力发展经济的同时,积极发展各级各类教育,并取得了巨大的成就:九年制义务教育基本普及,高等教育已经从精英教育走向大众化,普及高中教育的目标已经纳入议事日程等。对于职业教育的发展,国家更是采取了很多措施,也出台了很多有利政策。然而,由于我国处于经济和社会转型的特殊时期,政府出台的一系列职业教育政策并没有为职业教育的现实发展带来好的景象,还受以下几种因素制约。一方面,我国基本国情还处于社会主义初

---

① 徐平利.工学互动组合:重构高职教育双师型教学团队的新思路[J].教育发展研究,2007(3):72.

级阶段,国民经济保持稳定增长的速度和国民收入总值的大幅度提高,并不代表我国的经济增长方式已经发生了根本性改变。与发达国家相比,我国经济增长依靠的主要还是高耗能和高劳动力投入的方式,依靠科技进步所带来的经济增长在我国还不是非常突出,经济发展存在严重的行业和地区差异。对我国经济增长有突出贡献的行业领域虽然提供了很多就业岗位,但对一线生产工人的专门职业培训并没有严格要求。也就是说,就业者只需接受很少的培训,甚至不培训就可以"胜任"工作,如基础建设领域的房屋建筑和道路修建、以加工业为主的乡镇企业、饮食行业、煤炭业等。由于生产内容和服务对象的不同,从眼前来看,没有经过职业教育和培训的人员也照样可以完成生产任务和获得报酬,这虽然与生产过程中劳动的性质有关,也与经济发展总体水平和职业教育还不发达有关。另一方面,由于与体力和手工劳动有关的行业领域有很多,加之人员流动性强和大量的乡镇企业发展的规模和经营方式的限制,企业发展缺乏长效性,很多人员都属于临时雇员,再加上雇佣者考虑成本效益的关系对从业者的培训也不重视。因为从业者所需的技能在实践中就可以获得,只要能完成生产任务就可以了,没人在乎他们关于产品的知识和生产的安全,劳动者的自主性很低。现存的很多生产和工作领域对劳动者进行专门训练的要求不是很严,劳动准入制度还未得到彻底贯彻。有些生产和服务业并没有对从业者的专门训练提出严格要求,只需传统的师徒制或短期的培训,甚至有的工作并不需要任何培训只需个人经验就可以胜任。这种情况为那些追求利益最大化和成本最小化的劳资双方提供了土壤。不进行任何形式的职业教育就可以获得利益的事实,迎合和反映了人们只顾自己眼下"实惠"的心态。

自改革开放以来,职业教育政策更多集中于如何使职业教育更好地促进经济发展,创造经济效益。由于城市职业教育发展态势良好,政府将更多的资源投入到城市职业教育的发展中去,以获得更多的经济回报,对职业教育发展落后的农村和贫困地区的关注度远远不够,对这些地区的职业教育发展的提及往往是空洞、口号式的话语。而且,目前农村职业教育主要是县级负责制,我国城市经济发展水平较高,而乡政府的财政支付能力和管理能力则比较差,使得落后地区职业院校的数量、设备、师资方面与城市相比有很大差距,加剧了城乡教育资源分配不均、教育水平差距较大的局面,进一步加剧了不公平现象。具体差距体现在以下几个方面:

1.缺乏对农村职业教育的实质关怀,职业教育的扶贫功能体现不明显

职业教育与一个地区的经济发展状况紧密相关,一般来说,城市发达地区

的职业教育要比农村偏远落后地区的职业教育发展得好,这与职业教育中所提倡的职业教育为当地生产发展和社会发展培养人才的思想有关。对于职业教育而言,现有的经济和生产力发展水平不仅决定着当地人们对职业教育的需求,而且也决定着它为职业教育发展提供的资源和它为职业教育提供的就业岗位情况。然而,职业教育不仅是环境的自然产物,更是培养人才改变环境的思想和能力的手段,也就是说,职业教育不仅要"适应",更应该"超越"。

农村职业教育一直是我国职业教育的薄弱环节,与城市相比,农村职业教育从学校的建设到专业的设置、课题的提供,从教师的配置、经费的投入到教育的质量,都处于明显的劣势。国家通过政策手段在农村地区设立的规划性职业教育机构,很难得到当地民众的认可,职业学校处于艰难维持中,再加上经费投入方式的原因,职业学校的办学水平根本难以保证。

我国贫困地区的经济发展缓慢,教育与经济长期处于一种低水平均衡的状态,即"经济落后→教育发展水平低下→人才匮乏→经济落后"的恶性循环。我国必须推动贫困地区职业教育发展,打破这种封闭循环。因此,国家在一些重要的政策文件中大力推动我国职业教育均衡发展,教育经费投入向民族地区、贫困地区倾斜。近年来,贫困地区在教育优惠政策的扶持下,职业教育投入有了很大改观,教育水平也得到一定提升,但是贫困地区的职业教育投入并没有转换为当地的经济效益,贫困地区的经济发展仍然缺乏人力资本。追根溯源,其根本原因在于职业教育没能适应当地国民经济发展的需求。

现代教育服务于现代大工业生产,甚至在一定程度上教育的目标和内容超前于当前的社会生产,而贫困地区的产业发展水平落后于发达地区,贫困地区职业教育培养出的劳动者规格不适应当地经济社会发展的需求,这在客观上导致高素质劳动力外流。职业教育扶贫的作用机理是通过提升贫困地区的人力资本来实现的,国家对贫困地区职业教育的投入显著地提升了人口质量,但是当地职业教育与当地国民经济结构的错位,让大量劳动者在贫困地区无用武之地,这就造成贫困地区成为为发达或较发达地区输送人才的基地。贫困地区的职业教育投入与经济增长之间没有直接联系,经济得不到发展,职业教育投入就得不到保障,进而又制约经济发展。贫困地区陷入只有职业教育投入而没有经济回报的单向循环中,制约了职业教育扶贫功能的实现。

2."教—产"与"产—教"双向结合不够协调

教育与生产劳动相结合是改造现代社会的强有力手段之一,是提高社会生产的一种方法,是造就人的全面发展的重要方法。它包含两方面的内容:学校受教育者参加一定的社会生产劳动;所有参加大工业生产的劳动者都必须接受教育,即"教—产"和"产—教"的双向结合。教劳结合不仅是我国教育方针的重要组成部分,也是协调我国教育、经济与社会关系的指导原则。荷兰学者维姆·霍波斯(Wim Hobbes)说,"教劳结合可以改变教育性质、教育结构、学习方法甚至教育目标,是有助于新型社会诞生的一个基础"[①]。对此我们可以理解为,教劳结合可以培养出创造新型社会的人才,贫困地区的社会改造与经济发展当然也要依靠教劳结合的实现。由于贫困地区人们的教育意识淡薄、教育功利思想严重,学生在接受完义务教育后就走向工作岗位,甚至有的学生没有接受完义务教育就辍学外出打工,很多人没有接受一定的职业教育,在寻找工作岗位或在工作中都遇到了各种各样的困难。针对这一现象,贫困地区一方面应继续推行并巩固义务教育,另一方面应在普通教育中渗透职业教育因素或者在初中教育后增加一年的职业教育。总之,要通过各种普通教育和职业教育的结合模式,让学生在走上工作岗位之前具备必要的职业素养。可以说,大多数贫困地区已经开始意识到在普通教育中渗透职业教育的重要性,并积极开始了实践探索。但是,教劳结合作为教育扶贫过程中造就全面发展和高素质人才的唯一方法,要依仗"教—产"与"产—教"的双向结合,而贫困地区的现实状况是:参加社会生产的劳动者很少接受教育培训,造成教劳结合中"教—产"单腿走路,使"产—教"在培养高素质劳动者中的作用被忽视了。

　　说到职业教育扶贫,人们首先想到的是职业学校培养的人才服务于经济建设,这往往把职业学校教育推到了"风口浪尖",将贫困地区经济发展迟迟没有改善的罪责全都推给了职业学校,而忽视了工厂、企业在扶贫中的教育责任。随着新知识、新能源、新发明及新材料在生产中的迅速应用,产业结构必然也面临一系列的变化,工厂和企业的劳动者必然要接受再教育,以适应这种变革,否则就不能满足现代化大生产的要求,从而制约经济的长效发展。由于现实生活的贫困,贫困地区的人们往往对教育的经济功能寄予了过高期望,当职业教育无法在短时间内满足他们的经济需求时,他们就对职业教育感到失望,开始不重视职业教育。企业和工厂一味追逐经济利益,对职工的继续教育更是置若罔闻,因此就无法搞好"产—教"结合。教劳结合无法实现"教—产"与"产—教"的双向结合,仅仅依靠学校教育的人才输出,不能实现整个社会人才质量的提升,因为会存在已参加社会生产的劳动者的"教育真空",进而影响职业教育扶贫的效果。

---

① 刘世峰,孙振东.中国教劳结合研究[M].北京:教育科学出版社,1996:14.

3.忽视职业培训,特别是对弱势群体的职业培训

坚持职业教育中的学校教育与培训相结合,是现代社会科技发展、职业转换加快的必然要求。从发达国家职业学校教育的情况来看,学校教育的特点决定了职业教育中学生所学的知识技能很难与实际工作岗位的要求相吻合。现实工作场所的技术要求和对劳动者的技能要求都在发生变化,而学生在学校所掌握的内容,在学生还没有进入工作场景前可能就已经落后了。当前职业教育学校内的文化知识和技能传授忽视了职业培训,特别是对弱势群体的培训。女性、少数民族、身体有残疾者和生活在偏远地区的人是传统的弱势群体,而农民工和城市下岗职工则是我国社会转型期、经济转型期出现的影响力大、涉及面广的新的弱势群体,对他们进行适当的职业培训是当前政府职业教育职责的重要内容。从现有的情况看,针对这些群体的专门、公共的培训机构还不够完善,虽然政府也通过一些计划和项目关注他们的培训,但从长远和有效的角度来看,还非常不够。例如,生活在农村偏远落后地区的人,接受职业教育和培训的机会要少于生活在城市和发达地区的人。我国社会和经济转型是一个漫长的过程,失业和待业现象在短期内不会消除,尤其是农村富余劳动力大量涌入城市的状况还会持续很长一段时间,这是由我国农村实际人口状况决定的。国家必须重视对他们的职业培训,以确保他们及其家人的生存权。一个国家和政府对弱势群体的关注和保护程度标志着该国的文明程度,也体现着这个国家的社会正义和公平的水平。

职业教育中存在的对象群体上的差异是一种普遍的现象。发达国家这种情况要好于发展中国家。发达国家的城乡二元结构不像我国这样突出,也没有像我国有这样庞大的农民群体以及户籍制度的限制。同时,发达国家由于发展的保障,使得它们的教育资源相对好于我国,国家投资教育的能力也较强,国家在经费、课程设置、师资配置、学校条件设施等方面的工作都体现了关注和照顾弱势群体的策略。我国职业教育的发展,带有一种强烈的"效率优先"逻辑,"谁收益、谁投资"的指导思想,使得政府在政策上对投资职业教育主体规定为:地方政府、企业以及社会,并大力鼓励私人办学。这种规定虽然非常有利于我国广开职业教育经费的筹措渠道,但职业教育经费的保障性大打折扣,对弱势群体的保障更无从谈起。总之,对于处于弱势群体的人而言,他们接受职业教育和培训不仅要有专门的政策予以强化和保证,更应该有专门的实施措施和条件上的保障,以切实落实职业培训促使当前我国等待就业者就业能力和职业素养的提高,真正把他们转变成能够自我谋生而又能创造出社会价值的劳动力资源。

4.区域职业教育法规体系不够完善

职业教育法规,泛指国家权力机关和行政机关制定和发布的有关职业教育方面的规范性文件的总称,是国家行政管理法规的一项重要内容,是国家管理职业教育的一种重要手段。我国幅员广阔,不同地区的自然条件、自然资源、经济基础及产业特征和结构都存在较大的差异,地区发展呈现出不平衡的特点。[①] 职业教育的发展以经济发展为基础,地方职业教育的健康持续发展应该建立在地方经济社会的不断发展和区域整体教育环境持续改善的基础上。

地方职业教育持续发展的首要前提便是要有相应的法律法规予以保障和支持。地方应该根据国家和本地区职业教育发展的总体思路和方针,结合职业教育发展的实际状况,制定符合本区域、本地区职业教育发展的较为具体、可操作的法律法规体系。需要指出的是,这种法律细化并不是简单地对宏观职业教育法规的"微缩",而是基于地区经济发展水平、区域职业教育的发展生态所做的法律法规的厘定。各地方不能简单片面地搞"一刀切"和统一化,不顾本地发展的具体情况,一味地以国家宏观职业教育法规为标准僵化地指导推进地方职业教育发展。

要履行地方政府发展职业教育职责,地方政府应对区域内职业教育发展规划、资源配置、政策措施进行统筹管理,为地方职业教育提供强有力的公共服务和良好的发展环境。具体包括以下几个方面。

一是立足地方职业教育发展生态,做好职业教育发展规划。职业教育发展规划是指国家各级政府为促进经济发展,实现一定的教育目标,对未来职业教育事业的发展所做出的部署和安排。这要求地方根据经济的发展变化和社会对职业教育需求的变化,及时制定职业教育发展规划,有所侧重地发展不同类型和层次的职业教育。例如,我国东部地区的高新技术产业和服务业发展水平较高,地方政府在制定职业教育发展规划时,可以考虑有重点地鼓励和扶持第三产业类型的职业院校的建设,推进与之相关的专业和学科在不同层次的职业院校的开展。而对于中西部地区而言,需要更多地侧重于大力发展工业和农林类职业院校的建设,为推动中西部地区的经济社会发展提供丰富的人才资源。此外,对于区域内部来说,政府的职业教育规划也要有所侧重,彰显不同区域的特色,从而推进区域内职业教育的持续健康发展和职业教育的创新。

---

① 刘志国.浅谈区域经济与职业教育互动关系[J].中国证券期货,2011(10):232.

　　二是推进区域内职业教育体制机制的改革,增加职业发展活力。首先,推进公办职业学校的办学体制改革,探索建立以公有制为主导,产权明晰,多种所有制并存的办学体制,推动公办职业学校的资源整合,发挥公办职业学校在职业教育中的主力军作用。其次,深化地方职业学校管理体制改革,扩大职业学校的办学自主权,推进教职工全员聘用制和岗位管理制度,建立能够吸引人才、稳定人才、合理流动的制度。深化内部收入分配改革,将教职工收入与学校发展、所聘岗位挂钩,调动教职工积极性。最后,大力发展地区民办职业教育,依据《中华人民共和国民办教育促进法》及其实施条例,把民办职业教育纳入地方职业教育发展的总体规划中,加大对民办职业教育的支持力度,制定和完善民办职业学校建设用地、资金筹措等相关政策和具体措施;在师资建设、招生和学生资助等方面给予民办职业院校和公办职业院校同等的地位;出台具体政策和相关措施,加强对民办职业院校的管理,规范其办学行为。

　　从职业教育法规的层次结构来看,我国职业教育法规可分为三种:职业教育法律、职业教育法规和职业教育规章。在法律地位和法律效力上,职业教育法律的层次最高,职业教育法规次之,职业教育规章层次最低。目前在我国职业教育的法规体系中,主体为职业教育规章,职业教育法规较少,职业教育法律更少,只有一部《中华人民共和国职业教育法》,另外还有一些地方性法规及规章。我国应加快职业教育单项法立法的步伐。我国在《教育法》的基础上,颁布了《职业教育法》《民办教育促进法》等一系列法律法规,对职业教育的管理问题做出了一系列规定,但大多数属于教育行政部门颁发的规章条例,全国性的法律法规较少。《职业教育法》是一部综合性的、高层次的法律,主要是对职业教育发展的宏观的宽泛的规定,起指导性的作用。从职业教育法规的内容结构来看,我国职业教育法规对学校职业教育的规定较多,对企业职业培训、普通学校职业指导方面的规定较少,这种立法的不平衡状态不利于我国职业教育的全面协调发展。我国针对具体方面的法律法规较少,虽然国务院和教育部门颁布了一些法律法规,但随着职业教育的快速发展,职业教育法律法规颁布的速度跟不上职业教育发展的速度。这不仅导致执行过程中一些部门难以按照相应的标准进行操作,也导致一些部门执行的随意性,他们仅根据自己的理解对政策进行解读,造成执行上的偏误,影响了法律法规的权威性;同时法律法规覆盖面不足,对管理中各主体的权、责、利关键问题没有全部覆盖,一些违规行为没有相关处罚条例,导致政策执行的随意性,甚至造成无法可依的局面。另外,各部门颁布的一些条例之间相互冲突,缺乏沟通,使得条例的权威性大大降低。

例如,《中华人民共和国职业教育法》第十一条规定:"国务院教育行政部门负责职业教育工作的统筹规划、综合协调、宏观管理。国务院教育行政部门、劳动行政部门和其他有关部门在国务院规定的职责范围内,分别负责有关的职业教育工作。县级以上地方各级人民政府应当加强对本行政区域内职业教育工作的领导、统筹协调和督导评估。"这条规定只对各级政府的职能予以宏观定位,至于管理机构设置、人员配备和管理、具体职责、组织制度等都没有说明。此外,在执法方面,相关部门和人员法制意识淡漠,有法不依,违法不纠。如法中第二十条规定:"企业应当根据本单位的实际,有计划地对本单位的职工和准备录用的人员实施职业教育。"第二十九条规定:"企业未按本法第二十条的规定实施职业教育的,县级以上地方人民政府应当责令改正;拒不改正的,可以收取企业应当承担的职业教育经费,用于本地区的职业教育。"然而在实际中,各地企业不依法办事、政府不执法的现象普遍存在。

发达国家的职业教育法律法规体系相对完善,各类法律文件的种类、规格能做到齐全、配套、有指标、可操作,更重要的是,立法之后能借助国家机器的力量保证其付诸实施。如德国1981年12月修订后的《联邦职业教育法》的主要内容体系是:第二编"初级培训关系"包含初级培训关系的建立、初级培训关系、初级培训关系的开始和结束以及附则等四章内容;第三编"职业培训组织"包含招雇受培训人和提供培训的资格、受培人种类的认可和培训期限的变通、初级培训关系的登记、考试、初级培训的管理和监督、进修培训和转业培训以及病残人员的职业培训等七章内容;第四编"职业培训委员会"包含联邦职业培训委员会、州培训委员会和主管机关设立的职业培训委员会等三章内容;第六编是关于某些经济部门和职业的特别规定;第七编是关于违法行为应判处关押或罚金的规定。可见,其内容体系十分完善,第二编、第三编对培训组织、培训雇主和受训人的关系和责任作了详细界定,第四编对作为职业培训管理机构的州培训委员会和主管机关设立的职业培训委员会的机构设置、人员组成及产生、议事日程、表决、职权等进行了具体规定。第七编作了关于违法行为应判处关押或罚金的规定,还规定了职业教育各相关主体如有违犯法中条款规定的分别处以不超过2000马克和不超过10000马克的罚金。我国《职业教育法》对政府在职业教育管理的职能范围、权责分配和治理机制以及相关主体的责任和义务等方面缺乏严格、完整的界定和规范,致使政府行为无序和随意,出现越位和缺位现象。

第二节　职业教育服务支持体系有待完善

职业教育相关配套体制不完善或滞后。例如,《职业教育法》1996 年 9 月刚刚实施的时候,确实对各相关方积极投身职业教育事业起到一定的促进作用,但经过 20 多年的发展,情况发生了很大改变。该法将对职业教育进行宏观管理的责任交给了教育部门,但教育部门自身权限和能力有限。职业学校的整体规划、专业设置、招生数量、师资培训等都与当地经济的发展状况,以及社会对人才的需求信息密切相关,而现实中由于政策激励措施不到位,导致知晓人才需求信息、洞悉人才市场变化的行业企业参与职业教育人才培养的积极性和程度不高。加上社会上关于职业需求的市场信息、中介服务、研究机构都非常缺乏,这样很容易各方各自为政、重要信息难以进行有效的沟通和协调,出现资源的重复性建设,导致浪费。

构建职业教育社会服务体系是转型政府的一项特殊职能。《职业教育法》第三十八条规定:"县级以上各级人民政府和有关部门应当建立、健全职业教育服务体系,加强职业教育教材的编辑、出版和发行工作。"2002 年《国务院关于大力推进职业教育改革与发展的决定》指出:"加强职业教育理论研究和政策研究,健全科学研究和教学研究机构,为职业教育宏观决策和职业学校改革与发展服务。"各级各类机构在职业教育科学研究、教材建设和信息服务等方面已经开展了一些工作,如 2004 年 5 月中国职教学会学术委员会、湖南省教科院职成所在湖南省举办了"第一期全国职业教育专家学术报告会";2004 年 6 月中国职教学会发布《科研规划项目课题指南》和《科研规划项目课题申报办法》;2004 年 9 月召开了中国职教学会教学工作委员会课程理论与开发研究会成立暨 2004 年职教课程研讨会;2004 年 10 月中国教育学会、中国职业技术教育学会等 10 个部门在杭州市联合举办"教育家与企业家共话教育"论坛;上海市自 2004 年实施《上海市中等职业教育深化课程教材改革行动计划(2004—2007)》。另外,陕西省建立了三个中心一个网站,即"陕西省职业教育就业服务中心""陕西省职业教育法律维权服务中心""陕西省职业教育为农服务中心"和"陕西省职业教育就业信息网",以此为职业教育机构和学生及农民工提供就业服务、法律援助、培训和信息服务,等等。但是,政府所提供的服务范围、力度和水平与职业教育迅速发展的要求相比,捉襟见肘;与国外相比,差距更大。德国只有 8200 万左右人口,职业教育的科研力量却十分强大,主要来自五个方面,即联邦职业教育研究所、联邦劳动总署研究所、经济研究机构中的职业教育研究人员、大学从事职业教育学的科研人员以及各联邦州教育研究所中的职业教育研究者。其中,仅联邦职业教育研究所就拥有研究人员400余人。同时,德国的职业教育研究经费也特别充足。1993年,德国的职业教育研究经费是488亿马克,占GNP的1.53%,占当年整个职业教育经费的74.3%。在信息服务方面,德国建立了全国性"职业资格早期监测系统",为职业资格标准的确定和课程开发提供信息和数据,它不仅在全国建立了18个国立的职业信息中心,向全民免费提供职业指导和职业咨询,而且还建立了国家职业信息网络,在互联网上提供全国范围内的职业继续教育和培训的信息。在建立和发展社会中介组织参与职业教育评估、咨询、审议方面,澳大利亚特色鲜明,最明显的体现是中央政府、地方政府以及学院自身都成立了各自的行业咨询组织,行业咨询组织的代表都是本行业有较高声誉和丰富的实践经验、专业技能和理论功底深厚的专家。行业咨询组织的主要职能是联系大小企业,协调政府与企业、企业与学院之间的关系,为政府和学院提供企业的需求信息,向企业宣传政府的政策,把学院的教育培训推荐给企业,同时国家级的行业咨询组织还具有技术与教育学院的专业设置、教学大纲、教材编审、培训规范及标准的审批权和制定权。

一、尚未建立健全的职业教育信息服务平台

(一)当前信息服务平台已成改革趋势

当前,世界各国政府越来越多地认识到需要振兴公共行政,使政府以顾客为中心,以具有成本效益和用户友好的模式向公民和企业提供服务,从而提高政府职能的质量。信息技术的提高加快了许多领域的改革,电子政务则普遍被认为是改革的根本,也是各国政府现代化的必经之路。目前,各国政府正着力完善组织结构、提升实践能力,并调动、部署和利用人力资本以及信息、技术和财政资源为公民提供服务。对于提高政府的公共行政能力以增加急需公共价值的供应来说,电子政务的推出非常必要。例如,使用电子服务可以让公民相对自由地获取所需的公共服务,不局限于时间和空间的影响。换言之,不仅仅是当政府机构开放时公民才可能获得想要的服务,电子政务的互动功效允许公民和政府工作人员发送和接收信息来进行直接和及时的交流沟通,这是公共政策的制定过程和功能的重大变革。

电子政务在公共行政中提高工作透明度和控制腐败的潜力得到了实践者和研究人员的广泛关注。诚然,透明度可以通过向公民提供更直接的政府信息来获得,而且政府信息透明度的增加将会带来腐败概率的减少。有人认为,

在这种情况下,电子政务反映了政府的新面貌,并且正在改变各国政府之间和政府与公民之间的互动。高效的公共行政效率是经济和社会发展的重要前提。信息通信技术(information communication technology,ICT)的革命一直在改变人类的行为方式、企业管理和国家治理方式。中央和地方政府越来越多地利用电子通信作为提供公共物品和服务的手段。信息通信技术的使用扩大了现代公共行政的运作范围,以及作为实现进步、发展和善治的基础的可行性手段。

(二)职业教育信息服务职能滞后

不同于其他教育领域的网络平台,职业教育和培训信息服务平台根据其自身的特征拥有区别于其他教育体系网络平台的必要性和特点。在职业教育和培训组建网络平台方面,网络对个人和组织单位而言都有相当大的价值。网络可以为个人提供就业信息和知识获取的途径,对当代商业世界中的组织的成功至关重要。然而,网络是复杂的,往往需要"复杂的便利化"和管理。许多职业教育和培训网络由具有多样化和具有挑战性目标的多方组成。职业教育网络通常面向所有感兴趣的方面开放,没有参与障碍,可以方便地传递信息。遗憾的是,当前的职业院校就业信息服务平台,并没有充分利用网络和各种媒体来公布用人单位的信息,因此无法满足各级职业院校毕业生的求职需求。再者,政府目前创办的各类就业网站多针对以大学生为主的普通教育支线的毕业生,而职业学校毕业生的就业信息网尚未建立。在此情况下,市场的劳动力缺口以及具体用人单位的需求无法及时有效地传递给职业学校及其毕业生,如此一来,职业学校就无法灵活地按照市场需求来调整培养目标和专业课程设置,学生个人的求职途径也会受到极大影响。

各地教育教学资源信息也缺乏共享平台。在现实中,各级地方政府在中职学校教育教学资源整合中未发挥积极的引导作用,全国大多数地区未能形成教育教学信息资源交流中心,各中职学校教育教学资源形成信息孤岛状况,未能有效整合地区和学校教育教学资源。政府应充分发挥组织职能,创办相关的教育教学资源共享平台体系,特别是地方政府更应针对本地区的实际情况以创建教师研修网络等形式整合区域内教学资源,实现优秀教育教学资源的交流与共享。

二、职业教育政策执行水平有待提高

美国政策学者艾利森(Gtanham Allison)曾经指出,为达到政策所设置的目标,90%取决于有效的执行。职业教育政策的执行是检验政策的重要手段。

当前我国职业教育尽管取得了非常大的进步,但职业教育政策执行还存在较多问题。

(一)政策执行流于形式

职业教育政策执行流于形式是指对于职业教育政策的执行不采取到位的、可操作性的措施,从而无法有效达到政策预设的目标。例如,职业教育教纲中明确要求,学生必须进入企业、工厂等一线场所,对所学科目进行对口实习。而在实践中,地方职业院校执行起该要求来往往敷衍塞责。职业教育政策强调校企双方的合作,但是在政策被落实的过程中却往往沦为形式主义的"走秀"。举办职业教育的初衷是为了向工厂、企业提供合格的技能人才、职业人才。校企合作是培育职业院校学生的一种符合其天然属性的、理想的模式,国务院发文大力推广"校企合作"模式,校企合作的本意是学习发达国家的先进经验,创建一种使学生在校学习与企业实践并重、学校与企业合作共赢的范式。在政策引导、推动下,一时间校企合作遍地开花。大多数的职业学校采用"订单培养、企业定制""半工半读、顶岗实习"等多种校企合作模式,但多年来校企合作效果却都不甚理想。究其原因在于:合作办学存在一定的成本,学生频繁地流动和按教学计划在企业各岗位上进行实习,的确会对企业的日常生产经营带来诸多不便乃至损失。因此,常会出现校方主动、企业被动、缺乏合作办学的内在动力、冷热不均现象,或企业追求短时间的利益最大化,而学校为了完成校企合作指标,甚至某些个人或者群体为了盈利目的与学校合作,但不为学生安排对口岗位工作,也不让学生进行岗位轮换,甚至是给学生安排超时、超强度工作,将学生当作廉价劳动力。

这正是因为在校企结合的职教政策制定和执行环节中,忽略了一个根本性也是决定性的因素——利益。马克思主义利益理论揭示:追求利益是人类所有社会活动的成因,也是推动社会发展的内在动力。当一方面校企合作产生的企业损耗没有得到经费保障;而另一方面企业和校方牟取不道德的学生实习劳动剩余价值,也没有受到法律制约时,学校和企业作为承担合作办学的两个主体,尽管各自的利益存在分歧,但为了彼此利益最大化,最后往往选择联手敷衍搪塞,使得政策执行流于形式。

(二)政策执行的不到位

政策执行不到位分为两种情况:一是政策执行者出于自身利益驱动,有意地将政策对其不利的部分进行曲解,试图规避政策对其利益造成的损失,这还是基于马克思主义利益论中阐述的人类在社会活动中追逐利益的本性。正如学者张金马所说,政策在执行过程中给执行者带来的收益越大,越容易被执行,带来的损害越大,越容易被抵制。二是由于政策的艰涩隐晦或者政策执行者的专业水平低而造成对政策的错误解读或在执行过程中发生大的偏差。现有情况中第一种曲解较为多见。现行职业资格证书管理混乱,就业准入制度不到位正是这一问题的集中体现。职业资格证书是表明劳动者具有从事某一职业所必备的学识和技能的证明。就业准入是指对从事技术复杂、通用性广、涉及国家财产、人民生命安全和消费者利益的职业(工种)的劳动者,必须经过培训,并取得职业资格证书后,方可就业上岗。目前就业准入制度尚未普遍形成,职业资格证书制度执行却屡屡遭到来自相关各方利益主体的歪曲和回避。有调查显示,在江苏省南通市依然存在为数不少的学校,它们熟知教育政策中对于学生掌握技能知识、经过考核获得技能证书的具体要求,然而出于应付考核,学校经常本末倒置,只重视学生证书的取得,轻视技能的掌握。而作为职业资格鉴定、职业资格证书颁发主体的政府部门,同时又下设垄断性职业技能培训点,在这种情况下,证书的"含金量"大打折扣。许多行业企业甚至组织自己的职业资格考试并颁发证书。这些都扰乱了就业准入和职业资格证书制度的实施,破坏了制度的权威性,进一步使职业资格证书的效力降低。而另外一方面,比如焊接和喷涂技工,按国家规定应在接受专业培训后持证上岗,一些工厂企业出于降低人力成本的目的,违反国家相关规定,有意大量使用未接受职业培训、没有职业资格证书的人员。这一举动破坏了就业准入的限制和保护,且大量企业使用无证上岗人员,导致持证人员和无证上岗人员待遇相差无几,从而抑制了职业资格证书的培训需求。

(三)政策执行的缺失行为

政策执行的缺失是指在政策执行过程中,政府未能从全局出发,把握整体目标,而是一味追求容易产生成绩的分目标,使得政策执行产生缺失部分,进而影响到政策整体的执行效果。我国的职业教育政策方向是建立一个适应社会需求、互相衔接的职业教育体系。但时至今日,我国职业教育系统内部的上升渠道及向普通高等教育系统的外部流动渠道仍不通畅。中职是职业教育中对应高中的阶段,也是职业教育系统的重要组成部分,但是现在的中职教育却被视作"上无出路,下无底线"的次等教育。现行的职业教育政策要求对升入普通高等中学学校和中等职业学校的学生人数比控制在1:1,对升入中职却没有相应的技能考核要求。为了应对这种情况,全国绝大部分地区的做法是:为了执行政策中对中职和普高的招生比例要求,简单地设置一条中考分数线,把成绩低于这条线的生源统一划归到中职。而一旦升入中职后,目前对口升学的比例很低,想升入高职的也需要通过高考,而高职再上升到本科教育在人数上受到更严格的"在当年高职应届毕业生 5％以内"的比例限制。由于不是执行考核的主要对象,在政策执行过程中,关于建立互相衔接体系的政策目标往往被忽略,人力、财力被投入到更容易创造成绩的其他硬性指标上,造成了政策执行的缺失。这说明,现代职业教育体系仍不完善,而"进口出口不通畅"也逐渐成为职业教育苦无出路,沦为二等教育的一个诱因。

(四)政策执行的抵触现象

政策抵触现象是指政策在执行过程中,受到执行者或者受众的质疑,进而选择有意不执行或者对政策进行变形执行。这对政策的权威性具有很大危害。利益冲突是人类社会一切冲突的本质根源,政策执行抵触现象中比较多见的是,由于财政投入、办学责任关系而引起的对职业教育政策执行的抵触和推诿现象。现阶段中等职业教育的办学责任仍属于地方政府,尽管中央政府三令五申加大对职业教育,尤其是中等职业教育的财政投入,但由于地方财政仍需要负责中职办学资金中的绝大部分(90％),而地方政府办学又缺乏监督、追责机制。总体来说,办学执行成本高、收益小,违规成本又低,造成地方办学热情不高,对中等职业教育实际财政投入整体不乐观,地区之间差距较大,甚至"少数县市不仅不补贴职业学校,县财政反而向职业学校收取调节基金"①,这是非常明显的由于利益冲突而产生的政策抵触和政策变形。当然,职业教育要发展,最大的困境是社会、群众对职业教育的认可程度较低。职业教育尤其是中等职业教育主要是培育适合工厂、企业的技术工人,而当前我国技术工人在薪资水平、工作环境、就业保障、发展前景等方面,整体上和普通高等教育毕业生的差距较大。

第三节　职业教育质量保障体系不健全

高水平的教育质量是国家富强和拥有竞争力的一个决定因素。职业教育的质量评价制度是学习者、雇主和其他教育与培训机构信任学习结果的前提

---

①　戚兴朋.改革开放后我国职业教育政策执行力研究——以湖南省为个案[D].长沙:湖南农业大学,2008:92.

条件,是为增加就业机会而制定的综合指导方针,是提高教育与培训制度的质量和效率的需要。① 因此,有必要采取一定的措施对教育质量进行监控,保障学生能够为将来的职业做好充分的准备。

《国家中长期教育改革和发展规划纲要(2010－2020 年)》确立了"建立以提高教育质量为导向的管理制度和工作机制"以及"建立教育质量保障体系"的工作目标。各级政府制定了很多提高职业教育质量的政策,职业院校也进行了丰富的质量保障体系建设实践。职业教育质量保障是以保持和提高职业教育质量为目的,由职业教育机构按照一定政策、标准和程序实施的活动,它涉及教育规划管理、办学、教育教学过程和教师等影响教育质量的多个方面。我国一般把职业教育质量保障体系分为外部和内部质量保障两个子系统,这与国际通行的"内部监控"和"外部评估"的"质量监控与评估体系"(monitoring and evaluation system,简称 M&ES)的表述基本一致。②

一、地方政府职业教育督导制度面临的问题

根据系统科学的观点,任何系统如果没有监督就不会产生有效的信息反馈,系统的运行就会失去控制,系统运行后的结果与期望目标间就会发生偏差。实行教育督导制度是当今世界,特别是一些大国和经济发达强国对教育实施科学管理的一种主要方式。著名瑞典国际教育比较研究教授托斯廷·胡森(Torsten Husen)曾指出,"不论是中央一级还是地方一级,提高管理是非常必要的,不止我一个人发现,在那些刚刚开始普及教育并缺乏行政管理传统和经验的发展中国家,尤其缺乏这种管理能力。有时,这种管理能力的缺乏已经对教育改革的组织实施产生了灾难性的影响。因此,建立起政府教育督导的行政管理体系是必不可少的"③。

职业教育督导是教育督导体系的重要组成部分。职业教育督导制度具有以下内涵:

一是在政策法规的层面,教育督导要保证教育法律法规和方针政策的贯彻落实,尤其是要强化国家有关职业教育政策的有效执行。通过实施教育督

① European Commission. European inventory of non-formal and informal learning[R]. Birmingham:ECOTEC, 2004 (a) and 2005 (b)[EB/OL]. http://www. ecotec. com/europeaninventory,2015-07-10.

② 赵志群. 现代职业教育质量保障体系研究:现状与展望[J].西南大学学报:社会科学版,2014(4):65.

③ 钟海青,陈时见. 比较教育管理[M].南宁:广西教育出版社,2001:125.

导,强化法制对职业教育治理的引领、规范、促进和保障作用。

二是在管理的层面,教育督导要围绕依法治教,促进教育行政中决策、执行、监督三者协调、互动与合作,共同实现职业教育发展的重大战略和相关政策的治理目标。教育督导还要发挥政府教育监督的行政职能,对下级地方政府(县级以上)的职业教育工作和区域内职业学校的教育教学工作进行监督和督查,监督政府依法履行教育职责提高职业教育发展水平,监督职业学校依法履行办学职能。同时,教育督导还是一种专业指导活动,旨在根据职业教育的规律与特点,指导政府改进职业教育工作,指导职业学校改进教育教学工作。通过教育督导机制,在规范政府依法行政和学校依法办学的同时,激励政府改革创新,激发学校办学活力,提高职业教育管理效能。

三是在教育事业发展的层面,教育督导致力于推动职业教育事业科学发展。通过监测和职业教育督导评估,首先是要发现系统性的问题;其次是运用调控机制着力解决职业教育的"弹性"问题和教育行政体制所不能有效解决的问题,从而提高职业教育发展水平以及职业学校办学质量和办学效益,使职业教育能够更好地适应社会经济发展,有效满足经济社会发展对技术技能人才的现实需求。当前,地方政府在职业教育督导制度实施中的角色,还存在有待改进之处。

我国实施职业教育督导职能是在 20 世纪 90 年代末才正式明确的。1996年颁布的《中华人民共和国职业教育法》第十一条规定,"县级以上地方各级人民政府应当加强对本行政区域内职业教育工作的领导、统筹协调和督导评估",为我国职业教育的督导评估工作提供了法律依据。2006 年 4 月,国家教育督导团发布《关于职业教育专项督导检查公报》,对河北、辽宁、江西、广东、四川、陕西 6 省的职业教育工作进行专项督导检查并形成报告,该《公报》是第一份针对职业教育的国家督导报告。2011 年 7 月,国家教育督导团发布《国家教育督导报告:关注中等职业教育》,这是问责机制的重要尝试。2012 年国务院颁布的《教育督导条例》提出,"对法律、法规规定范围的各级各类教育实施教育督导",这是我国第一部关于教育督导的行政法规,职业教育正式纳入督导对象之中,职业教育督导工作正式纳入教育督导范畴。2011 年 12 月,教育部印发《中等职业教育督导评估办法》,这是自中华人民共和国成立以来第一个专门针对中等职业教育督导的文件,包含三项测量标准和工具,即《中等职业教育督导评估指标体系》《中等职业教育督导评估标准》及《中等职业教育督导评估有关情况调查表》,重点在"政策制度、经费投入、办学条件、发展水平"等方面对政府发展职业教育和职业院校进行评估。总体而言,地方政府职业教育督导制度面临许多新情况、新问题。

第一，职业教育督导制度不够完善。从 1995 年将"国家实行教育督导制度和学校及其他教育机构教育评估制度"写入《教育法》起，国务院教育督导委员会办公室已经出台《深化教育督导改革转变教育管理方式的意见》，该《意见》对教育行政部门的督政、督学和评估检测都做了规范性要求，形成了三位一体的教育督导体系。就总体而言，其作为中央的顶层设计，具有普遍性意义。但还需省市级地方政府和各相关部门进一步细化和出台可操作性方案。相对于政府的督导意见而言，当下还应该有更为明确的教育行政法律法规来规范政府作为强势者的行为。教育行政类法规应该针对行政主体和行政客体及其相关利益主体的权利和义务进行有效界定，并对侵权行为及处罚的力度等进行界定。这样有利于改变当下教育法律法规处于"软法"的局面，遏制行政权力超越法律之上的情况。同时相关法律法规要对政府在督政和督学方面发挥的作用和范围进行有效界定，明确政府需要购买社会专业组织的评估检测来进行有效的决策和监督。

第二，职业教育督导机构不够健全。各级政府虽然成立了教育督导委员会、地方政府教育督导室，并有专门人员负责职业教育督导工作，但是开展职业教育督导工作比较晚，各学校在督导体制、名称、定位和职能等方面千差万别，部分职业院校还没有独立设置督导机构，在名称上有的是教学督导处，有的是督导室，有的是质量控制中心。在工作体制上，有的是归校领导直接聘任独立开展工作的机构，与教务处平行，有的是与职教所、科研处等合署办公，大多数院校归教务处或分管教学的副院（校）长直属，比教务处级别低一级，督导工作地位不突出，得不到足够的重视，难以发挥教育督导的作用。

第三，督导职能定位不够清晰。随着职业教育的发展，督导工作任务越来越重，督导工作所起的作用很大，但是职业教育的督导地位不高。教育行政部门尚未出台文件明确界定督导机构地位、职能、性质、级别，教育行政相关部门之间在职能分工、职能划定上不够明确，关系尚未理顺，省政府及地市政府督导室与各职业院校之间的关系、各职业院校督导室与校内各部门之间的关系还没有完全理顺。大多数职业院校的督导作用没有得到充分的发挥，督政职能体现不明显，督学职能主要体现在督教上，质量监测评估是手段。另外，院校督导体制机制不健全，督导对象的范围过窄，专项督导和综合督导的开展刚刚开始，督导结果的使用还需要加强，督导工作的科学化、专业化水平需要提高，督导的权威性和实效性需要增强。

第四，督导队伍的专业化水平不高。相应的专职督学、兼职督学、特聘督学队伍还不够健全,职业院校督导队伍中专职人员少,通常是由离退休的教师和教学管理干部组成,教学经验丰富的中青年教师大都从事教学工作,导致督导队伍数量不足、结构不尽合理、专业性不强,政策理论水平、指导能力、科学评价能力、协调表达能力需要进一步提高。

政府对职业教育的督导不力,致使一些重大教育政策执行失真。一是政策扩大化。如中央政府提出了"教育与生产劳动相结合",结果在执行中由于一方面受政治的影响,另一方面缺乏必要的督导,这一政策控制力度和目标超过了原定的要求,劳动过多,打乱了正常教学秩序,甚至当社会需要劳动时,学校就随意安排学生劳动,以劳动代替学习。二是政策缺损、政策替换或政策表面化。国务院批转教育部、国家劳动总局颁布的《关于中等教育结构改革的报告》,重申"三个并举",要求高中阶段的职教比重大大增长。这是中央政府一个极其重要的举措,山东、辽宁、吉林、北京、上海等省市积极响应,认真贯彻执行,并取得明显成果。然而,有些地方政府和主管教育的部门对职教认识不足,加之中央政府对地方督导不够,这些地区在政策执行上只停留于表面宣传,或敷衍应付,只把条件较差或在办学中问题较多的学校改为职业高中。

中职教育教师的聘用、考核、培训上缺少一个具体的监督体系。与普通教育不同,中职教育的很多专业需要专业技能教师,而实际上这样的"双师型"人才在我国还十分缺乏,许多中职学校在招聘教师时会出现聘用"最便宜"教师的现象,即学校招聘一些单纯的技工担任教师,对此政府没有一定的监督措施,导致中职教育的教师学历合格率一直比其他类型教育低,在培训和考核上很多学校都是自成一体,没有规范的体系,或者与其他教育类型一起培训,或者没有专业培训,无法完成政府对相关培训的要求。

二、职业教育、培训质量保障和认证制度不够完善

职业教育和培训的创新旨在提供高品质的教学,而从业者想要通过技能的习得和提升来提供更高质量的服务,因此,鉴于职业教育和培训的复杂性,特别是在客户需求的背景下,急切需要采取各种措施来改善和维持教育质量,提出多项全面的战略。但是职业教育质量年度报告表明,我国地方职业教育质量并不理想。我国长期以来缺乏规范统一的职业教育质量标准和职业技能标准,质量监控和评价机制落后。

（一）专业人才资格互认的相关制度尚有待完善

终身教育体系是开放的体系,向具有不同学历经验、不同能力的人员开放,承认他们先前的学习经验与能力,使他们能够以最便利的形式进入教育体

系。从一定意义上说,建立职业教育学历证书和职业资格证书互认机制是实现终身教育体系的有效手段。近年来,随着专业人员国际流动趋势的日趋加剧,专业资格的相互承认要求专业认证制度互相承认,得到他国承认的专业认证已经逐步发展成国际专业人才市场准入的一道门槛。[①] 伴随着经济全球化的进程,通过国际市场进行人才配置的机制将会逐步形成。

目前,我国通行的毕业证和技能证的认定分属不同部门,考核和认定的标准不一,手段不同,且二者互不衔接,社会和国际公认度不高。发达国家的职业教育之所以对社会大众具有吸引力,就在于他们坚持严格的质量标准,适应了市场的实际需要,培养出来的人才就业率高、竞争力强。目前,国际上能够得到公认和通行的教育标准和职业资格标准通常是由发达国家制定的,我国职业教育的质量标准得不到国际上的认可。

当前,在专业人员国际流动过程中,一系列相关制度的缺失对我国高等教育制度及高等职业教育质量保证制度提出了严峻挑战。相关领域专业认证制度建设落后,在组织机构、制度架构等方面都还缺乏与国际惯例对接的平台,亟待建立和完善专业人才资格互认的相关制度。例如,可以借鉴欧盟的职业教育证书与职业资格证书的学分转换制度,规定各种证书的学业分赋值标准,完成各类教育的学分互认。

(二)职业资格证书的管理有待加强

我国职业教育证书主要有职业教育学历证书和职业资格证书两种,职业教育学历证书归口教育部门管理,职业资格证书由劳动、人事部门管理。劳动和社会保障部负责以技能为主的职业资格鉴定和证书的核发与管理,人事部负责专业技术人员的职业资格评价和证书的核发与管理。现行职业资格证书颁发的部门众多,从纵向上看,有中央认证和地方认证;从横向上看,除了劳动和社会保障部或人事部门的认证,还有行业协会的认证。此外,还有国内认证和国外认证之分。这导致职业教育证书管理没有统一的标准,在实施过程中出现了诸多问题。譬如,计算机等级证书既有科技、教育、人事、劳动保障等部门组织考核颁发的,又有微软等企业组织制定考核的。某些职业教育和培训机构以追求经济效益为导向,对证书管理要求不够严格,导致证书质量下降,这不仅降低了职业资格证书的含金量,使社会认同度下降,而且影响了职业资格证书应有的权威性和严肃性,使我国职业资格证书的社会认可度不高。另

---

① 刘育锋. 构建职业教育学历证书与职业资格证书沟通机制的比较研究[J]. 中国职业技术教育,2006(17):46-47.

外,不同领域的职教资格证书在标准上缺乏沟通,职教证书认证过程互不相认,导致用人单位和劳动者难以适应,也影响证书获得者的利益,不利于学习者进入教育与培训体系,也不利于终身教育目标的实现。

从本质上说,职业资格证书应是客观地衡量劳动者的职业能力和劳动力价值的基础,因此,从加强职业资格证书管理的角度出发,在推进职业技能鉴定社会化管理的进程中,应采取将严格质量控制与扩大职业技能鉴定的覆盖范围相结合的原则,建立一个统一的认证鉴定管理机构。通过制定更多新的职业资格标准,在实践中推行和规范化管理职业资格证书,努力提升职业资格证书的社会认可度,促进职业资格证书制度与就业制度、职业培训制度和企业劳动工资制度的相互衔接,促使职业资格证书制度在市场就业和引导劳动者素质提高方面发挥重要作用。

自 20 世纪 80 年代以来,英、美、俄等国着手建立全国统一的技能标准,并将其作为国家职业教育与培训的目标。如英国于 1986 年着手规范国家职业资格制度,政府就业部下设专职机构负责行业技能标准工作,并确定了以知识水平、实际技能为核心的五级职业资格体系。1993 年,英国按照政府颁发的《国家教育和培训目标》将五级职业资格体系正式纳入国家职业教育与培训的目标之中。在国家职业技能和职业资格制度的基础上,英国制定了各种文凭和证书课程标准,然后又统一制定了各种课程的必修核心单元与选修单元或模块课程,以此规范各级各类职业技术院校的教学质量标准和人才产出的规格。[①]

随着职业教育的发展,职业资格证书制度的立法滞后带来的负面影响已经日益凸显,这已影响到我国职业教育认证和评估制度的有效性,也影响着职业资格证书制度的有效实施。例如,用人单位基于聘用廉价劳动力,不愿聘用持有职业资格证书并掌握专业技能的劳动者,导致劳动者很少愿意把精力投入在考取职业资格证书的过程中。

目前,我国职业资格证书制度与高等教育之间尚未建立起直接联系,按照国际发展趋势,这种格局的改变势在必行。政府需要建立科学的、规范的和灵活的认证和评估标准,改变以往单一的和僵硬的评估标准,要让不同类型的教育机构体现出其特色就要有多元的认证和评估标准。在实施专业学位教育的专业领域中,应建立专业学位与职业资格衔接方面的标准。在各个不同的领域中可以通过国家资格证书考试等环节来实现衔接的构想。可以说,职业资

---

① 楼一峰.国际职教发展趋势与我国高职院校的改革[J].职教论坛,2002(21):14-17.

格证书制度与高等教育的衔接将促进专业认证制度的建立和发展。

我们可以借鉴国外在职业资格证书制度发展过程中积累的丰富经验,推进我国的立法进程,逐渐形成一套严密而完善的与国家法律、行政法规和部门规章、地方法规相匹配的职业资格证书制度和职业技能鉴定法律体系,为职业资格证书制度的发展提供法律保障。在评估标准中,强调突出定性的内容,但这并不是拿一把尺子去度量所有对象,而是在了解被评机构的使命、定位、特点和优势的基础上,判断其是否具有实现自身使命、突出特点和发展优势的机制,鼓励被评机构办出特色。这种发展性的评估模式能够为职业技术教育机构提供一套内部和外部有机结合的教育质量保障模式。

三、各级各类人才学历提升途径不够畅通

(一)农村学生缺乏向上流动机会

近几十年,中国职业教育经过一系列的改革扩张,越来越多的农村青年开始有机会接受职业教育。2012 年职业高中入学人数达 2113 万人,虽然职业学校学生在入学前通常需要支付大量的学费,但大多数家庭仍愿意为子女的教育付费。职业学校所获得的资格预计将增加学生的就业能力和未来收入。然而近年来,学术研究和媒体报道发现,职业培训学校的学生和毕业生被派往工业城镇,在制造业和电子工厂工作,成为廉价的非熟练劳动力。例如,据新华网报道,广州一家世界 500 强企业在工厂雇用 1200 多名职业学校的学生,这个数字超过该企业的 1100 名永久性员工。由于所有职业高中学生在获得职业学位前,必须在第三学年完成全日制的"强制实习",其中大部分被迫在这些工厂进行至少 9 个月实习。原则上,强制实习是一项技能发展计划和为未来就业准备的项目,以此鼓励学生在实习后留在企业工作。实际上,这些学生的工作条件、收入和社会地位与未受过教育的农村人口、农民工没有什么不同。因此,多年的职业教育所带来的好处是值得怀疑的。

鉴于农村青年进入高等院校的机会有限,职业学校已成为他们继续接受教育的可行途径。凭借职业学校的资质,他们与其他人在劳动力市场上竞争合适的工作。然而,由于国家政府采取了以出口为主导的工业增长模式,以达到其作为新自由主义全球化经济超级大国的地位,因此我国劳动结构在很大程度上是由制造业经济的促进而形成的。一方面,农村青年对职业教育的投入并没有提高他们向上流动的机会,反而把他们困在了主要是廉价和非技术性的工种上面。另一方面,在当代中国,在教育是个人和民族未来关键的意识形态的影响下,家庭重视教育且对子女的教育有很高的期望。与此相关,学术

型证书在传统上比职业学院的学历含金量要高,因为前者通常被认为是更有前景的社会流动和经济成功的象征。

(二)学历提升途径不明显

职业培训的扩大增加了弱势青年接受义务教育的机会,但并没有增加向上流动的机会。一方面,有研究发现,很大一部分职业学校的学生和毕业生最终在工厂装配线上工作。换句话说,在职业教育情境中,对人力资本的更多投入并不会增加个人的就业能力和经济回报。另一方面,中等职业学校学生毕业后升入高等职业学校的机会很少,多数只有走成人业余学习这条路。高等职业学校学生毕业再进入本科院校和更高层次学习的机会就更少,同时存在着各级各类职业学校之间学籍互不认可、更不能转学的情况。①

职业教育在整个教育制度中没有话语权,突出表现在教育管理制度和教育分流制度两个方面。在发展中国家,教育质量"好"的学校会因制度上的分等而获得更优的,至少是保持其原有水平的教育条件(主要包括师资质量、教育经费、教育设备设施、生源质量等),教育质量"差"的学校则因同样的原因而愈发难以提高自身的教育条件以促进教育质量的切实改善。② 由此,职业教育便处于分层金字塔的底端。以投入经费为例,职业教育经费投入需求与普通教育相比大致为3∶1,但政府对职业教育的投入却比普通教育还少。由于经费不足,职业学校无法购买与更新大型制造设备。孱弱的职业教育学校办学质量使得学生们得不到职业技能和经验。很多职业学校沦为实施"安全管理"的社会控制机器。分等而治同样存在于职业教育内部。职业学校生源主要来自农村,而城市与乡村之间教育资源配置不均衡,学生离乡之前不能在当地接受高质量的职业教育,这额外增加了学生学习成本、流动成本。此外,国家为追求效率、树立典型,大量资金以项目制推动方式投入到少数重点示范职业院校的建设中。此举虽然在一定程度上提升了职业教育的内涵发展,但对于大多数得不到这种政策照顾性待遇的普通职业学校来说,无疑是不公平的。

与分等而治的教育管理制度遥相呼应的是教育分流制度。教育分流意味着将不同能力的学生置于不同的学校、班级或课程,使学生接受与自身能力水平相适应的教育以具备将来从事某职业的能力。③ 这一原本旨在促进学生认知能力多元发展的分流制度,在实践中却"异化"为"单一智力"筛选器,对教育

---

① 李娟.中国中等职业教育发展中的政府职能分析[D].长春:东北大学,2009:59.

② 吴康宁.教育社会学[M].北京:人民教育出版社,1998:216.

③ 陆伟,孟大虎.教育分流制度的国际比较[J].清华大学教育研究,2014,35(6):56.

公平问题乃至社会平等问题产生了负面影响。初中学业完成后参加普通高中考试,学生按照成绩先后顺序一一对应至"重点""普通"学校,继续接受通识教育,剩余的学生才轮到职业教育来收拾残局。职业教育被视为普通教育的"清道夫"。

现阶段我国教育制度还不能为接受职业教育的人的未来教育提供充分自由的选择空间,也就是说,在教育的衔接上,接受职业教育的人,他们接受更高层次教育的渠道还不是非常畅通,致使他们在选择职业教育时,付出的机会成本增加。当前职业教育的层次虽然有了提高,但是高等职业教育的生源却是普通高等教育选拔后淘汰下来的,中等职业教育的学生接受高等教育的机会很少。在把"收益"作为产生一切行为动机的时代,职业教育的收益率显然是影响人们对职业教育的选择进行判断的主要因素,也是影响其地位的主要因素。目前,虽然有依法自主招生、初高中毕业生提前分流、技能竞赛获奖加分、中高职教育贯通培养等招生制度,这一系列政策能为职教争取到一些发展空间和较好的生源,但从根本上仍无法摆脱"重普轻职"的思想。

从学校角度来看,按照教育部之前的规定,中职升高职、高职升本科都有限定的招生计划比例。虽然近年来已将高职对口招生中职生的招生比例放宽,但对构建与完善"职业教育立交桥"来说,比例还是偏低。且在当前职业学校升本科的招生政策中,普通高考并无职业技术技能考试科目,职业学校的学生要想考上普通高校继续学习,相比接受理论知识的普通高中毕业生来说,要难很多。低比例的招收及录取率,在很大程度上影响了学生报考职业学校的积极性。

从学生角度来看,尽管近年来中职升高职、高职升本科的招生计划比例都有所放松,但实际上每年职业学校毕业生报考的人数并未达到相应比例。究其原因,当前职业院校的学生多为参加普通学校考试失败的、学习不太好的,对文化理论考试大都有恐惧感,因此,毕业能找到工作的学生一般都不愿意再参加升学考试。

目前我国的职业院校只重视招生工作,往往忽视了对学生的就业指导工作,就业指导部门成为职业院校最薄弱的部门。缺乏科学的就业指导、升学或者就业机会,导致职教毕业生不知何去何从。现阶段我国职业院校的就业指导工作主要存在以下几个问题:一是就业体系不健全,部门队伍薄弱。职业院校在强调自身发展的过程中往往只是扩大自身招生规模,加强师资队伍建设,而忽视了就业指导,造成了只管进不管出的局面。据相关部门调查,发达国家的职业院校专职就业指导人员与学生人数比例为 1:200,而我国为 1:1500。我国目前正处于社会经济转型期,就业形势严峻,职业院校学生的就业问题已经成为社会关注的大事。二是就业信息与人才市场信息不对称。当前职业院校就业指导工作存在认识上的误区,以为就业指导就是给学生讲授就业指导课程,而就业指导部门的工作人员也总是忙于学校具体的学生工作,事实上根本没有时间亲自深入人才市场了解情况,根本无法获知人才市场真正的需求信息。三是对人才市场的变化反应迟钝。职业教育的核心理念就是紧跟劳动力市场需要,量身打造应用型技术人才。在实际情况中,职业院校总是追求一次性就业率,缺乏自身的远景发展规划。职业院校对于人才市场所反映出的一些情况,比如所需人才还需要哪些技能的补充或可能会对哪方面人才需求量加大等信息置若罔闻。有时候即使是有所反应也由于速度较慢,跟不上人才市场的变化而缺乏前瞻性。

四、职业教育社会评价(第三方评价)机制的缺位

约束机制是要对某些行为倾向进行抑制的产物,它主要是对某些违反规则的行为进行限制,并实行相应处罚。[1] 要想使职业教育政策得到真正的贯彻落实,不仅要靠法律的规范,还要有相应的监督机构和监管措施。

政策的制定、评价的主体都是各级政府及教育主管部门,而公众并没有参与到政府政策的制定、执行和评估中。政府集供给、支付和监管三重角色为一体,不仅不利于各种主体的利益表达和利益整合,也不利于满足群众需要。伴随着对教育科学化与对教育测量评价的有效性、可靠性及可信性的内在追求越来越高,伴随着教育测量评价的科学化程度和对教育客观公正的需求程度以及教育分工专业化的要求等越来越高,人们对教育评价研发、实施等科学化、专业化程度的要求也越来越高,从而使教育实施、评价、咨询走向高度专业化分工,致使教育评价第三方化——委托独立的、专业的第三方教育评价或咨询机构,实施教育评价和教育咨询成为彻底的必然和普遍模式。

《国家中长期教育改革和发展规划纲要(2010—2020 年)》(简称《教育规划纲要》)明确指出:"要进一步规范学校办学行为,促进管办评的分离。"促进管办评的分离并不是要取消国家或政府的评价权,而是要把一些评价权交付第三方来行使,以期保障与增强教育评价的客观性与有效性,更好地促进教育

---

① 杨公安,宁锐.职业教育经费保障体制的缺失与建构[J].中国职业技术教育,2014(9):24.

事业的发展。① 这就要求地方政府以转变工作评价方式为契机,建立起多维的评价机制,实行管、办、评相分离。评价应坚持"为谁服务,由谁评价"的原则,公民满意原则将贯穿在指标制定和运用的始终,所有的评价指标和评价途径都会以公民最后获得的服务作为依据,以此建立一套科学的评价体系,避免单维评价或因事评价的问题。

我国组织形态的"第三方"既包括体制传承下来的政府事业单位,也包括随着经济体制改革而生发出来的市场组织和社会组织。教育的社会评价或第三方评价在国内处于起步阶段,不仅缺少承担评价的专业机构和社会组织,更缺少开展科学和专业评价的能力。各级政府要通过建立购买教育服务的长效机制,把专业机构和社会组织开展教育评价制度化。通过优化发展环境,消除专业机构和社会组织的内在顾虑,为其开展教育评价科学研究提供制度保障;同时制订专业机构和社会组织参与教育评价的资质认证标准,通过退出机制倒逼专业机构和社会组织提高科学评价能力。

十八大以来,中央及各级地方政府进行管理创新,高度重视重大决策部署、重大政策措施落实情况及出台重大改革方案前的决策咨询工作,重视运用第三方评估,湖南、江苏、山西、江西以及青岛、南京等省市人民政府先后出台重大决策,开展第三方评估办法等。② 根据职业教育评价实施主体分类,将由职业院校实施的自我评价定义为第一方评价,由政府部门组织实施的对职业院校的评估督查定义为第二方评价,除上述第一方、第二方之外,对职业院校实施的教育评价为第三方评价。《国务院关于加快发展现代职业教育的决定》《现代职业教育体系建设规划(2014—2020 年)》《职业院校管理水平提升行动计划(2015—2018 年)》《高等职业教育创新发展行动计划(2015—2018 年)》等重要职业教育政策文本都要求管、办、评分离,支持第三方机构开展教育评价,全面保证人才培养质量;各级政府通过主动购买的第三方评价服务以及所推进的职业教育质量工程项目都要求职业院校采用第三方评价并支持第三方评价发展。《国务院关于大力发展职业教育的决定》提出要加强督导制度的建设和执行,把其考核结果作为有关主体奖惩的标准,并且提出评估要定期进行,同时,评估的主体不仅仅局限于政府部门,可由第三方进行评估。③ 职业教育

① 苏君阳,曹大宏.试析健全统筹有力、权责明确的教育管理体制——基于《国家中长期教育改革和发展规划纲要(2010—2020 年)》的思考[J].中国教育学刊,2010(10):10.
② 李志军.第三方评估理论与方法[M].北京:中国发展出版社,2016:333.
③ 国务院关于大力发展职业教育的决定[N].新华社,2014-06-22.

第三方评价作为一种新的评价模式完善了职业教育评价体系,满足了职业教育利益相关方对参与职业教育进行绩效评价的客观需求,成为职业教育由管理走向治理的必要前提,同时第三方评价机构本身又与行业协会、独立教育研究者等作为独立第三方发挥信息咨询与服务职能,与政府、职业院校、企业、教师、学生、家长共同参与职业教育,成为职业教育治理的有机构成部分。

第三方教育评价有着独特的优势:(1)独立性。强调评估机构的身份独立、经济独立。[①] 第三方评价机构不是政府的附属或派出机构,而是具有独立决策权和财政权的机构,并且不能接受来自第一方、第二方的维持机构运作的捐赠和拨款。第三方评价与被评价方无隶属和利益关系,因而能不受干扰地进行评价,可以避免在发现问题、分析原因和做结论时避重就轻,进行主观评价。(2)客观公正性。强调在评价内容(如评价人员、评价指标体系、评价技术与工具)、资源配置、服务价格等问题上均遵循市场的原则,受价值规律调控,突出供求关系,重视权利和义务、契约精神。第三方评价的独立性有助于保障评价过程的公正、公开,从而提高评价结果的公信力。(3)进步性。第三方评价机构由于具有社会化性质,需要在竞争中求生存和发展,因此更加关注评价产品和服务质量的不断提升与创新,以及评价技术的不断完善与进步,具有较强的发展潜力。(4)专业性。专业性则是第三方机构胜任职业教育评价的起点。职业教育第三方评价机构业务人员应具备与各种实际工作有关的知识、能力,能够坚持问题导向,针对评价内容能科学设计指标体系并合理分配权重,选择并使用信效度兼具的适宜的评价工具、评价方法,对采集的数据和实施进行有效的甄选,根据评估结论提出专业的解决方案等;承认评价标准可能存在的缺陷,在缺陷发生时能够识别并及时纠偏,能够识别指标体系内外的各种有价值的信息等。第三方评价机构拥有专业的评价人才和技术,在评价内容的选择、评价指标的制定、评价数据的处理、评价结果的判断等方面拥有相应的理论基础和专业化工具,可大大提高评价的科学化水平,有利于增强评价结果的可信度和权威性。

职业教育第三方评价既有理论研究对实践活动有限的指导能力,加之单一教育体制的长期影响,导致目前职业教育第三方评价的运行机制尚不完善,影响了第三方评价优势的发挥和理想目标的达成。

第一,第三方评价组织独立性和自主权缺损。无论是脱胎于政府事业单位,还是随着经济体制改革形成的市场组织和社会组织的第三方评价组织,前

① 李志军.第三方评估理论与方法[M].北京:中国发展出版社,2016:3.

者陷入政府营造物，即"为了达成行政目的，行政主体将一批财产与人员做功能上的结合，并依其目的制定组织的规章所成立的组织体。其具有由政府为特定目的而设，人和财产的功能性结合，没有法人资格，不能独立起诉和应诉等特征"①。这类组织可以得到更多的政府资助和扶植，但由于政府营造物的本性使然，其又无法独立自主地进行科学、客观和公正的评价，而且其进行的是督政和督学，缺乏评估监测的专业性和科学性；后者的发展取决于政府让渡的自由空间，其独立权和自主权也由政府掌握。一方面，在职业教育领域内，社会团体类的组织主要以学术交流为主，还无法提供各种教育管理和评价服务。虽然社会团体的专业性和权威性得到普遍公认，但现实中，社会团体存在权责不明晰以及受到主管部门的管控过多等失去评价主体地位的情况。另一方面，民办非企业类的组织，由于政府简政放权不彻底，加之缺乏政府的资助和扶植，其发展自然受到极大的限制，评价主体意识的觉醒和主体能力的建设就无从谈起。有些民办非企业也能得到政府的资助，但政府主要出于为我所用的立场，而非加强组织能力和自主权的考虑，导致本来相对独立的民办非企业不由自主地依赖政府。

　　第三方评价的组织化和专业化已成为一种发展趋势，评价主体的独立、公正、专业是第三方评价运行的基础。但我国职业教育第三方评价主体发育尚不够成熟。首先，目前受政府委托承担第三方评价工作的教育科学研究院、教育评估院、行业协会等主体通常具有"二政府"性质，承担一定的管理职能，它们具备必要的专业能力，但难以做到客观、独立，客观上存在依靠政府权力寻租的可能。一些时候，职业院校（包括教师、学生）、企业等主要办学主体根本无法区分它们所进行的是第三方评价抑或就是政府评价本身。其次，市场化运作的教育咨询、教育评估的企业专业化发展深受职业教育评价服务市场成熟与开放程度的影响，不成熟的市场机制与开放程度不高的市场环境导致企业类主体关键生产要素——评价专业人才的独立的基础性数据库建设乏力，卖方议价能力不强，与政府等重要委托方关系暧昧，缺乏合理的竞争机制等。最后，参与职业教育的市场主体、学生、家长作为第三方评价主体因资源、能力限制，在工作过程中很难兼顾独立性与专业性。

　　第二，第三方评价组织发展和能力建设面临制度障碍。例如，第三方评估建立的条件是什么，如何与有关部门评估相配合等问题都没有给予说明和规

---

　　① 曹大宏.基础教育呼唤专业化教育评估——建立面向基础教育专业化教育评估机构的思考[J].教育理论与实践,2004(7):33-36.

定,导致监督工作难以有序进行,而且监督体制中最重要的是群众监督,听取民意,了解群众对相关单位开展职业教育工作的满意程度,这才是预防职业教育在运行过程中出现问题的最直接有效监督方式,但这些在职业教育政策的监督规定中都没有被提及。第三方评价组织的生存完全取决于政府让渡的制度空间,所以受政策的影响相对较大。脱胎于政府组织的第三方组织因其独立性和自主权问题,需要从政府营造物本身去解决。

当前,规范社会专业组织的政策主要有《社会团体登记管理条例》《民办非企业单位登记管理暂行条例》《基金会管理条例》。《社会团体登记管理条例》规定,成立社会团体,应当经其业务主管单位审查同意,并到县级以上地方各级人民政府有关部门进行申请登记;在同一行政区域内已有业务范围相同或者相似,没有必要成立的不予登记。而对于民办非企业单位的规定也如出一辙,"双重管理,业务主管管理审查,同一区域相同业务或相似业务不予成立"等,这实际上限制了该类组织竞争机制的建立,抑制了组织发展的内在和外在动力,不利于政府对该类组织的正确选择。对于社会团体和民办非企业组织成立的资金要求,上述前两个条例规定,"有合法的资产和经费来源,中国性的社会团体有10万元以上活动资金,地方性的社会团体和跨行政区域的社会团体有3万元以上的活动资金"。这又给社会专业组织造成较大准入障碍。同时,采用登记部门和业务部门管理的"双重管理"制度,在增加规范性的同时加大了申请登记的难度,许多组织找不到相关业务部门,导致无法登记,得不到政策的保障。

更为重要的是,数量众多的官方中介组织深陷政府营造物中,而游离于政府的政策之外,导致其自主发展和能力建设动力不足,其专业性和权威性也受到质疑。职业教育第三方评价在起步阶段需要国家政策支持、政府力量推动,然而,要想持续发展并发挥影响力必须依靠制度规范。目前,至少有两个层面的制度规范缺位:一是国家层面规定职业教育第三方评价合法性及行为规范的法律制度不完整。目前仅有《民政部关于探索建立社会组织第三方评估机制的指导意见》可参考,然而,它不具有法律规范的强制性且仅是民政部门对社会组织性质的第三方评价机构的行政指导。二是包括行业准入机制、工作准则等的行业规范或标准缺位。

第三,具体工作机制不健全。对第三方评估机构的建立停留在文本层面,对于第三方的资质、功能、评估标准等重要方面没有提及,这反映政府对政策的执行和评估不够重视或仅仅对文本重视,并没有真正重视对执行过程的评估和监督,尤其是群众的监督。而在政策制定、执行的过程中一旦忽视了群众的参与和监督,不仅会导致政策制定的狭隘与片面,不能制定出符合社会现实和反映群众真实利益的政策,还会产生隔阂和误解,政策在执行过程中可能产生冲突,效果大打折扣,难以实现预期的目的和效果。在政策实行之后的评价上,政府也不够重视群众意见,只提出由相关部门和第三方进行评估,主要评估的还是各部门执行的情况,政策有没有得到落实以及落实后取得成效的考察没有注重群众意见或建议,也没有采取问卷或调查的方式了解群众满意度,未把政策是否顺应民意作为一个重要的考量标准,没有注重搜集公众意见和建议,也没有把政策执行中的公众意见或建议作为后续政策制定的参考依据。这些都反映出政府在政策的执行和评估中不重视公众的参与,忽视民意的表达,这种忽视民意表达的态度,使得职业教育政策的制定仅仅是"自上而下"的行政命令,而不是"自下而上"的民意诉求,政府在政策的制定、执行和评估过程中,带有明显的强制性。这不仅不能保证政策制定的科学性、民主性,而且还容易导致公众的不满和误解以及教育政策执行的阻滞现象。

职业教育第三方评价工作机制不健全主要体现在以下几个方面:政府和职业院校对第三方评价机构的选择标准、程序等信息不够公开透明;第三方机构缺乏与政府平等协商议价的经验;第三方评价机构作为政府的受托人对于职业院校来说是外来者、监督者,可能遭到学校及师生的抵制,无法进入真实现场采集到真实数据,无法保证评估结果的真实有效。当然,职业院校作为委托方亦然如此。评价的质量难以测量和保障,评价结论(特别是对职业院校不利的结论)形成之前缺乏预先听证的渠道;政府、第三方评价机构、职业院校三方对评价行为的价值认知和利益诉求各不相同,缺乏有效的协商机制,难以协调,导致评估指标、评估结论不能充分真实地反映现实;评估结果的使用和公开也未有规范。

对职业教育发展的监督要使职业教育政策得到更好的落实,而且更重要的是能够及时收到反馈信息并对职业教育政策不完善之处做出修订,从而促进职业教育的健康发展,为我国科学制定职业教育发展的法律政策提供可靠的依据。

第七章　推进地方政府履行
职业教育职责的实施策略

　　职业教育是推动社会经济发展、促进就业、改善民生、解决"三农"问题的重要途径,是缓解社会劳动力供求矛盾的关键环节,应当而且必须大力发展职业教育,突出职业教育的重要地位。国运兴衰,系于教育;教育振兴,全民有责。政府,尤其是各级地方政府,在促进职业教育发展过程中有着举足轻重的作用,在履行职业教育职责方面担负着不可替代的重任。随着终身教育理念的成熟发展,我国日渐形成了学历教育与非学历教育协调发展,普通教育与职业教育有效沟通,职前教育与职后教育有效衔接,各级各类教育纵横发展的新局面,然而从整个教育体系结构看,职业教育仍然是我国教育事业的薄弱环节,中等和高等职业教育在专业、课程与教材体系,教学与考试评价等方面仍然存在脱节、断层或重复现象,职业教育整体吸引力不强,与加强技能型人才系统培养的要求尚有较大差距。[①]　各级政府在履行职业教育职责过程中存在越位、缺位和错位等诸多问题。

　　新的历史时期,我国职业教育发展面临着一系列的新问题、新挑战,国家先后颁布实施了《教育部关于开展现代学徒制试点工作的意见》《高等职业教育创新发展行动计划(2015—2018 年)》《职业院校管理水平提升行动计划(2015—2018 年)》《中国制造 2025》《制造业人才发展规划指南》等诸多政策文件,对政府的职业教育职能提出了新要求,进一步强调了政府在职业教育发展过程中的主导责任。事实上,政府的职业教育职能和责任具有高度复杂性和系统性,地方政府要切实履行发展职业教育的职责。首先,要明确职业教育发展的战略思想、目标与重点,把职业教育纳入社会经济发展和产业发展规划,促使职业教育规模、专业设置与社会经济发展需求相适应;其次,地方政府要加快职业教育发展的政策法规建设,构建职业教育发展的标准化体系,提升地

---

　　①　教育部.关于推进中等和高等职业教育协调发展的指导意见[EB/OL].[2015-08-04]. http://www.cvae.com.cn/zgzcw/zcfg/201109/96fda4542535493bafb197295654312c.shtml.

方政府职业教育治理的综合能力;再次,地方政府要完善职业教育经费保障新机制,健全多渠道投入机制并推进信息化发展进程;第四,地方政府要推进职业教育城乡、校际公平发展,改革经费分配制度,以改革创新形成推进职业教育公平的强大动力;最后,加强监测和督导,强化地方政府发展职业教育的组织领导力,建立督导机制,并实施动态管理监测,以推动与保障地方政府履行职能与职责等。

第一节　推进职业教育发展的战略思路、目标与重点

地方政府在推进职业教育发展过程中有着举足轻重的作用。现代公共行政学研究表明,政府应承担起提供公共产品、维护市场秩序、保证经济可持续发展、确保社会公平分配等作用。[①] 职业教育具有公共产品性质,政府作为追求公平与正义的代表和外部效应的纠正主体,应该介入职业教育。[②] 理论是实践的先导,推进职业教育发展的战略思想、目标与重点,将在前进方向上对职业教育的发展起着直接引领的重要作用。

一、推进职业教育发展的战略思路

地方政府推进职业教育发展的战略思路应该围绕逐步建立在国务院领导下,分级管理、地方为主、政府统筹、社会参与的职业教育发展思想体系。在这一思想体系指引下,地方政府应当进一步明确发展职业教育的主要责任,切实发挥地方政府对职业教育的统筹管理作用以及综合协同创新能力,要注重从以下方面着手:通过深化试点改革,促进职业教育与区域经济和社会发展紧密结合,与其他各类教育协调发展;进一步组织动员企业、行业和各种社会力量的分类管理,推进职业教育发展;打破地方政府部门界限和学校类型界限,优化职业学校政策战略思路;创造有利于职业教育健康发展的政策环境。

（一）多元主体参与

我国职业教育发展的重要困境之一,即学校为单一主体,缺少与社会的沟通和交流,而企业在职业教育整个人才培养过程中的缺位,导致了人才培养规格与市场需求之间的失调。

---

① ［美］斯蒂格利茨.经济学［M］.梁小民,黄险峰,译.北京:中国人民大学出版社,2000:105.

② 吴松江,夏金星.职业教育和政府责任［J］.职教论坛,2006(15):15-17.

1926 年,黄炎培在《教育与职业》杂志中首次提出"大职业教育主义"以及社会化办学的方针,即"只从职业学校做功夫,不能发达职业教育;只从教育界做功夫,不能发达职业教育;只从农工商职业界做功夫,不能发达职业教育。办职业学校,须与一切教育界、职业界努力沟通和联络,提倡职业教育的同时,须分一部分精神参加全社会的运动"。由此可见,黄炎培尤为强调职业学校与社会的联系,而非闭校锁生,关起门来办教育,这亦是当前我国职业教育发展的趋势——学校、企业、政府等多元主体参与,实现职业教育办学主体由单一向多元的转变,加强学校与社会的联系,在政府大力引导、支持下,以学校为办学主体、以学生为实践主体、以市场为导向、以企业为需求主体,明确分工以各司其职,共同推进职业教育的发展。

(二)综合协同创新

职业教育与经济发展关系密切,经济发展方式、产业结构、创新发展程度等对职业教育的发展具有不可替代的作用。所以,职业教育依赖路径的选择以及定位在很大程度上依赖经济发展方式的转变、产业结构的调整及创新驱动发展思路的转向等。

如果说"结构调整、质量提升"是对未来五年职业教育发展主旋律的概括,那么"落实和实施《教育规划纲要》""体制改革""自主办学""质量提升""反贫困责任""职业共同休""示范院校建设"和"顶层设计"等八个关键词则是改革和发展的重要具体内容与着力点。职业教育与企业协同技术创新是未来企业技术创新的重要模式。通过企业与职业院校建立一种紧密合作的技术技能积累创新平台,职业院校逐渐进入企业创新体系;通过增强生产的合作创新,在发展技术进步的同时,提高劳动力素质,完善技术创新模式及提高全民族的科技创新能力。

在合作创新中,生产被视为知识创新和技术创新的未来前沿创新模式,使企业、职业院校和研究机构的知识和技术之间的异质性实现了流动,然后改变了之前的单向、被动模式的流动。正是基于这一内在逻辑主体间的异质创新合作,职业院校、企业和研究机构之间的合作具有创新、合作的动力,便形成了可持续发展机制。企业还应运用职业教育人才培养工作和相应的社会责任、资源,参与高职教育创新人才培养。与传统的技术创新路径相比,今天的技术创新和创新知识与技术人才、技能、人才培养密切相关,需要企业和职业教育部门形成一个长期、频繁的交互,以满足其对知识的需求。

作为生产合作创新的主要序列,政府应在合作创新机制之间建立多个主体,促进职业院校与企业围绕生产合作创新的共同目标,形成一流的设计,在生产模式之间实现职业院校与政府的深度融合。政府还应在合作创新的框架下建立职业院校和企业,发挥各自在人才培养和技术创新、协调、促进合作创新等方面的优势。

（三）分类管理推进

职业教育分类管理是当今社会教育制度建设的重中之重,是改进建设职业教育和升级师资力量的必然条件之一,也是提升办学水平和教育资质的必然选择。近年来,中央财政对职业教育支持力度加大,这对促进工学结合起到了重要作用。然而,由于地方区域性经济发展不平衡,职业教育资源配置难以合理利用,因而为了实现地方政府合理的分类管理推进,需要创新职业教育分类管理的体制。从改革实际来看,地方政府须基于"三个统一"分类管理的原则,以区域经济服务为目标,统筹管理职业院校教育教学建设。

首先,地方政府应以坚持"三个统一"为基本原则,即:职业教育自身的权利和责任相互统一;地方政府要实现各学科各专业职业教育之间的统筹兼顾,全面协调可持续发展的统一;实现职业教育自身进步与学校整体业绩提升的统一。

其次,地方政府应坚持学校宏观统筹、院（系）具体实施的原则。要求职业院校负责整个工作方案的制订,并在岗位设置、岗位聘用、用人分配等方面进行宏观控制。分院（系）结合自身的实际工作需要,进行适当的修改完善,制订具有自身特点的操作方案并组织实施。地方政府应坚持按需用人和分类用人原则,尊重有特长的职业教育人才的成长规律,根据岗位职责分类设置职业教育需求数量与教育结构,强化教师职业教育培训和聘期管理,设置职业教育分类管理指导意见;探索出台基础研究岗位和专职科研岗位,加快构造和建设多元化人才格局,并立足当前职业院校设备和教育力量,放眼未来,掌握竞争的方向,以使地方政府随时把握当前社会对人才类型的需求。

最后,坚持"校企共赢"的原则。地方政府根据职业院校工作特点和实际情况提供资金投入保障,为不同特点和专长的职业教育提供相应的职业发展的校企合作平台与通道,针对不同岗位类别制定、实施不同的考核评价系统。地方政府应该重视启动、预留空间、协同创新,坚持科学发展,坚持职业教育分类管理的可持续道路。

（四）深化试点改革

自改革开放以后,尤其是21世纪以来,我国职业教育事业取得了很好的发展,普及程度也在逐步提升。但是从总体分析来看,职业教育仍是各级各类教育中相对薄弱的阶段,集中表现在资源缺乏以及对职业教育的重视程度及投入不够,各个区域发展欠平衡,职业教育改革试点难以达到预设目标,劳动者的整体素质有待提高等方面,而改进这些方面的问题需进一步加强职业教育的改革力度。地方政府应针对这一特征从以下四点出发深化试点改革。

第一,从地方政府区域发展情况出发,改革职业教育办学模式,构建现代职业教育体系,建立健全政府主导、行业指导、企业参与的办学体制机制,创新政府、行业及社会各方分担职业教育基础能力建设机制,推进校企合作制度化,开展中等职业学校专业规范化建设,这些是加强职业院校教育队伍建设,以及探索职业教育集团化办学模式的重要途径。推进民族经济欠发达地区的教育发展是地方政府促进职业教育发展综合改革试点的先行策略。同时,试点采取公开透明的教育教学方式,积极引导,主观控制,及时跟踪,去其糟粕,留其精华,相关的工作及时探索讨论,在试点期间出现的问题必须能及时采取相应的补救措施,从而建立职业教育人才成长"立交桥",构建现代职业教育体系。

第二,地方政府健全职业教育管理制度,必须坚持促进公平、提高质量、激发教育人员的积极性和创造性并对学生因材施教、把握当地发展特色。职业教育管理制度包括完善师范生免费教育政策,扩大实施范围;探索建立农村职业教育专业发展支持服务体系;创新农村义务教育阶段职业教育全员培训模式;推进农村职业教育周转房建设;采取多种措施加强职业教育队伍建设。此外还包括创新职业教育的教育体系和培养模式;探索职业教育和校长培训新模式;构建区域协作的职业教育继续教育新体制;建设起能够支撑职业教育专业化发展的教学资源平台,深化基础职业教育课程、教材和教学方法改革,在教材的选用上体现价值,在教学上把握住中心。

第三,完善职业教育方面各项规定。地方政府应建立相关的职业教育质量监测评估机制,探索履行职业教育职责的考评方法,重视中等职业教育的发展。有调查发现,职业院校标准化建设是改善教育均衡发展的有效途径。改革人才培养模式,提高职业教育人才培养质量,开展创新人才培养试验,实施高技能型学生培养计划,必须完善教学质量标准。探索职业教育新模式,建立学习成果认证和"学分"制度,完善职业教育独立学习考试制度,探索构建人才培养轨道,推进学习型城市建设,加快城市建设步伐,构建新型的学习型职业院校。

第四,地方政府充分开展对促进职业教育发展的综合试点改革。办出特色是深化职业教育管理体制改革的有效途径。地方政府应积极推进职业教育制度建设,健全职业教育治理结构,完善职业院校在地方政府的监督管理下探索建立绩效拨款制度,实行财政拨款与高校绩效评价挂钩,从而优化职业教育资源配置。探索创新人才培养模式,督促职业院校推进研究性、实践性教学,全面推行学分制和弹性学制,探寻拔尖人才、创新人才和特殊人才的培养模式,推行地方政府卓越工程师教育培养计划,加快建设高水平职业院校。地方政府应进一步健全职业教育共享机制、职业教育科学发展工作机制及职业院校科技工作管理考核机制,推进职业教育体系建设,努力打造高层次人才队伍,实施高层次创新创业人才引进计划,完善高端人才培养和成长机制,创新高端人才管理和使用机制。地方政府还应不断提升职业教育国际化水平,引进国外通用职业资格证书,支持中外职业院校间的职业教育互派、学生互换、学分互认与学位互授机制,探索高才生的合作培养模式,积极推进招生考试改革,以确保职业教育改革措施的顺利实施。地方政府需以多种形式扩展职业教育的资源,从而改革职业教育设施和管理机制,探索偏远山区发展职业教育的途径和民族地区职业教育模式,改进职业教育培养培训体系。

二、推进职业教育发展的战略目标

基于《国务院关于加快发展现代职业教育的决定》和"职业教育工作会议"的精神,推进职业教育发展的战略目标:一是要提高职业教育人才培养质量;二是要满足地方经济社会发展需要,大力发展职业教育。另外,把我国巨大的人口压力转化为人力资源优势以适应经济社会发展需要,要着眼于创新职业教育人才培养机制,使我国经济建设切实转到依靠科技进步和提高劳动者素质轨道上来。这要求地方政府需培养适应现代化建设需要的高技能专门人才和提高劳动者素质,加强职业教育基础能力建设,提高职业院校办学水平和质量。顺应形势要求,地方政府要积极主动地面向市场、整合社会资源、多元化办学,依据《决定》提出的发展战略目标框架,科学合理地设定全面而具体的职业教育战略目标体系。

(一)提高职业教育人才培养质量

近年来,我国职业教育的快速发展取得了丰厚的成果,国家领导人曾多次强调职业教育人才培养的重要性,如习近平总书记在有关职业教育工作的重要指示中强调,要"着力提高人才培养质量"。李克强总理在对首届"职业教育活动周"的重要批示中也提出了要"坚持以提高质量、促进就业、发展服务为导向"。刘延东副总理也曾多次强调,职业教育需要"坚持以围绕质量为核心来发展,着力于提升人才培养的质量"。职业教育在规模上培养了大量的劳动者和技能型人才,为当下的经济社会持续发展做出了巨大贡献,但在质量上仍有部分职业院校的理念还相对滞后,存在培养定位不清晰、学生文化基础薄弱、可持续发展能力不强、课程教材体系与教学模式无法很好地适应社会发展需要等现实问题,导致出现了当前职业教育的人才培养质量普遍不高的现实困境。因此,为了适应经济社会发展,提高人才质量的培养成了发展当代职业教育的首要任务,但是在加快发展当代职业教育的过程中出现了不少问题,主要表现为规范意识的淡薄、规范行为的缺失和人才培养质量的随意性。

根据职业教育发展的实际状况来看,学校的教学标准、课程标准、顶岗实习标准等关键的制度和标准缺位,导致职业教育教学缺乏依据,教学改革成了"盲人摸象"。对于正处在加快发展进程中的职业教育来说,职业教育改革制度的规范发展显得尤其重要,因此职业教育所追求的质量,集中体现在规范意识,即一丝不苟地按照操作流程来办事。职业学校不仅要渗透在具体的教育教学活动中去执行规范,还需要把规范贯穿到职业教育人才培养工作的全过程中,这也是教育部《关于深化职业教育教学全面提高人才培养质量的若干意见》的主旨精神所在,体现了依法治教的真谛。

以上《意见》中强调,职业教育要全方位贯彻党的教育方针,坚持以立德树人为根本、以促进就业为导向、以服务发展为宗旨,坚持内涵式的发展道路;职业教育需要适应当今经济发展,加快完善产教融合的步伐,立德树人是教育的首要目标,需努力构建全方位育人格局;注重协同育人机制,创新人才的培养模式,健全教学质量管理和保障制度;以增强学生就业创业能力为核心,加强思想道德、人文素养教育和技术技能培养,全面提高人才培养质量。

(二)满足地方经济社会发展需要

1.适应经济社会发展需要,是我国职业教育必须面对,也必须解决好的重大问题

地方政府须统筹职业教育走在教育改革前列,紧紧围绕立德树人的根本任务,加快构建充满活力的职业教育,当好教育改革排头兵。目前,深化职业教育综合改革的重要任务是通过转变发展模式,着力解决在职业教育中存在的问题,进一步加快职业教育适应当今经济社会发展的需要,这不仅推动我国职业教育事业的科学发展,而且也为推动我国经济转型升级奠定基础。

教育的所有行为活动都需要适应当今的社会发展,以及服务于社会的发展,这也是教育发展的外部规律。在知识与经济结合更加紧密的当代,以及科学技术成为第一生产力的现代,职业教育成为一股推动社会经济发展的重要力量。随着时代的发展,职业院校在经济社会发展中扮演着重要的角色,很多

科技园通过发展高新技术企业的方式为各国经济发展做出了重要贡献；职业院校在成为经济发展重要动力源的同时，也在拓宽自身生存与发展的规模，很多职业院校的人才培养和科学研究能力从中得到了快速提升，各国越来越重视依托职业院校提升科技和人才的竞争力，职业院校在全球产业竞争中的战略地位不断凸显。

2.适应经济社会发展需要，必须推动职业教育结构的战略性调整

职业教育结构的战略性调整是一场漫长的革命，造成这种结构性矛盾的主要原因是，中国的职业教育体系与经济和科学的发展不够匹配。当前，必须下决心推进职业教育结构战略性调整，根据国家和区域经济及社会发展的战略需要，进行职业教育机制深层次改革。均质化是没有出路的，多样性才是正确方向。

国家层面要想调整职业教育的结构，地方政府必须合理定位以及坚持有选择地去发展。通过合理定位各级各类职业教育，以培养高技能人才为主要目标的职业教育构成了实现经济转型升级的重要基础，这也是解决就业矛盾，缓解就业矛盾最有效的方法与途径。从职业院校自身出发，调整和优化学科专业结构，要以坚持适应社会需求为导向，突出其办学特色。在设置新的学科专业时，需要坚持增量优化，即地方政府要瞄准战略性新兴产业的发展、瞄准社会建设，以及公共服务领域对新型人才的需求，指导职业院校不断主动地去调整优化学科专业，对自身已有的学科专业格局，做到坚持存量调整。高校设置的学科专业不在多和全，而是要突出其特色。学科专业建设的原则不是"人无我有"，而是"人有我优"或"人优我新"。职业教育办学的定位应以市场需求为基础来制定学科专业建设和调整其规划，着力构建与职业学校办学定位相契合的学科专业体系，聚焦培养重点和优势，集中建设好优势、特色学科专业，打造专业优势，克服专业设置的"功利性"和"多而散"的现状。总而言之，职业教育办学就是要以特色为中心，以特色构筑核心实力。

职业教育需要关注国家和地区的经济及社会发展的战略需要，及时统筹和修订相应的学科专业目录，完善其学科专业和人才培养结构的区域布局，以及进一步完善和扩宽职业院校学科专业设置的自主权。基于职业教育适应经济社会发展需要，自主设置国家战略性新兴产业发展与改善民生急需的相关学科专业，自主设置有利于综合型人才培养的相关学科专业。

3.适应经济社会发展需要，关键要创新职业教育人才培养机制

在人才培养机制上，职业教育还存在很多有待完善的问题，主要表现在两个方面：从职业院校内部看，人才培养不能适应经济和社会发展的需要。创业

教育组织运作目标单一化、治理机制絮乱化、运行机制趋同化。教学管理制度有待全面的改进完善,更关键的问题是培训与需求、教学与科研、理论与实践、校内资源与社会资源结合得不够紧密。从职业教育外部来看,社会培养人才的法规政策不规范,以至于影响了人才培养的创造性、积极性与主动性,体制机制上的不完善及其带来的人才培养质量的评价指标体系单一,以及第三方的评价监督不完善,导致职业院校所培养的学生无法适应社会需要。

当前,政府管理部门需要通过深化教育教学改革,激发职业院校人才培养的潜力和活力,创新培养人才的机制,突破实践能力的薄弱环节。此外,还需要处理好人才培训体系的内部和外部关系,合理地分配资源,规范人才培养质量的管理机制。首先,最基本的前提是更新人才的观念,为了满足社会的需要,需要拥有以学生为本、以学生评价为先的理念。其次,要深化教育教学改革。教育教学改革是人才培养机制改革的核心,要着力推动职业教育教学内容的改革,体现学科研究的新进展、相关实践的新经验。再次,要把合作机制建设作为重大突破。各职业院校的办学要充分利用社会资源,将社会资源转化为教育资源。所谓共同育人,就是把各种资源汇集到人才培养中去,建立职业院校、社会和行业企业培养人才的新机制。实现强有力的联合和互补优势,要遵循协同育人的理念,实施系列"卓越计划",实施产教融合机制。最后,强调人才培养的质量评价,通过职业教育定位明确办学方向和发展方向,以适应地方经济发展的需求。

4.推动职业教育特色、个性发展

由于我国职业教育过于强调就业方向,学生的技能培养被视为教学的重心,基础课与文化课得不到应有的重视。当职业教育成为就业教育时,当我们在为职业教育设置整齐划一的教学与实训课程时,似乎忘记了学生个性发展的需求应该被放在更为重要的位置。在让学生掌握各种技术技能的同时,如何提升学生的综合素养,从而为学生的终身发展奠定基础,值得教育管理者认真思考。个性化教育就是培养学生个性发展的教育。为了让学生个性得到发展,应给每个学生提供最适合的教育,使学生个性特长得到充分的发挥。个性化教育是当下主要的教育思潮,也是当代教育改革的重要指导思想之一。

校园文化建设的切入点很多,从发展学生个性角度来说,精心组织活动能收到直接的效果。人的生活离不开活动,个性的发展也离不开活动,活动的多样性与丰富性决定着个性的完整性与多样性。职业教育可以开展丰富多彩的、职教特色鲜明的活动来促进学生良好个性的养成和发展。职业院校的活动既能丰富校园生活,培养学生综合能力,又能在活动中展示学生的个性。职业教育首先是人的教育,在强调职业教育的服务功能、就业功能的同时,不能忘了"为每个学生提供适合的教育"。

当前我国的职业教育对学生个性的培养是不够重视的。无论中职、高职,为了适应企业的需求,提高学生就业率,对学生采取的基本是"化异为同"的教育。职业院校的人才培养模式与教学模式往往缺乏灵活性。在人才培养方案中,对培养规格、培养目标、课程、课时、学分实习实训、考证等,都做了统一要求,忽视了教育对象的千姿百态。以职业教育常见且有效的培养模式——顶岗实习为例,一些学生(特别是中职学生)被送到工作岗位后,往往重复流水线的简单操作,被当作廉价劳动力使用,学生感到枯燥乏味,甚至反感逃避,在这种情况下,个性化教育便无从谈起。所以,即便是行之有效的培养模式,也要具体分析、精心准备和细致引导才行。

职业教育是一种可持续发展的教育,学生的个性发展尤其重要,这是由职业院校的特色决定的。[1] 因此,职业院校应针对不同的学生开展个性化教育,对学生的培养,应该注重个性,根据他们具有的特长进行引导,挖掘学生的内在潜力,为他们提供良好的成长环境,搭建良好的成长平台。

三、推进职业教育发展的战略重点

职业教育是国民教育体系和人力资源开发的重要组成部分,是广大青年打开通往成功成才大门的重要途径,肩负着培养多样化人才、传承技术技能、促进就业创业的重要职责,必须高度重视并加快其发展。作为深化教育领域综合改革的战略切入点、突破口和"转方式、调结构、惠民生"的战略支点,职业教育与经济社会要同步接轨。地方政府与职业教育相关单位必须协同发力,尽快建立健全一种灵活开放、高效有序的职业教育新体制。一是地方政府要与职业院校和企业厘清关系,创新以地方政府为主导、校企产权明晰、多种所有制并存的办学体制;二是推进职业教育与地方产业结构的对接,下放权力,允许职业院校经批准采取多种方式与企业和社会力量合作办学;三是为了凸显职业教育人才培养模式创新与特色,职业教育应具有应对开放性、市场性、规模性、技能性、多样性要求的能力;四是提高毕业生的就业率,促进职业学校与企业的同向发展,地方政府应整合职业教育资源,降低发展投入成本,扩大办学的规模效益,拓展人才输入输出通道,努力推进地方政府职业教育发展战略。

---

[1] 刘瑞平.职业教育应重视受教育者的个性发展[J].中国成人教育,2014(17):17.

（一）厘清政府、职业院校和企业的关系

在职业教育管理中，政府的主要职能是对职业教育进行宏观调控和管理。地方政府可根据地方区域的实际情况来履行其特殊职能。在权力分化上，一方面可以把中央权力下放到以地市为主的行政单位；另一方面多鼓励行业企业、集团和个人积极举办职业教育，建立多层次的学校体系和下放办学权力。在行为方式上，综合运用管理、法律、规划、信息、经济服务等措施，通过宏观和间接手段，全面治理职业教育。职业教育管理的社会性决定了它所涉及的关系和利益，因此，要加强依法、制度化的教育管理建设，依法实施行政管理。①在职业教育治理上，一是坚持按照教育诚信的要求，在管理组织中坚持统一领导的原则；二是建立一个广泛涉及教育需求方（雇主）和教育消费者（学生和家长）的公共决策机制。随着经济体制从计划向市场转型，政府对职业教育调控的手段也在变化，逐步从行政、计划手段转向综合运用立法、经济、计划、行政和信息等多种手段支配和管理职业教育事业。

企业投入是职业教育经费的重要组成部分，企业是职业教育的部分补偿者，职业教育经费的可持续增长在一定程度上取决于企业投入的增长。一方面，企业通过投资职业院校可以取得可见的经济效益；另一方面，学校为企业或地区定向培养人才，获取企业或地区政府给予的回报性服务经费，双方充分利用优势达到效益最大化。在经济体制转型时期，由于企业办学受到社会环境的影响，企业办学开始出现积极性逐渐降低和数量日渐萎缩等现象。面对职业教育亟须改变的现状，中央政府明确提出"大力发展职业技术教育"，多次强调企业参与职业教育办学，由此，全国开始开展市场力量参与职业教育办学的探索。总而言之，政府从宏观层面调控职业院校和企业的关系，企业投资职业院校办学，学校为企业输送人才，三者之间存在不可分割、相互合作的密切关系。

（二）职业教育与地方产业结构的对接

兴办职业教育的目的在于主动适应经济社会需求，服务经济社会发展，培养面向重点行业和支柱产业的技能性人才，从而形成具有特色的现代职业教育体系。职业教育与地方产业可以从以下五个方面来对接。一是优化并调整职业学校以适应区域经济的发展。二是打造品牌专业，实施要点专业建设。

① 刘来泉.国际职业教育发展的主要趋势——联合国教科文组织主要观点介绍[J].教育与职业，2005(10)：21-24.

为了引导学校结合自身优势,形成与地区产业结构相匹配的专业布局,学校在精心打造品牌专业的同时,以现代制造业、服务业人才信息标准、服务标准和管理标准为切入点,争取先试先行,不断提升人才标准化的水平,通过开展重点专业建设全面推进职业学校为产业经济服务。三是加强师资队伍建设,培养优秀教学团队。重点专业建设的关键是需要一批优秀的专业骨干和学科带头人、优秀的专业教学团队。四是促进校企一体合作,探索"联合体"集团化办学途径,实现企业、学校、学生共同获益。五是强化实训基地和装备建设,加强职业教育公共投入。

(三)职业教育人才培养模式创新与特色发展

推进高技能人才培养,是一个历史和时代的命题。按照"十三五"规划和《中国制造 2025》的宏伟蓝图,要实现"制造强国""中国创造"的奋斗目标,今后一个时期,技能人才需求将呈现新的发展趋势。[①] 一是技艺精湛的复合型人才更加抢手。人力资源和社会保障部技术指导中心主任刘康认为,新技术将推动生产方式向柔性、智能、精细转变,从而将会越来越模糊设计者与生产者的界限,每个生产者都将成为产品的设计者、创造者。即使是一线生产者也需要掌握产品全部知识,跨学科能力、复合型技能人才成为基本要求。二是精益求精的敬业型人才更受欢迎。弘扬工匠精神,大力实施质量强国战略,使质量为上的理念越来越成为企业乃至整个国家的文化,很多大型企业越来越重视产品的质量和品牌的塑造。技能人才是中国制造和精品制造的希望,技工院校是技能人才的摇篮,技能人才的成长取决于技工院校的高质量培养。面对"双创"和《中国制造 2025》的全新要求,高技能培训联合委员会(高联委)要完成技能人才培养任务,这可谓机遇与挑战并存,任重而道远。在今年两会上,政府工作报告提出"培育精益求精的工匠精神",这不仅是对企业"增品种、提品质、创品牌"的要求,也是对技能人才要具有精益求精、爱岗敬业职业素养的要求,同时,也反映出国家对培养高质量技能人才的迫切需求。

(四)职业教育的社会认可与招生就业

职业教育是一种以职业为导向的教育,充分考虑了人的社会理性选择。它是真正的职业指南,能够真正促进个体的职业社会化。高等教育的专业教育应该与当地的社会经济和科技发展紧密结合,满足就业的需要。本着以就

---

① 翟海魂.世界职业教育发展规律初探——一个历史的视角[J].河北师范大学学报(教育科学版),2006(2):102-109.

业为导向的理念,职业教育作为推动教育发展的动力,应满足劳动力市场的需求并提升职业学校的学生就业和创业精神。[①] 如果职业教育不重视自己的就业方向,则难以发挥更多的功能和更大的发展空间,目前招生与就业是职业院校在市场经济条件下办学所面临的严重问题。所谓"出口畅,进口才能旺",就业问题直接影响着学校对学生的吸引力,也是解决招生难的关键所在。

学校要坚持以就业为导向,加强对学生的职业生涯指导,为学生提供就业服务,拓宽学生的就业渠道,把提高学生的就业率作为解决招生难的重要措施。职业教育办学的方向不能一味是中职升高职、高职升本科,更不能盲目地转变成普通教育。因此,职业教育必须坚持本着以就业为导向进行改革创新,更要牢固把握面向社会和市场的办学方向。现在职业院校对市场的人才需求往往不太了解,其专业设置要从社会需求入手,培养社会需要的人才,应避免形成人才、社会需求、用人单位之间的脱节。这要求地方职业教育管理部门了解就业市场的需求,认真按照"订单培训"的要求,促进经营机制的改革,形成动力机制。

第二节 提高地方政府发展职业教育综合协调功能

地方政府职业教育政策综合协调功能是职业教育在发展过程中的基本保障。职业教育的政策是以地方政府的职业教育发展模式为方向、以促进职业教育发展为目标来制定的。地方政府的职业教育政策综合协调功能包括完善地方政府发展职业教育的职责权限、地方政府的权利清单、地方政府的问责机制、地方政府的民主法制四个方面。进一步加强这四个方面的政策建设,有助于促进地方政府职业教育事业的发展,同时能推进地方政府职业教育制度的完善,增强职业教育政策执行的有效性。

一、完善地方政府发展职业教育的职责权限

在近现代职业教育法律法规的产生发展中,政治因素对其产生了相关影响。政治因素对职业教育发展之有利因素为:做发展之大计、做教育之国家化、做区域性特色教育。第一,将职业教育做社会发展之大计。在中国梦实现的关键期,职业教育具备实业教育性质,因其带来的可观实效性作为社会发展的重要举措而被重视。由此表明,政治发展促使地方政府重视教育,而地方政

---

① 王飞.政府购买农民工就业培训服务研究[D].重庆:西南政法大学,2011.

府的重视又促进了职业教育法制的发展。第二,地方政府应将职业教育发展做成开放性和现代化的教育体系,促进职业教育法律制度的产生与发展。第三,职业教育使地方政治权力分散,从而产生地域类别的教育,使地方政府可以充分发展相关的特色职业教育。

(一)地方政府的角色转变

角色体现事物、人的社会地位,外在表现出人行使的权利、履行的义务、遵守的规范和行为模式,是社会对行使特定权利和处于特定地位的人[①]的行为的期待。地方政府角色取决于地方政府的性质、地位、权力、职能,展现出人格化的地方政府的权力边界、功能范围和行为方式。

地方政府在职业教育管理中的角色,是指地方政府为推进职业教育健康发展和规范发展而实施的各种组织、领导和管理行为的行为规范和权利义务。而地方政府作为地方政治组织的核心,行使地方最高政治权利的同时担负着协调发展地方行政管理的全部事务。地方政府对当地职业教育行使管理权利时,其担任的角色涉及国家和社会等因素,使其必须承担起管理义务。地方政府要处理好政府和公民、政府和社会、政府与企业、政府与政党组织、政府与非政府组织、政府与自然环境之间的关系。地方政府在担任职业教育管理者的角色中便需要履行规划者、决策者、协调者等多项义务。地方政府应在社会中对当地职业教育发展前景、需求、规划、方式进行充分调研,再来监督约束职业院校的发展,促使职业院校在专业设置、教学管理等方面遵循社会需求和地方政府的要求。从根本上,地方政府对职业教育院校的管理就是体现地方政府、职业院校和企业三方的关系。要实现地方政府、职业院校、企业三方共同参与多边治理转变,则需要完善地方政府职能角色的结构,减少越位、弥补缺位、杜绝错位。地方政府作为政策法规的制定者、发展规划的统筹者,也是教育质量的监督者、公共产品和服务的供给者,应积极展开市场调研,正确把握职业教育类型及培养人才的特点,转变角色定位的同时也转变对职业教育"一概而论"的管理方式,运用间接管理、宏观管理、战略管理等手段,为职业院校提供自我发展机会,给予职业院校更大的办学自主权和自律办学运行机制。

(二)地方政府的权力清单

构建现代职业教育体系的重要标志之一是职业教育治理现代化,而地方政府权力清单则是实现职业教育治理现代化的关键点。当前,随着我国社会

---

① 　郑杭生.社会学概论新修[M].北京:中国人民大学出版社,2013:107.

经济转型与产业升级加快,以及"一带一路"发展战略的推进,职业教育人才培养质量与社会需求契合度并未与之相适应,因此,优化职业教育外部发展环境、建立校企命运共同体等措施显得迫在眉睫,而地方政府的权力清单的及时引入将对我国职业教育治理现代化起到催化作用。

1.地方政府建立健全的职业教育法规

我国职业院校的办学主体主要是国家,政府既是举办者又是管理者。当前,中国正处于"百年大计关键时期",在教育管理领域更是如此。然而,地方政府仍然存在"功能主义"的管理模式,既是职业教育的办学者、所有者,又是管理者,并没有实现政事分离、政教分离。

随着现代社会经济和文明的发展,职业教育规模越来越大,职业教育关系逐渐复杂,因此对地方政府的职业教育的行政管理水平的要求也越来越高。为了有效地协调、组织、管理职业教育活动,需要制定一整套适应现代职业教育需求的、比较完备的职业教育法律法规,使地方政府在职业教育行政管理活动中有法可循、有法可依。伴随着职业教育的发展进程,当前,国家已经出台了《国务院关于大力发展职业教育的决定》和各省市的发展职业教育的决定。

2.地方政府完善职业教育院校与企业合作的平台

在职业教育中,学校和企业是"当事人",学校和企业的合作即"校企合作"。职业教育的校企合作是指充分利用企业和学校的资源,实现信息共享、资源共享的合作方式。这种合作方式能实现学校和企业的双赢局面,将最大程度地发挥人才输出力量。当地政府部门应充分促进校企合作,才能更好地实现当地职业教育的共赢,即社会发展与人民富裕。职业教育要以市场为导向,职业院校在进行学历教育的同时也要注重技能培养,结合校企间的资源优势,构建职业院校与企业合作的平台。

3.地方政府建立合理的职业教育资源配置方式

把职业教育作为促进社会经济发展的重要教育战略,地方政府对当地职业教育院校的资源支持,展现出当地政府对该地职业教育发展的调研、规划的角色功能。正是有了政府的教育资源支持,地方政府才可以建立职业教育质量保证制度,制定统一的教育质量标准,让各个地方的职业教育水平都得到相应的提升;在职业教育发展进程中,教育部门、职业教育院校需要进行研究、调查、挖掘教育资源,因此各地需要建立完善的教育资金筹备制度,通过多种渠道筹备教育资金,促进地方职业院校的教学设施和教学环境优化;职业教育管理工作是以人管人,边发展边总结的过程,当地政府部门更需要加强职业教育资源的管理和协调工作,建立明晰的管理制度,避免出现多方领导,促进各部门间的相互合作。

（三）地方政府的问责机制

问责是指问责主体对其管辖范围内各级组织和成员所承担职责和义务的履行情况，实施并要求其承担否定性后果的一种责任追究制度。地方政府应加强对职业院校和企业的调研，从而履行自身的职责，强化发展职业教育的职责主体，发挥指导与监督的主导作用，从组织问责机制、经费问责机制、思想问责机制、政策问责机制和资源问责机制五个方面形成科学、完整的问责机制，促进职业教育的发展。

1.组织问责机制

地方政府应当强化对当地职业教育发展的领导，行使地方政府调控、管理当地职业教育发展方面的作用和优势，逐渐建立地方政府、行业、学校、企业的问责组织机制，创新当地职业教育的管理机制，运用多样的形式、途径探索出职业院校与行业、企业之间的合作办学体制。地方政府应结合地方重点发展的行业建立地方性的职业教育集团，建立以理事会为主结构的院校与利益相关联方合作教学、合作就业、合作发展的长效机制，充分显现地方职业教育发展模式的多样性。

2.经费问责机制

地方职业教育发展在为当地带来人才输出、新市场的同时，当地政府部门需要为当地职业教育履行职责，为之提供技术支持、资源支持。地方政府应当明确对职业教育经费投入的责任，树立正确的职业教育经费投入观念，改革职业教育培养人才机制，进一步构建多元化的培养机制，加强地方财政的投入，建立健全职业教育经费问责机制。

地方政府应当建立职业院校生均教育经费补助体系，完善职业院校生均公用教育经费补助方法，推进职业院校根据院校生教育经费基本标准进行拨款的机制。地方政府还应建立针对职业院校的专项津贴体系，完善家庭经济困难生资助政策制度，实行"多元化"办学，创新办学模式，吸引企业和社会资金推进职业教育发展，形成全民兴办职业教育的氛围，鼓励行业对职业院校人才培养提供相应的捐助，支持民办职业院校的发展。

3.政策问责机制

地方政府应当根据当地文化制定相关的制度和政策，形成有利于发展当地职业教育的政策，建立适用于发展当地职业教育的政策体系，优化职业教育发展的政策环境。地方政府可以出台相应的优惠政策和鼓励政策，调动起行业和企业参与职业院校办学的积极性，改善职业院校发展的外部环境。在国家政策的正确领导下,落实职业院校的自主办学权,形成地方政府依法管理、职业院校自主办学的机制。

地方政府应当制定促进校企之间合作的鼓励政策和扶持政策,实行地方税收优惠政策、安全责任分担政策等,调动企业参与职业院校办学的积极性,落实职业院校的自主办学权,增强职业院校自主运营的责任意识。例如,职业院校的经营责任可由学校自行承担,职业院校的学费标准可单独审批,学校工作人员的编制按照该校的办学规模进行核准,学校享有自主用人权,在符合国家相关政策的前提下,职业院校员工的薪资分配享有自主权。

(四)地方政府的民主法制

地方政府下放权力,允许职业学校和职业培训机构可以聘请专业技术人员、有特殊技能的人员和其他教育机构的教师担任兼职教师。有关部门和单位应当提供便利条件。国务院有关部门、县级以上地方各级人民政府以及举办职业学校、职业培训机构的组织、公民,应当加强职业教育生产实习基地的建设。企业、事业组织应当接纳职业学校和职业培训机构的学生和教师实习;对上岗实习的,应当给予适当的劳动保障。要求职业学校为学生继续深造、学习提供法律保障,大力支持在职毕业生在工作的同时接受继续深造教育,建立中等职业学校毕业生升入高等职业院校,高等职业院校毕业生升入本科直至研究生的通道,并建立相应的学位制度,形成极具中国特色的人才成长道路。

二、构建职业教育发展的标准化体系

现代职业教育发展的一个显著特征就是建立科学完整的职业教育标准化体系。完善的职业教育标准化体系也是构建现代职业教育体系的基础和前提条件。目前,从地方职业教育发展来看,学校在课程开发、教学计划制定、教学质量保障等方面各自为政,毕业生质量参差不齐,缺乏统一标准和质量保障体系。然而,国家经济发展和社会进步要求职业教育改变发展路径,提升办学质量,在数量和质量上都要满足经济社会发展的需要。当前,提升地方职业教育质量成为职业教育标准化的关键所在,而质量保障体系是提高地方政府职业教育办学质量的有效途径,主要体现在:要从校园的标准化建设、教师的标准化建设、管理的标准化建设、教学的标准化建设、评估的标准化建设等方面加快发展现代职业教育标准化体系。此外,职业教育作为地方政府教育发展标准化的基本任务之一,应把工作放在更新理念、适应需求、运行有效、符合规律的职业教育发展标准体系的构建上。

（一）校园的标准化建设

根据国家和地方经济发展情况，学校与地方同步规划、同步发展、同步建设，把具体的规划要求写入地方规划法中加以明确。校园的标准化建设应研究在城镇化背景下，城镇教育资源的配置情况、分布情况、数量情况等标准的建立问题以及职业院校的宿舍模式、资源整理、校车布局等问题的解决方法。

职业院校建设规划是统一校园建设的基本前提，是学校建设的基本依据。科学规划校园的建筑、区域、环境、绿化、道路、空间、设施等，使它们相互融合、相互配套，形成安全、完善、促进学生德智体美全面发展的标准校园。

职业院校建筑设计应从适合教育规律入手，面向素质教育的培养目标设计新型的校园建筑，使校园建筑满足职业教育需要，提高校园建筑的实用性。设计应从学生不同的年龄阶段及心理发育特征入手，建设具有创新精神、审美力和实践力的环境和教学氛围，同时从人性化角度入手，关注学生在心理和生理上的需求，建设有利于学生安全，又有利于学生自主交流的校园建筑。

（二）教师的标准化建设

我国地域经济发展水平存在差异性，地域职业教育发展水平也存在较大的差异。较偏僻的地域和少数民族地区职业教育起步较晚，师资严重匮乏。建设一支标准化、高素质的教师队伍是实现学校标准化建设的关键。职业教育教师标准化建设的主要内容有：（1）入职标准。具体包括理论标准——教师对专业教学所需理论知识系统掌握情况；职业标准——教师对职业技能的掌握情况；教学标准——教师对教学方法的掌握情况。（2）培训标准。即要求教师掌握一定的教学能力、科研能力和技能考评能力。（3）发展标准。即对教师职业生涯发展路径的标准化设计。一般而言，教师的职业发展路径包括职称路径和职业等级路径。地方政府通过相关的教师标准化建设，解决职业教育师资结构不协调、师资分布不均衡、梯队层次不合理等问题。

（三）管理的标准化建设

地方政府部门对当地职业院校的管理应该结合我国地域广阔、文化差异大的特点。在查阅、借鉴国际发达地区的管理法规时，各地方政府部门应该结合当地实际情况，按照当地职业教育的规律及当地企业、社会对人才的需求，科学地组织、规划、控制当地职业教育发展的各种因素，保障职业教育工作的运行。政府部门在管理过程中应该充分考虑职业院校的自主性，运用宏观管理方式给予当地职业院校自我发展、规划的机会，以"授人以渔"的方式促进职业院校的成长。

在地方政府履行职能的同时,要督促职业教育院校依法保障在招生方式、学籍管理、教师编制、经费使用等方面的自主权,促进院校的管理成熟以及自我问题的发现,运用网络平台、媒体,大众创建民主、科学的决策流程和管理流程,形成自我管理、自我约束、自我发展的管理体制。

（四）教学的标准化建设

教学的标准化建设是开展职业教育的基本要求,是职业院校明确培养目标、规范教学、组织教学方式、加强职业教育专业建设、开发职业教学资源的基本依据,更是职业教育教学质量评估的主要标准,也是用人单位在选择职业院校实习生时的重点参考。职业院校教学标准建设要遵循"标准化"的基本要求。教学标准专业化的制定是在同一区域内,职业教育利益关联双方共同协议的结果,必然能使职业教育利益关联双方满意,具有通用性。由于在同一区域内的职业院校的办学存在一定的差异,所以职业教育教学标准不应该是最高标准,也不应该是最低标准,而应是最基本的标准。职业教育的教学标准在于规范职业教育教学的专业化,以此保证在相同的区域内职业教学的教学目标、教学规格、教学管理的一致性,是引导职业院校进行专业人才培养办法制定和教学专业实行的基础文件。教学标准专业化建设具备一定指导性,并且这一基本特征决定了教学标准化建设对职业教育发展的重要性。

职业教育专业具有多样化的特征,为了保障职业教育教学标准化建设水平的一致性,各种专业的教学标准化建设应遵循相对一致的建设路径。在建立地方职业教育教学标准化制度时,可学习借鉴美国、英国、澳大利亚和德国等职业教育较发达国家的成功经验,结合当地职业教育发展的需求和职业教育现状,探索出一条切合当地职业教育发展的职业教育教学标准化建设的基本制度。职业教育教学标准具有职业能力学习、市场供需调研、国际标准编制和课程体系构建四个环节[①],并形成一个循环系统。通过研究,对职业院校的专业供给情况和需求情况进行对比。供给情况指规模、课程、教师、评价、教学等方面的情况。需求情况是指人才需求、资格证书需求、能力要求、岗位变化等方面的情况。相关职业教育行政管理人员撰写专业化教学标准和核心课程标准文本,制订统一的、规范化的文本模板,以此保障职业教育教学标准和核心课程标准结构上的一致性,进而确定职业院校各专业的岗位和职业生涯发展路径,厘清教学存在的一系列问题和所要面临的挑战;再以供需研究为基

---

①　杜怡萍."二维四步五解"职业能力分析法的实践探索[J].职教论坛,2015(9):9.

本,以职业能力分析为重要依据,关注职业院校学生的认知范围,特别是职业生涯发展的要求,以职业能力的培养为目标,将工作能力要求转化成学习的课程,构建专业的课程体系,为后面的职业教育教学标准化建设奠定基础。

(五)评估的标准化建设

评估作为职业教育质量保障的一种重要形式,其本质是一种价值的评定,评估的实际过程也是一个诊断、检查和推动改革的过程。实行全面的专业评估,可以夯实职业教育评估的标准化建设。地方政府目前开展的职业教育评估主要是以学校为对象的评估,这种评估模式虽然能够促进职业院校的建设,规范职业院校的管理,推进职业院校的教学改革等,但是始终无法深入了解职业院校的教育质量和专业建设的问题,与此同时,职业院校和受教育者还缺乏对市场、企业的了解,无法做到"评为所用"。概而言之,地方政府应在职业院校评估的基础上全面开展专业评估:一是科学评估,发挥专业建设水平在社会、经济发展中的作用,让全社会了解职业教育并大力支持职业教育;二是科学诊断、检察专业建设中存在的不足和问题,提高职业院校专业建设水平,提升职业院校的人才培养质量,为构建职业教育评估标准体系夯实基础;三是引导职业院校加强与企业、行业、社会的合作,根据产业和职业岗位要求开设专业课程,对接职业选择标准的课程内容,提高人才培养的适应性;四是通过设置相关评估标准,促使政府加大职业教育专业建设的经费投入。

三、提升地方政府职业教育治理的综合能力

随着我国市场经济的建立和完善,市场所具有的开放性、自主性、法制性和竞争性的特点日益重要,尤其是竞争越来越激烈,提升地方政府职业教育治理的综合能力日趋重要。地方政府在当前市场背景下,应提高职业教育的综合能力以适应市场的变革。首先,地方政府应加强职业教育责任意识培养,着力提升职业院校师资力量。其次,着力于地方政府民主管理机制构建,加强推进地方政府科学治理水平,以地方政府为主导,完善与社会多元主体协作机制,从而提升地方政府的科学治理水平。地方政府要提高主导能力,定期召开工作总结会议,畅通问题反馈渠道,积极听取各方意见。最后,地方政府应加强职业教育对外交流与学习,增强自我革新的生命力。

(一)地方政府职业教育责任意识培养

职业教育是地方政府促进科技创新、经济发展的重要组成部分。职业教育对地方的工业化发展、解决就业、完善社会服务管理等具有促进作用。职业

教育的责任意识欠缺会对地方职业教育事业的发展带来诸多的不利影响。责任意识淡薄容易导致职业教育相关政策法规的落实不到位、职业教育相关职能业务部门服务意识淡薄、服务质量不高、办事效率低下等问题。地方政府只有将责任意识输送到职业教育的相关从业者身上才能真正提高职业教育发展的质量和效益。对此,可以采取以下举措。

第一,加强职业院校教职工队伍的思想建设。学校通过定期召开思想座谈会,培养教师"立德树人"的教育使命感。教职工队伍是职业教育工作的实施主体,重视职校教师职业道德规范,加强对教职工特别是教师群体的责任意识教育十分重要。地方政府应有意识地加以正面引导,促进职校教职工不断提升教育责任心、工作自觉性。

第二,完善职业教育相关部门的责任管理制度,建立突发事件应急处理预案。政府培养职业教育责任意识,需要有科学的管理制度做保障。只有这样,相关主管部门才敢于在职业教育发展过程中开拓创新,积极履行职责。

第三,积极表彰优秀教职工代表,提高职业教育从业者的职业荣誉感。地方政府和职业院校可通过年度表彰大会、校园公告栏、荣誉奖励等方式对职业教育中的优秀先进教职工进行表彰鼓励,以职业教育优秀代表的模范带头作用带动职业教育整体责任意识的提升。

(二)地方政府的民主管理机制构建

民主法治不仅是一个地方政府综合治理的重要手段,也是职业院校管理必须遵循的基本准则。地方政府有必要将民主法治的指导原则及运作机制引入职业教育的治理过程中,通过建立和健全民主管理机制,规范职校师生的言行,保障职业院校教职工的民主权利,营造依法办事、照章办事的管理氛围,有效地激发职业教育发展的活力,推动职业教育和谐发展。构建职业教育民主管理机制可参考以下几种措施。

一是积极开展职业教育民主法治宣传教育工作,增强职业院校全体教职工的民主意识与能力。地方政府以及职业院校必须采取切实措施,通过培训宣传等方式,提高职校领导与教职工民主管理意识与能力,并积极推进民主法治校园活动,树立民主法治观念,具备基本法律素养,拓宽职业教育的总体效益。

二是执行信息公开,营造职业教育民主环境。通过公务栏、网站、通报、教职工大会、教职工代表大会等方式及时公布职业院校的各项动态,让广大教职工能及时了解并熟悉学校相关政策,推进政府各项决策制度的落实,完善民主管理基础建设。

　　三是创新职业教育民主管理机制,规范职校管理行为。民主管理应通过集思广益的方式,提高职业教育管理决策的科学性,促使职业教育管理不断走向制度化、规范化,做到有法可依、有章可循。地方政府可不定期地对各职业院校开展民主管理制度执行情况的检查和督导,通过监督检查来增强职校制度意识,强化落实民主制度,提高职校制度执行力,确保民主管理制度落到实处。

　　四是拓宽职业教育民主渠道,完善教职工利益表达机制。地方政府应倡导职业院校在管理中广开言路,积极听取、征求教职工意见,保障职业教育民主管理制度得到贯彻落实,鼓励教职工对工作问题畅所欲言,构建科学、有效的民主管理机制,促进职业教育稳定快速协调发展。

　　(三)地方政府的科学治理水平提升

　　党的十八届三中全会明确提出,全面深化改革的总目标是完善和发展中国特色社会主义制度,推进国家治理体系和治理能力现代化。科学治理水平的提升是推进地方政府治理能力现代化的重要条件。地方政府在职业教育的治理上要有大格局、大胸怀,更要有高远的目标,推进职业教育发展也要有"治大国如烹小鲜"的态度,不应有丝毫懈怠、丝毫马虎。在对待职业院校的治理问题上必须遵循职业教育的办学逻辑与发展规律。其中,如何处理政府、学校、社会三者的关系;如何在认可政府干预下确保职业院校办学的自主性及激发职业教育的发展活力,是地方政府治理职业教育领域不得不面对的问题。地方政府在治理职业院校时,必须务本扼要、高屋建瓴,必须明确自己什么事必须做、什么事能够做。具体体现在以下几个方面。

　　第一,地方政府要提高主导能力。地方政府应充分发挥在职业教育治理中的统筹规划和指导监督作用。该由地方政府负责的工作就应落实到位,不能盲目地推给市场;不该地方政府干涉的部分,绝不大包大揽,在适当放权的前提下,通过精准施策,重点解决在职业教育发展中出现的关键问题,完善系统化治理,发挥政府治理核心作用、社会参与作用,形成职业教育治理的整体合力。

　　第二,地方政府应完善与社会多元主体协作机制。在职业教育治理过程中,政府不应是唯一的主体,其他社会组织或团体也有承担职业教育治理的责任。推动职业教育发展是包括政府在内的全社会共同参与的协同治理过程,引导和促进其他社会主体在职业教育治理中积极参与、支持协助对推进地方职业教育治理有重要的意义。政府可通过行政、法律手段,鼓励和引导社会各主体积极参与到职业教育综合治理之中,形成政府监督、学校调节、社会参与的协作机制,最终实现职业教育的科学治理。

第三,地方政府积极增强自我革新的生命力。地方政府根据实际情况进行自我改革是职业教育治理目标实现的前提条件和重要保障。改革要有主动性、前瞻性,主动审视外在环境变化和社会发展要求,明确职业教育发展趋势,积极转变角色,确立社会法制建设者、公共服务提供者、社会秩序维护者的综合定位;关注环境和发展形势的变化,自觉调整并完善治理模式,不断提高地方政府自我调整、自我革新的综合能力。

第四,地方政府应提高公共安全管理能力。加强政府维护职校公共安全工作,是职业教育现代化发展的必然要求。地方政府应高度重视职业院校各领域安全问题的预防、预警、反应和处置工作,建立健全社会治安、卫生食品安全等安全公共体系和突发事件应急处理预案;明确地方政府相关主管部门的基本职能,全面推进职业院校公共安全管理标准化、规范化建设;重视安全文化教宣工作,提高职业院校公共安全意识和对安全事故的应对能力。

（四）地方政府反思学习能力强化

反思性学习就是对学习对象的过程、方法与结果不断地自我监控、自我评价、自我改进的学习行为。地方政府的反思学习是提升职业教育治理综合能力的重要环节。地方政府有必要通过制度手段强化自身,提高自身的综合治理能力;同时广开言路、加强沟通,积极听取社会意见并认真学习,提高自身素质。在反思学习的过程中,不仅要对职业教育治理中出现的具体问题进行总结反思,也要从宏观层面进行制度反思。只有找出问题,反思总结并学习解决问题的办法,地方政府对职业教育的治理才能更深入具体而行之有效,治理的综合能力才能得到显著提升。

第一,地方政府定期召开工作总结会议,及时对问题进行汇报和反思。职业教育的发展是长远大计,地方政府不仅要对职业教育长期发展制定方略,亦需要对其中出现的各种问题进行必要的微观调整、反思,在不断出现的新问题中找出一条切合社会环境、适合自己的发展道路,提高自身的反思能力、学习能力。

第二,地方政府应畅通问题反馈渠道,积极听取各方意见。及时有效的问题反馈是政府反思学习的重要前提。地方政府可通过定期和不定期地对当地职业院校进行工作视察、召开代表大会等途径积极听取各职业院校的情况反馈和建议,加强对当地职业教育发展状况的了解,提高地方政府治理决策的针对性、有效性。

第三,地方政府应加强职业教育对外交流与学习。可邀请教育专家、教授对地方职业教育相关负责人进行学习培训,提高其综合素质,也可组织考察团队到外地进行考察,在考察的过程中学习外地职业教育治理经验并结合自身实际进行反思。

四、推进职业教育依法办学、依法治校与依法治教

党的十八届四中全会审议通过的《中共中央关于全面推进依法治国若干重大问题的决定》,为职业教育加强制度标准体系建设,推动依法治教、依法治校、加快发展现代职业教育明确了前进方向,提出了新的更高要求。当前,我国改革进入攻坚期和深水区,进一步加强制度标准体系建设、深化重点领域和关键环节改革、推动依法治教、依法治校、提升职业教育治理体系和治理能力的现代化水平,是职业教育战线当前和今后一个时期的中心任务。

科学立法是前提。要把修订《职业教育法》作为地方政府制度建设的重中之重,着力解决制约职业教育改革发展的关键问题,为依法治教、依法治校提供高质量的法律保障。首先,要抓好配套政策制订,把实践证明行之有效的措施及时上升为政策、制度和标准,加强职校教师管理,争取在提升技术技能人才队伍地位等方面取得突破,完善教师权益保护机制和职校规章制度,引导职业院校保障教师待遇、提高教师地位。其次,地方政府要落实法定职责必须遵循"法无授权不可为"的要求,勇于负责、敢于担当,加强职业教育与政府其他部门、行业组织的协调配合,打出制度标准建设"组合拳",合力释放政策活力。最后,地方政府要加强与人大、政协的沟通合作,配合健全人大主导立法工作的体制机制。地方政府要建立健全职业院校法律服务和支持体系,人才培养是根本。地方政府要加强法治教育,设立法治知识课程,推动中国特色社会主义法治理论进教材、进学校。地方政府要引导职业院校利用学校专业资源拓展法律服务,积极面向社会开展法治教育培训,推进职业教育依法治教、依法治校。

(一)政府依法办学

依法治国是我国推进社会主义法治国家的基本方略。地方政府落实职业教育责任,遵循依法治国方略,全面推进依法办学,是21世纪职业教育发展的迫切要求。当前职业教育入学门槛低、社会需求大等特点,使得近年来职业院校数量剧增,出现了教学资源紧缺、办学质量参差不齐等问题。地方政府依法办学对规范职业教育办学标准,保障教学质量有着重要作用。

第一,地方政府应完善职校教学质量监督体系,从而对教育实施有效监督,这是教育行政部门的重要职责。地方政府应完善教育督导制度和教育督

导机制。政府对职校的监督要通过科学合理的督导评估,保证学校规范发展;要强化监督职能,加强教学质量的监督执法力度;同时制定监督法律,明确审查标准、监督程序,使监督工作有法可依。政府还应落实对已有职校的教学质量法律法规实行监督、保障工作,完善责任追究制度;同时确保财政审计监督,确保教育经费的投入,防止相关教育经费的挪用、转移,保障职业教育的办学资源、办学经费。政府应对没有落实相关法律法规的人员单位依法追究责任,加强对职校教学质量的社会监督,强化舆论督导,鼓励新闻媒体及时对违法违规的职校办学情况进行曝光,共同树立教学质量法律的威慑力。

第二,完善地方职业教育质量法律法规。客观条件差异导致不同地区职业教育发展特点、倾向不同。地方政府在坚持《职业教育法》指导性原则下,结合地方教学资源、地区发展战略、经济发展状况等进行完善和优化,力求建立层次清晰、权责明确、针对性强的地方职业教育质量法律法规,为政府对职业教育的综合治理以及教育监督确立法律基础。

第三,健全职校教学质量执法机制。对职业院校教学质量立法的同时,还要建立与其相辅相成的完善的法律法规执行程序及制度,构成一定的执法体系。设立职业教育质量安全指标预警机制,政府应根据地方职业院校的师资、办学经费、综合设施等指标体系,明确职校招生数量,限制办学资源欠缺、基础设施不齐备的职校盲目扩大生源的情况发生,保障地方职业教育教学质量;同时优化法律诉讼渠道,保障职业院校师生的申诉权,规范地方政府教学质量执法行为,确保执法的公平公正,为职业教育创造一个稳定和谐的发展环境。

(二)学校依法治校

依法治校不仅要求学校管理层在法律约束下进行学校教育活动及各项管理工作,还要求学校要遵循上级主管部门和本校制定的规章制度等。职业院校必须坚持依法治校,规范自身教育教学行为,在法律框架内实现教育理念的转变、管理模式的变革和教学方式的创新,推动学校健康、持续发展;也要避免在依法治校过程中出现"形式主义""走过场"等情况。要正确认识依法治校的含义,地方政府要结合新时期职业教育的特点,从依法治校中的薄弱环节选择合适的切入点、入手点,在民主监督、社会监督、制度监督的基础上,以点带面地推动职业教育依法治校的进程。同时,督促职校管理者应理解依法治校的内涵,以身作则,将法制思想落实到行动之中,在推动职业教育法制化管理中做好带头作用。

第一,加强法治思想教育,提高全体教职工法治意识,健全科学合理的管理制度,确保有"法"可依。职业教育内部管理制度建设要充分发挥教师、企业等各方智慧,依照严谨的程序并坚持"自下而上"和"自上而下"相结合。唯有如此,才能在达成多方共识中落实知情权、决策权、管理权,使之自觉履行各自相对应的义务。地方政府要促使职业院校针对自身实际情况,制定教学、人事管理、后勤保障、财务等方面的规章制度。职业校校内部管理的制度不能违背《教育法》《职业教育法》《未成年人保护法》及上级规章制度等法律法规,切忌盲目借鉴外来经验,要结合实际情况灵活变通,更要与时俱进、开拓创新。法治思想教育,是贯彻党的教育方针、建设法治国家的一项奠基工程,也是职业教育依法治校、创造良好氛围的关键之一。在职业教育中开展法治思想教育工作,首先要求管理者带头学法,通过自学、党委培训、政府培训等途径提高自身法治意识,随后在教职工中开展普法工作;要创新培训考核办法,建立依法治教案例库和教育系统领导干部法治能力评测工具,设立专项培训方案,着力抓好职教管理者的法治思想培训,加强任职前后的法治思维和法治素养考核评价,切实增强教育系统党员领导干部的纪律意识和法律意识。此外,可通过普法活动、聘请教授讲座等方式开展法治思想教育工作。

第二,强化民主管理,完善监督机制。落实和完善监督机制是推动职业教育依法治校的重要保障。知情权是落实民主监督的关键,职校应加强与各方的沟通,定期召开座谈会,进行工作汇报评议;要尊重教职工参政议政的权利,发挥教职工对民主监督的重要作用,完善民主监督机制,疏通民意渠道,发挥学校团委、资助企业代表、教职工代表的作用,收集他们对教育管理的意见,提高职业教育决策管理的科学性,并积极探索提升民主管理的质量效率。总之,应注重加强政府指导以及社会监督,针对职业教育依法治校落实情况构筑全面有效的监督体系。

(三)教师依法治教

为贯彻落实党的十八大和十八届三中、四中、五中全会精神,进一步落实《国家中长期教育改革和发展规划纲要(2010—2020 年)》提出的工作任务,落实《法治政府建设实施纲要(2015—2020 年)》要求,全面推进依法治教。① 根据教育部《依法治教实施纲要(2016—2020 年)》的要求,各地区政府、学校应结合本校实际,认真组织学习宣传和贯彻落实,切实转变观念,以法治思维和法治方式推进职业教育综合改革,加快构建政府依法行政、学校依法办学、教师依法执教、社会依法支持和各主体参与职业教育治理的教育发展新格局,全

---

① 中华人民共和国.教育部关于印发《依法治教实施纲要(2016—2020 年)》的通知(教政法〔2016〕1 号)[Z].

面推进职业教育治理体系和治理能力现代化。地方政府须从以下四点着手统筹职业教育院校,加快推进师资力量队伍建设。

第一,积极培养职业院校教师队伍法治观念。教师是立教之本、兴教之源,是实现职业教育依法治教的实践主体和先锋力量。政府应加强教师的法治教育,定期、不定期地开展法治思想辅导培训,鼓励职校教师学法懂法;更可以将身居一线的法律工作者请进课堂,用生动的故事诠释法律的内涵,提高培训效果;通过专业化的培训辅导,加深职校教师队伍对教育法的本质特征、法律法规、权利义务的认识,提高职业教育师资队伍的法治意识。通过法治观念的培养让职校广大师生牢固树立社会主义法治观念,师生应自觉办事依法,遇事找法,解决问题靠法,自觉守法,抵制违法。

第二,加强职校教师管理。教师有管理职责,辅助学校对学生进行管理。因此,加强对职业教育师资队伍管理是落实教师依法治教的重要条件。加强教师管理可从以下方面入手:改革完善职校教师选聘制度,构建职业教育教师队伍标准体系;优化职业院校教师聘用把关,加强对应聘教师法治思想、法律知识的考察;强调法治意识,对违法违纪的教师严惩不贷;鼓励教师依法参与学校管理,增强法治意识培养,促进职业教育体系改革和进步。

第三,完善教师权益保护机制。地方教育管理部门要完善职校规章制度,引导学校关注教师身心健康,保障教师待遇,提高教师地位,使教师成为受社会尊重的职业;要让全社会广泛了解职业教育的重要性和特殊性,让尊师重教蔚然成风;要加强职业教育体系建设,加大对职业院校的支持力度,不断提高职教师资培养培训的质量。同时,地方教育管理部门也要健全职业教育治安风险管理防控机制,积极引导建设职业教育安全顾问制度,形成预防和妥善解决职校安全问题的管理机制,加强教师的安全保障,完善职业院校医疗保险体制,进一步提高教师的工作待遇。

第四,地方政府建立健全职业院校法律服务和支持体系。地方政府积极建立健全职业教育法律顾问制度,并可以采取购买社会服务,与律师协会、资深律师会所等开展交流与合作或借助高校和相关顾问机构力量等方式,为所辖区域内的职业院校配备法律顾问,建立健全面向职业教育的法律服务体系,为依法治教创造现实条件。

第三节　完善职业教育经费保障机制,加快信息化推进

《国家中长期教育改革和发展规划纲要(2010—2020年)》明确将职业教

育信息化纳入国家教育信息化发展的整体战略,超前部署职业教育信息网络,加快推进数字化校园建设。然而,职业教育改革的深化和教育现代化的推进,使得职业教育经费保障机制面临巨大挑战。职业教育所在区域和城乡发展的不平衡,使得职业教育经费保障机制运行不够顺畅,并有可能加大教育间的不公平现象。因此,职业教育经费保障要从投入使用的源头、产出分配方面进行完善,从而构建多元化经费保障机制,加快职业教育信息化建设中的信息化基础设施标准、数字资源、信息管理三个方面建设。加快职业教育信息化建设,必须努力推进数字化、智慧化校园建设的标准规范的建立,广泛应用职业院校资源建设及管理,提升职业院校的办学及管理水平,推进职业教育信息资源管理协同机制。

一、职业教育的经费保障机制

《国务院关于加快发展现代职业教育的决定》明确指出,"加快发展现代职业教育,是党中央、国务院作出的重大战略部署",习近平总书记还就此做出重要指示,要求各级党委和政府要把加快发展现代职业教育摆在更加突出的位置。由此,地方政府逐渐形成"以公共财政为主"的经费保障机制。从总体上看,地方政府在推进职业教育经费保障机制的环节中,存在地区性发展不平衡、投入不足等问题,以及经费总量与办学规模、生均投入产出与培养成本使用分配、举办者责任与投入义务等"三大不匹配"的现象,因此,建立职业教育的经费保障机制,需要构建起"政府履职引导为先、举办者投入问责与面向市场筹集经费并重"的多元经费保障机制。

(一)职业教育的经费投入保障

职业教育经费投入是职业教育事业的物质基础,体现地方政府责任履行的职能,有助于保障地方职业教育发展。地方政府在大力发展职业教育的同时,健全地方职业教育经费投入来源和投入渠道,保障职业教育经费财政投入及事业性投入,以保证职业教育经费的透明化、合理化及公平化。可通过以下方面加强职业教育经费投入保障,推进地方政府经费投入保障机制。

1. 财政投入保障

地方政府建立一批以公共财政为主体的地方职教项目。设立职业教育专项经费是建立健全以国家助学金为主,以校内奖学金、学生工学结合、顶岗实习、学校减免学费等为辅的资助政策体系,包括中等职业教育基础能力建设规划项目、中等和高等职业教育实训基地建设项目、中职和高职改革发展示范校建设项目、中等职业学校骨干专业教师培训项目,健全生均经费标准体系等。

地方职教项目和生均经费标准体系为公共财政向职业教育合理投入提供了基本依据和科学合理的保障机制。

2.事业性投入保障

地方各级政府在增加财政性经费的同时,应努力拓宽职业教育经费投入渠道,规定地区性学杂费收取标准、职工教育经费比例,开征教育附加费,实施税收优惠,鼓励企业投入,等等。除了政府拨款、举办者投入和学费收入外,地方政府可鼓励职业院校在筹集学校资金的过程中转变观念,依靠自身优势面向社会、面向市场、面向企业开展技术服务,通过这些服务进一步加强学校与企业的联系,同时也获取"技术服务性收入",为职业教育经费投入保障机制建设提供一种全新的思路。

建立与现代职业教育体系相适应的财政经费投入保障体系,应从法律上界定和强化地方政府在经费投入方面的相应责任和分工,形成一整套较为科学、完善的职业教育财政经费投入的地方制度和地方政策,努力形成以政府投入为主、社会各界多渠道筹措的职业教育经费投入机制,加大公共财政对职业教育的投入,全面落实政府职责。完善的经费投入保障体系需要制定职业教育经费投入的地方标准,完善投入依据;强化政府统筹职能,整合职业教育经费资源;切实加强对贫困地区职业教育的经费投入,积极支持民办职业教育发展;拓宽经费来源渠道,健全经费筹措机制;完善职业教育经费投入保障机制,健全多元化职业教育。

(二)职业教育的经费使用保障

职业教育经费使用是指实现地方政府职业教育经费投入主体的实际效益和使用管理。合理规划职业教育经费使用效率,落实地方政府职业教育经费使用结构和使用保障体系,有关部门需要从实际情况出发,科学、合理、高效地使用职业教育经费,提高职业教育的使用质量和使用效益。

1.使用管理保障

《教育部关于开展"教育经费管理年"活动进一步用好管好教育经费的通知》提出,"经费使用要紧紧围绕立德树人这个根本,突出促进公平和提高质量这两个重点";并且要落实向职业教育倾斜的政策,做到"'五个统筹':统筹近期任务和长远目标,统筹城乡、区域间教育协调发展,统筹各级各类教育协调发展,统筹安排日常经费和专项经费,统筹硬件建设和软件建设""坚持勤俭办学"。① 同时,该《通知》明确规定各地须根据国家办学标准和教学需要,制定中高职教育生均财政拨款基本标准,除了用好经费以外,还要管理好经费。《通知》还要求"健全监管体系,建立内部、外部和社会监督相结合,覆盖经费使用管理全过程的常态化、制度化经费监管体系;充分发挥教育主管部门的指导和监管作用;加强专业监管;重视监管结果的运用;加大信息公开力度"。

2.实际效益保障

为了提高职业教育经费的使用效率,应当对职业教育经费使用进行全程监管,要坚持统一规划、分级管理、专款专用、专账核算、注重绩效、问效问责的使用原则。教育部门应调整当前财政性教育经费的使用结构,增加职业教育经费数量,或者重新调整职业教育经费的使用结构,合理规划财政性教育经费的使用;改变专项教育经费投入使用效益的不确定性,实现职业教育经费的项目和目标管理,加大对专项投入的效益考评,将专项教育经费的使用效益最大化。教育统筹经费要重点用于职业学校布局结构调整、骨干和示范性职业学校、职业培训机构建设、国家紧缺人才培训基地和示范专业建设等方面,优先安排地方政府确定的重点项目支出,避免经费使用浪费现象的发生。从宏观上,管理部门要建立职业教育经费保障机制,畅通各类经费的投入;从微观上,必须完善学校财务制度,保证财务收支管理的科学性,地方行政管理部门应当加强教育经费监管,对经费使用要精细,仔细核算成本,计算效率和效益,保证经费使用的有效性。

(三)职业教育的经费产出保障

职业教育经费产出是职业院校投入和使用效益质量评价的标准。就像企业生产系统一样,中央政府是职业教育经费投入产出的源头,要保证产品的投入效益;地方政府是中间的生产输出商,要保证产品的使用性;而地方职业院校的学生是产出结果。经费保障应将教育教学能力产出、人才研究产出、社会服务产出等指标作为投入质量和使用效益的唯一质量产出指标,保证地方政府职业教育的产出效益。

1.教育教学能力产出指标

学校教育能力建设和教学管理是描述职业院校教育教学能力情况的主要指标。提高学校教育能力建设指标包括以下内容:提升职业教育实践教学水平;支持职业教育改革示范校和优质特色校建设;提升职业学校内涵发展水

---

① 山东省教育厅.关于开展教育经费管理年活动 进一步用好管好教育经费的通知(鲁教财字〔2013〕51号)[Z].

平;支持示范性职业教育集团建设;提高继续教育机构办学权限、科学研究产出、教学管理质量等;注重对教学教育基础能力、教与学的质量、学生的教材及教学参考结构体系、教师工作业绩的分析与评估;完善相关骨干专业教师培训和"双师型"师资队伍的建设。

2.人才培养产出指标

人才培养产出指标可分为校生数量和学生质量两个子指标。对于校生数量而言,完善地方政府的生均拨款标准、职业院校的专业设置与建设,建立健全国家奖学金、国家励志奖学金、国家助学金、奖学金制度、国家助学贷款及其代偿制度以及学工结合的激励机制可以有效提升这一指标。学生质量可体现为创新实训基地建设、教学设备及现代教育的应用、学生能力变化、毕业生的质量反馈等评判机制。高校毕业生艰苦地区就业奖励金制度、专业奖励金制度、校企合作的勤工助学机制及职业院校的工学结合、顶岗实习、校企合作的学徒制等制度机制建设有助于提升学生质量。通过子指标表达,以学生为主体,保证人才的质量输出。

3.社会服务产出指标

职业教育校企合作是把学校和企业的资源充分互补,以实现资源共享、信息共享的合作方式,是一种校企间的优势互补。校企合作可以让学生充分认识到职业教育的实际运用效果。为保障学生主体质量,地方政府要积极搭建校企合作资源平台,鼓励职业院校探索"校企融合、工学一体"的人才培养创新模式,根据企业的用人需求,调整学校的教学规划和人才培养方案,为企业提供"订单式"人才,实现职业院校学生在校学习与企业就业的有机衔接。此外,建立正规企业定点实习基地;坚持实施师资安排、教学设备建设、学生安全保障、学生技能鉴定、实习和就业、企业能力鉴定等项目,也有助于增强社会服务产出。地方政府只有积极引导职业院校面向社会、面向市场、面向企业开展技术服务,才能通过这些服务实现校企合作的共赢。

(四)职业教育的经费分配保障

职业教育经费分配是指各级地方政府遵守职业教育发展的客观规律,对职业教育经费投入使用的各要素进行科学规划、组织、指挥、分配、协调和控制。职业教育经费分配呈现了地区的差异性和地方分配标准。当前职业教育经费分配方向应从松散型聚集性分配走向紧密型聚合性分配,从外部结合走向深度融合;从碎片化的有限连接器走向互利共生的利益共同体。这既有助于实现职业教育既定分配管理目标,丰富职业教育发展环境,重组职业教育资源,又能促进职业教育的健康快速发展。

1. 松散型聚集性分配

建立完善的职业教育经费分配管理体制。职业教育经费分配的多少要与过去进行纵向比较,并与整个教育领域进行横向对比,如隶属于地方政府的全额拨款的事业单位采用的是事业单位管理模式,政府对公立中等职业学校实行"基数＋发展"的拨款模式,而对高等职业院校实行"综合定额＋专项补助"的拨款模式。当职业学校的经费投入金额与学校教育质量、教学水平不挂钩时,经费投入分配就无法很好地体现公平与效率,因此,改变职业教育拨款模式应当建立由省级财政统一管理与调配的职业教育经费分配管理办法,科学地测量教育经费的投入和使用情况,并采取绩效考核的方式;建立职业教育经费专项专用制度,以保证各级政府下拨的职业教育经费能足额投入到职业教育院校的实际建设和教育过程中;完善城市教育附加费的管理体制,具体落实地方政府财政分配责任,同时要从实际出发,考虑当地政府的财政收入水平。职业教育的发展应该根据地域、学校、专业的特殊性及不同发展需求实现特色化发展,并进行动态的平衡分配管理,核定差别化的学生人均公用经费标准,保证其与职业教育经费保障制度吻合,确保职业教育的可持续发展。

2. 紧密型聚合性分配

地方政府要实现细化对职业教育经费投入的责任,构建职业教育经费分配保障机制,须根据区域经济发展水平的不同,将责任落实到职业院校,合理分配经费投入的分配金额。经济发达地区的公共财政水平基本可以满足其所在地区职业教育的经费投入,但经济欠发达地区需要中央和省级财政部门的大力支持,以保障投入分配比例和金额,建立与职业院校的办学规模和培养要求相适应的财政投入体系。地方政府也要尽力提高职业院校的办学水平,落实职业院校的生均经费标准和公用经费标准。完善的职业教育经费责任划分能够保证所有责任部门切实承担起自身的职责,保证经费的足够投入,从而推行职业教育经费管理的全程化。在发展职业教育的过程中,地方政府应制定发展职业教育的长效机制,使职业教育与普通教育平等分配教育资源。

职业教育事业的可持续发展需要稳定的职业教育经费投入,而职业教育获得充足的经费需要国家的宏观调控。地方政府管理部门应建立起健全的职业教育经费分配保障机制,确保职业教育能够获得适应职业教育发展的经费分配额度。

二、职业教育的信息化建设

《国务院关于加快发展现代职业教育的决定》及《现代职业教育体系建设

规划(2014—2020年)》提出了"加速数字化、信息化进程"的口号,明确指出职教信息化发展的两个方向:一方面,推进职业教育信息化平台体系的建设,包括硬件、管理系统和数字化资源建设;另一方面,加快数字化专业课程体系建设,加强对教师信息技术应用能力的培训。① 地方政府作为职业教育信息化的投资者、管理者,一方面,要出台、制定、完善相关条例,推进职业教育信息化平台体系的建设,包括基础设施、管理标准和信息化协同机制建设;另一方面,统筹规划职业教育信息化建设过程中的人员配备、经费投入、资源建设、技术标准以及监督评价机制。政府应加快职业教育信息化建设,努力推进数字化、智慧化的校园建设的标准,广泛应用职业院校资源建设及管理提升职业院校的办学及管理水平,融合职业教育信息化协同机制,推进职业教育信息化系统应用化。

(一)职业教育信息化的基础设施建设

职业教育信息化逐渐加快,地方政府在落实政策实施,规划信息资源建设的同时,要注意职业教育信息化的真正落实,需要督促职业院校对硬件资源建设、软件平台建设和基础设施的数字化、智慧化。地方政府主导经费投入,职业院校则要根据区域特点引进不同的信息化设施,推进地方区域性校园网络化、数字化、智慧化,从而努力提升学校能力建设、教务教学水平、教师信息素养、学生技术应用能力及互联网思维、操作、创新能力,真正促使传统的学校建设、教学管理转向数字化、无纸化、职能化、综合化的方向,实现职业教育信息化的均衡发展和教育信息资源的最大化应用。

1. 硬件资源建设

随着职业信息化改革的深化和教育现代化的推进,区域和城乡发展差异导致职业教育发展不平衡、不同地区职业教育信息化技术设施建设不平衡,使得职业教育硬件资源建设进程不协调。针对各区域职业教育的硬件资源,地方政府要落实硬件资源建设政策,配套各种保障网络平台互联互通、正常运转的基础设施;督促职业院校建设校园主干网、接入网、服务器群,满足校园核心服务器的应用;扩充硬件资源在职业教育信息化建设中的扎实基础,这一点体现在以下几个方面。其一,对校园高速公路主干网进行扩容,完善高速接入网。职业院校要扩展基本网络服务类型,提升基本网络服务的承载能力。其二,健全教学素材库、数字图书馆、电子媒体教学教室、网络教室、电子阅览室、

---

① 新常态下职业教育信息化建设之道[EB/OL].[2017-10-20].http://www.sohu.com/a/16098714_148262.

网络实训基地、多媒体电化教室、教学资源开发实验室等设施。职业院校需加强普及校园一卡通系统的使用,加强信息服务系统、网络应用支持系统的开发和应用。其三,依据职业院校自身特点,发展区域远程职业教育,加快对校园信息基础设施数字化改造,创新硬件资源管理平台与管理方式。宏观管理有助于促进专业性、互动性、实效性的硬件设施良性运行,这可为职业教育数字化打下坚实的信息基础。

2. 软件平台建设

不断推进职业教育数字化、智慧化。职业院校要普及校园应用软件在校园软件平台的使用,促进校园事务管理、教学、公共资源建设的信息化,使其为办公带来便利。地方政府需通过建立专业的信息化人才队伍,应用云时代技术,利用网络创新开发教学管理系统、招生就业系统、图书馆管理系统、教学实验系统、仿真模拟系统、科研管理系统、校园一卡系统,争取实现校校通、班班通。通过在线招生、在线考试、师生互助平台以及积极开发网络软件平台,帮助职业院校提高自身资源管理平台的最大化应用;也要跟踪企业最新技术发展,特别是为职业教育信息化建设提供便捷的、良好的、及时有效的支撑和服务,以满足学校各种应用需求和未来发展,同时考虑系统的总体成本。为此,可以借助云计算先进的理念和思路,辅以成熟的、主流的、符合未来发展趋势的技术,有效满足各种职业院校的信息化需求,全面引领职教信息化发展潮流。也就是说,在云计算、移动互联网技术的支撑下,推动职业教育信息化建设,同时,通过数据中心的建设,学校所有在建的以及将要建设的各类数据化校园应用系统遵循统一的教育信息化标准。在新常态下职业教育信息化的大力发展,需要地方政府科学、合理、均衡地发展职业基础设施建设,使其适应教育教学改革。在职业教育信息化发展的大方向下,地方政府要不断借助软件信息化优势,推进职业教育信息化。

(二)职业教育信息化的管理标准建设

健全的职业教育信息化建设包含信息化标准、数字资源、信息管理三个方面。地方政府要加快职业教育信息化建设,须努力推进数字化、智慧化校园建设标准规范的建立,广泛应用职业院校资源,提升职业院校的办学及管理水平,推进资源管理系统应用化。在整个职业教育信息化实施过程中,地方政府要保证职业教育信息化的有效运行,需要督促职业教育系统结合自身办学方针、教学需求,统筹规划日常行政信息资源、教务信息资源、后勤保障信息资源管理标准,加快推进职业教育信息化的组织建设,从而加快实现资源的互通与共享。

1.日常行政信息化管理

地方政府在培养职业教育信息化行政管理队伍的同时,需要加大对职业教育信息化的经费投入和配套的扶植政策。信息化行政组织结构在教育信息化建设过程中起着非常重要的作用。行政机构设置、行政机构人员、网络中心等指标可以反映信息化管理标准规范。职业教育信息化组织基础设施的完善、信息人才的培养等都需要地方政府完善职业教育日常行政管理,谋划中长期信息化战略规划与发展策略,把信息化工作水平纳入校内考评中。信息化激励机制、信息化资金保障、信息化经费预算、人员信息化技能保证、校内人员定期进行信息化培训、人员聘任的信息化技能要求、信息化组织保障、信息化领导机构情况、信息化管理部门情况、技术支持与服务队伍的建设、信息化标准与管理规范、信息化技术标准的应用程度、系统运行与管理规范的应用、信息化安全措施等重要指标,都是衡量职业教育日常行政信息化管理的标准,这些都能够体现职业教育信息化的应用程度。

2.教务信息化管理

职业教育资源的开发与利用是职业教育信息化的基本内容,也是地方政府推进职业教育信息化建设取得实效的关键。职业教育教务信息化管理主要包括:图书馆电子资源建设及其应用水平、教学资源的建设和应用、科研资源的建设与应用、政务信息资源与基础数据的建设和应用。教务管理标准针对教育、教学、科研、教务管理、学生和毕业生就业管理、宣传及其他重要的工作信息,教务信息化应用管理等集中体现职业教育信息化建设的成果和效益。同时,教务管理信息化体现着职业教育的育人理念、培养模式、教学内容和学生就业、校企合作平台信息化投入水平、信息化设备拥有水平、校园网建设与应用水平、网络与信息安全建设水平等。

3.后勤保障信息化管理

评价基础设施建设及其应用指标是指职业信息化建设的基础设施及其基本应用情况,包括信息化制度保障、信息化资金保障、人员信息化技术培养。在此,用人均经费和经费增长率来衡量日常行政管理信息化标准应从网络管理标准、应用标准软件平台建设的统筹规划、信息管理、后勤部门运行管理、安全管理和监督评价等方面的规章制度,以及地方政府针对职业教育后勤保障管理措施的制定和实施情况、安全的响应与解决机制、后勤管理、规章制度、技术等方面规范和协调各个要素之间的关系等指标来着眼。后勤管理规范是教育信息化快速、有序、健康发展的保障。

（三）职业教育信息化的协同机制建设

从概念上看，"协同创新"是指创新资源和要素的有效汇聚，通过突破创新主体间的壁垒，充分释放彼此间"人才、资本、信息、技术"等创新要素活力而实现深度合作。互联网本身就是协同创新的产物，信息化也是协同创新的工具。随着经济结构优化升级，我国开始从制造业大国向制造业强国转型，加之互联网时代计算机和网络技术的成熟运用，使得社会生产急需大批高素质、技能型的专业人才。职业教育作为以就业为导向、培养具有实践技能和实际工作能力的应用型人才的教育形式，亟待加快协同信息化机制建设，推动人才培养模式改革。加快职业教育协同信息化机制建设，有助于职业院校提高教学质量、提升学生和老师的学习和教学效率，打造自身品牌，体现学校的整体办学、综合实力及社会形象。

再者，深入开展顶层设计支撑下的规范化、数字化、智慧化校园建设。校园建设规范化是职业教育信息管理系统建设的重要内容。在"以用户需求为导向，以应用促发展"的思想指导下，职业教育要紧密结合国家教育发展规划纲要及教育信息化十年规划，融合职业教育特色，顺应校企互动，实现一体化等办学方针，设计数字化校园整体解决方案，向云计算、移动互联领域延伸职业院校，实行工学合一、校企合作、顶岗实习的人才培养模式。地方政府应促使学校应对接企业需求，缩短学校与企业之间的距离，减少企业用人成本，为企业培养合格高技能人才。要求学校的实训与实习教学对接企业生产与管理的真实环境，要求教学内容更新与企业技术改革保持同步，为此，必须加强学校与企业的信息流通与共享。协同机制要渗透学校人才培养和技术服务各个环节，比如师生顶岗实习，政校行企、协作式组织构架和运行模式，在现代信息技术、信息理念和信息规范下构筑互惠互利的协同信息化体系，建立政府、行业协会、学校、企业共同参与的信息化协同体系，从管理层面对该体系进行协同机制改革，重新定位各成员分工，通过政府主导、行业指导校企合作，建立以信息协同共享为导向的组织和管理机制；健全职业教育协同运行机制，确保校企在技术和服务活动中各种资源的合理配置，实现信息资源共享和信息系统协同发展；健全信息安全评价、反馈与激励机制，确保信息的可用性、完整性、保密性；推进职业教育的校企行业联盟评比，推进职业教育信息化的协同机制建设。

第四节 推进职业教育公平建设

我国正处于经济转型时期,职业教育在我国不仅承担着培养国家建设所需要的各种人才的任务,更是建设和谐社会、实现社会公平的舞台。在改革开放不断深入的背景下,我国社会已进入全新的时期,同时也面临着诸多全新的社会矛盾。随着社会贫富差距的不断拉大,机会和结果的不公平现象日益突显,导致社会公平秩序面临着严重拷问。教育作为一种手段,能够提高人的内在素质,从而消除外部消极因素,以达到缩小社会差距的目标。但是,长期以来,我国职业教育的发展在城乡二元结构的影响之下,差距持续增大,在未来较长的一段时期内,这将在较大程度上导致城乡居民在知识素养、经济收入以及经济地位等方面的差距进一步扩大,为此,推进职业教育公平建设显得十分迫切。

一、职业教育的城乡公平

职业教育能否促进城乡公平,取决于政府对职业教育的干预方式和程度。作为公共政策的重要组成部分,职业教育政策本身是社会利益的"均衡器"或"显示器"。地方政府通过法律和政策保障对职业教育的投资,推动职业教育的健康发展,并确保那些获取教育资源能力较弱者的职业教育权利和机会。推进职业教育城乡公平实践以维护社会公平与和谐发展,是我国现阶段职业教育政策的价值选择。当前,城乡公平问题是我国职业教育面临的最大挑战。职业教育的城乡公平问题主要是因为城乡经济发展之间的各类差异和职业教育方面的政策不平衡。要实现职业教育的城乡公平需要从职业教育的城乡一体化制度完善、职业教育的城乡发展共同体构建、职业教育的集团化治理能力提升三个方面进行调试,以推进农村职业教育发展并逐步拉近城乡职业教育之间的差距,共同推进城乡一体化的形成。

1. 职业教育的城乡一体化制度完善

城乡之间经济发展水平的差距成为城乡职业教育公平的主要阻碍因素,而推行城乡一体化制度是有效解决这一困境的主要路径。城乡一体化制度主要是指以城市为中心、以小城镇为纽带、以乡村为基础,形成的城乡间相互依托、互惠互利、相互促进、协调发展、共同繁荣的新型城乡关系①,其有助于在根本上解决城乡职业教育的公平性问题。

城乡二元结构和经济发展水平等因素,导致职业教育的发展以城市为中心,教育资源大量集中在城市中,加之政策制定者在制定政策和实施的过程中明显地倾向城市,忽略了农村职业教育的发展。在政策制定和教育资源分配的过程中,城市相对于农村而言,具有绝对的话语权,这主要体现在教材质量、教育方法、师资培养、教育模式、管理制度等方面。城镇作为农村和城市之间的纽带,城镇发展应从农村的角度来促进农村发展,其中农村劳动力的转移是实现农村经济城镇化的路径之一,也是城乡一体化的必经过程。

推进城乡教育一体化,首先要促进农村职业教育的发展,对城镇职业教育做出进一步的创新改革,将其凝炼成一种新型的职业教育理念。城镇职业教育在符合时代发展的基础上应吸纳农村教育元素以及新型职业的要点,加大改革力度,整合城镇职业教育的先进思想及教育理念,进行创新型人才的培养。农村职业教育要想实现城乡一体化须进行课程改革,学习职业教育先进技术,丰富教育模式,整体加快农村职业教育的改革。地方政府要加大对农村职业教育的资金投入,根据农村特性进行改革发展,创新城乡职业教育发展的内部机制,并加大对农村职业教育的市场引入。职业教育及其利益相关主体应发挥合力,完善内部体系,抓住农村地区的市场特性,开辟新的农村职业教育模式,走出农村职业教育的新路子。

职业教育城乡一体化制度的完善,不仅要依靠城镇的纽带作用,还要依靠地方政府的统筹规划。地方政府应综合城乡职业教育的特点实施城乡一体化制度,以职业院校为主体对教育模式实施测试,再以学生发展现状检测一体化制度的实际可行性,以校企合作的形式作为制度的创新点,以职业教育城乡一体化建设为主要目标,制定城乡职业教育统筹发展的规划,完善城乡职业教育一体化制度。

2.职业教育的城乡发展共同体构建

职业教育城乡发展共同体的构建是职业教育城乡发展的必然产物。职业教育应把城乡看成一个整体,以共同发展为主要目标。城乡发展共同体的构建主要有五个方面:地方政府在职业教育共同体构建中起着支配学校共同体构建方向的主导作用;学校作为实施对象,遵循地方政府的指导方针;教师作

---

① 徐晔.城乡一体化背景下农村职业教育发展问题及对策研究——以山东省为例[D].济南:山东师范大学,2015:7.

为教育者,在整个过程中,他们的相关职业教育理念将影响职业院校的教学能力建设;城乡共同体构建形成了城镇职业教育和农村职业教育的教育特色,将城乡资源进行整合利用,这对学生的发展有重大作用,学生在其间既是测试者也是受益者;校企合作作为职业教育的一个产物,成为职业教育城乡共同体构建中的一个新兴人才测试平台。共同体构建的桥梁代表地方政府、学校、教师、学生以及企业之间建立的紧密联系,相关部门需要了解其共性,发展其个性,突破常规职业教育的模式,达到创新职业教育目标,完善职业教育体系,提升职业教育对社会的服务效能的目的。农村职业教育与城镇职业教育应相互作用、互补共生,在各自的发展水平、物质构成、职业作用等方面相互区别,做到资源互补、经济发展相互依存,从而达到职业教育的城乡共同发展。

3. 职业教育的集团化治理能力提升

职业教育集团化办学是当前职业教育的一个普遍现象。这种新型的职业教育模式,将集团化经营模式科学合理地注入职业教育当中。因此,职业教育的集团化具有共建、互补、共享、多赢的特征。增强职业教育的集团化治理能力必须拓宽职业教育集团化的规模管理,向着规模化、连锁化、集团化方向发展。提高职业教育集团化办学的规模效益、结构效益、质量效益和投资效益是我国职业教育的主要目标之一。随着我国社会主义市场经济体制改革的深化,地方政府对职业教育发展模式愈益重视,职业教育集团化的推进有助于统筹、重组、经营现有职教和成教、高职和中职、学校和社会等职业教育资源,以区域资源优化配置,实现区域内职业教育集团化发展,促进整体职业教育资源优质化。因此,在此模式下应加大管理力度,统筹和优化职业院校和职教集团之间的协同发展关系和协同发展模式,进行两者资源、理念、模式的整合,出台创新模式、先进理念、合理资源配置的最优政策。在市场经济条件下,应逐步打破地区、行业和类型、层次的界限以谋求职业教育集团化的发展,这方面可以参考区域经济联盟会议形式,建立职教集团联席会议制度形式,通过联席会议协商的方式,在产教融合、专业建设、人才培养、招生就业等方面达成一定的共识并形成可操作的措施。

地方政府需对职业教育集团化办学质量加以把关,加大对职业教育集团办学的扶持力度,提高教育质量、优化教师机构,并开展集团骨干业务进校讲学,实现人才优势互补,从而形成新型的办学模式,促进职业教育集团化发展,提升集团化治理能力。目前可以在如下方面加强工作:一是加强专门针对职业教育集团的信息系统和平台建设,诸如职业教育学生学籍数据库、职业教育师资基础数据库等数据平台的建设;二是加强对职业教育信息系统中数据的价值进行深度挖掘,特别是要充分挖掘"数据"对集团各主体的业务管理、对职业教育决策的支持、对职业教育发展及质量保障的监测监管、对职业教育的评估评价及职业教育对公众的服务等方面的价值;三是避免"应用孤岛"和"数据孤岛"现象,加强职业教育集团各主体不同级别教育行政部门、不同类型的"数据"之间的有效对接、彼此公开、实现资源的共享。职业教育集团化办学除了促进学校和集团之间的合作,也为社会提供了一个实用型人才的培养基地,逐渐形成了一条多层次、多模式、多规格的人才培养链条体系。发展方式的转变决定着职业教育的发展路径的转变,地方政府为集团化办学提供了多样性、社会化、竞争性的职业教育平台,为学校提供了大量资源,学生也学到了真正的实际操作技能,这些举措能够完善职业教育集团化办学模式,提升集团化治理能力。

二、职业教育的校际公平

职业教育校际间的不公平性集中表现在资源配置、接受优质教育培训机会和管理制度三个方面。这三个方面造成了职业院校在发展机会、新型技术以及创新改革项目方面远低于高等学校,长此以往导致教育理念落后、师资流失、人才频繁流动等问题。要解决此类问题,地方政府需加大对职业院校的教师轮岗制度、培训机会、办学资源共享,并对动态监督管理制度进行调控检测,尽快实现教育资源的合理优化配置,从而实际解决职业教育校际间不公平现象,改善职业教育在校际公平中形成的不良效应。

（一）职业教育学校教师轮岗制度

职业教育学校教师轮岗制度是均衡配置师资、缩小教育差距、保证校际公平的有效措施。轮岗制度中涉及对流动教师的调配内容,即坚持做到哪需要往哪调;地方政府在流动地域的分配上应该做到合理运用教师资源。同时,轮岗工作需要及时沟通,确保教育教学的实施,做好各项教育工作的交接,文件、物品和交接工作进度等也是轮岗制度的一部分。

由于岗位调换,工作内容和工作方式方法都会与以前有所不同,如果不及时对当事人进行相关的培训,人员对岗位可能出现的问题缺乏预见性和解决措施,这容易造成效率降低、工作混乱、人才流失等现象。政府管理部门应督促职业院校做好岗位交接巡查、岗前培训与定期轮岗效果调查评估等工作,以确保工作接收者在各项资源完全移交时能清楚了解工作进度,这些都是教师轮岗制度工作在交接的过程中非常关键的流程。要解决这些问题,保证制度能有效实施,离不开保障措施,地方政府的合理调配是确保职业教育学校教师轮岗制度实施的关键。

（二）职业教育办学资源共享制度

职业教育资源共享制度确保了职业教育能够更好的运行，给职业院校带来更大的发展机会。当前我国职业教育办学资源共享仍未形成合理机制，导致了四个方面的问题：(1)教学设备共享意识薄弱，教学设备使用率低下，形成了高投入、低效率的现象；(2)教学设备在使用过程中责任不明，无人监督管理或者管理工作表面化，教学设备流失严重；(3)教学设备的使用、调配等环节没有相关的制度规定，造成教学设备严重损失；(4)教学设备的使用管理效果不受关注，管理人员素质有待提高。[①] 要解决以上四个问题需要依靠地方政府对职业教育的所有资源进行调控，并监督职业院校实施资源共享且合理利用教育资源，大力支持职业教育资源共享政策；教师应该提升自己的教育教学能力，能适应对师资进行的调配，配合职业教育资源共享政策，从而形成完整的资源共享制度。在职业教育办学下合理的政府信息资源共享机制不仅包括职业院校资源共享制度，还包括政府组织结构机制、信息整合机制、完善的信息公开机制、公众参与和以公众为导向的社会评价机制以及利益协调机制等。为了能更好地完善和优化职业教育资源配置，地方政府应切实发挥其统筹管理的职能，注重职业教育共同资源的分配。地方政府在解决职业教育办学信息资源共享体制性障碍、技术性障碍和部门信息垄断问题时，应出台一系列与职业教育相关的信息整合制度，着力从共享内容、共享主体、共享责任、共享规则、共享方式、共享协调、共享考核、共享安全、共享投入、共享保密等方面做出创新性的改善，为职业教育办学信息资源共享扫清体制性障碍和部门信息垄断障碍，为职业教育办学信息资源的共享提供可持续操作的制度保障。

地方政府应结合我国职业教育办学信息资源共享的现状，分析在职业教育办学信息资源共享过程中资源流失的主要表现形式，从办学模式、制度支撑和共赢的合作关系等三个方面给出在职业教育办学信息资源共享中资源流失机制的对策框架。同时，还要注重社会评价对地方政府构建和实施职业教育资源共享机制的监控和调节作用，职业教育共享制度的社会评价在职业教育的教育教学质量评价中有着地方政府和职业院校所无法代替的作用，这是对职业教育社会评价机制建立的客观要求。

---

① 潘玉艳.中等职业学校教学设备使用的管理研究[D].南宁:广西大学,2014:12-13.

（三）职业教育动态监督管理制度

职业教育动态监督管理是在职业教育整个运行体系及制度操作中，准确掌握职业教育制度及操作状态，各级制度分管部门和监督单位通过对职业教育模式及发展运营情况进行监察和强制检验，采用科学合理的管理手段，依法对职业教育状况进行实时跟踪管理的全过程。职业教育动态监督管理制度的不断完善和改革是我国职业教育的一大特色，是职业教育发展的优质载体。

职业教育动态监督管理制度从制度制定、制度执行和制度执行效率三方面解决了我国职业教育政策执行效度低下的根本问题，这有助于构建科学有效的职业教育政策监测与评价体系。职业教育不但要依靠职业院校动态监督管理制度的有效实施，还要依靠地方政府与职校的互通管理体制、职校内部管理体制、职业教育与集团之间的互动机制以及职校教师和集团骨干入校管理体制四方面加以保障。

因此，职业教育的发展应从管理体制与制度改革两个方面进行合理化建设，地方政府应统筹职业教育动态监督管理体系，提升职业教育管理模式。

三、职业教育的经费分配改革

建立职业教育经费分配制度和标准是保证职业教育经费稳定增长的长效机制。当前，我国职业教育的教育经费存在严重的不合理分配现象。要走出目前职业教育经费分配不合理的困境，需对职业教育经费分配进行常规经费分配、专项经费支配、竞争经费分配三方面的改革，并由地方政府统筹安排各项资金，加大对职业教育经费投入以及对经费收支情况进行把关调控，从而促进地方政府职业教育的健康、快速发展。

（一）职业教育的常规经费分配

职业教育中的常规经费是确保职业院校基本建设工作顺利实施的基础保障，为了加强职业院校经费的使用与管理，使职业教育常规经费在职业教育中发挥最大的使用效益，地方政府需要建立职业教育经费分配制度，主要从以下三个方面着手。第一，可以分配的收入项目，即职业教育学生就读经费及职业教育企业投入资金。第二，分配比例。地方政府对职业教育机构、教师、学生、集团的经费分配比例进行宏观调控，合理运用其经费来源，并对经费进行最大效益化的投入使用，施行挪用经费相关惩治制度。第三，分配办法。职业教育应以"强化预算、学校核定、部门使用"为原则分配职业教育所持经费。职业院校各部门日常办公经费需用到实处，其中办公费、差旅费、会务费等年度预算在原则上不得进行超额预算。职业教育发展计划的经费规模也应参照往年经费运用比例来确定,比如提出建议资助额度并结合职业教育内部经费规定来确定额度。

（二）职业教育的专项经费支配

职业教育的专项经费是激励职业教育工作者的手段,它能够提高学校教师的教学、科研积极性,更好地促进职业教育发展。制定专项经费制度是提升职业教育的教育教学质量的可行路径。职业教育专项经费制度包括以下六点。第一,实行专项经费"专人管理、专户储存、专账核算、专项使用"管理制度。第二,本着专款专用的原则,严格执行项目资金批准的使用计划和项目批复内容,不得擅自调项、扩项、缩项,更不能拆借、挪用、挤占和随意扣压;明晓资金拨付动向,并且按照不同的专项资金的要求执行,不得任意改变,特殊情况,必须请示。第三,专项经费的初审必须严格,包括审核、审核制度,不准缺项和越程序办理手续,各类专项资金审批程序应以该专项资金审批表所列内容和文件要求为准。第四,专项资金报账拨付必须具有真实、有效、合法的凭证。第五,审计必须加强监督,实行单项工程决算审计、整个项目验收审计、年度资金收支审计。第六,对专项资金进行定期或不定期督查,确保项目资金专款专用,全程参与项目验收和采购项目交接。

职业教育专项经费应由地方政府把控,在职业教育学校中立项后再交由地方政府检验,从而避免专项资金的不科学、不合理分配。

（三）职业教育的竞争经费分配

完善职业教育竞争经费分配管理机制,加强对竞争经费分配资金项目的把控是激发职业院校各部门人员职教热情的有效方法。职业教育中的竞争经费拨款有两类:竞争性拨款、非竞争性拨款。非竞争性拨款是所有职业教育的基本办学条件和教育质量的保证,也是职业教育财政拨款构成的主要途径;另一类竞争性拨款是社会经济发展、科技发展、职业教育发展的重点领域,体现了地方政府在职业教育中的战略目标。地方政府在职业教育管理中,应探索完善竞争性资金分配机制,加强绩效目标管理,通过加强事中督查、事后项目绩效评价和绩效问责机制,对使用竞争性分配资金的项目实施全方位的监管,努力使专项资金能真正用到实处、发挥实效。

资金竞争性分配,特别是在职业教育领域,必须兼顾效率与公平原则,要遵循"公开、公平、公正"的评审原则,设计科学合理的评审程序,对资金使用所要达到的预期绩效进行评审,择优支持最能体现资金使用效益的项目,从而推动决策更加科学化、透明化。职业教育的经费由地方政府统筹,保证了职业教育的公益性、公平性,从而促进职业教育学校的良性竞争和特色发展。由地方政府财政统筹非竞争性和竞争性拨款能更好地促进职业教育的公平健康发展。为此,地方职业教育应探索出一套以绩效为导向,将竞争理念引入教育财政专项资金管理的资助方法,并覆盖资金设立、分配、支出、结果等环节。通过对职业教育竞争经费分配制度在地方政府职业教育中的完善,有助于打破"关起门"安排资金的现状。经费分配要让职业教育各部门拿到基础性的专项资金,又要激发各部门对职业教育的热情。在地方政府的监督管理下,职业教育竞争经费分配快速有效地推进了职业教育的健康发展。

职业教育经费分配是否科学合理,是解决职业教育资源短缺问题的重要途径。职业教育竞争经费分配制度与地方政府财政支出政策的相互协调,在一定程度上缓解了这一问题,同时,地方政府加大了在职业教育中的财政投入,为职业教育提供了更大的发展平台。地方政府在常规经费分配、专项经费支配、竞争经费分配三方面的统筹有利于从根本上解决职业教育资源短缺的困境,促进我国职业教育的健康发展。

第五节　加强监测和督导,完善职业教育质量保障体系

加强职业教育的监测和督导是现代职业教育制度不可或缺的有机组成部分,是地方政府宏观调控和职业教育治理的主要途径。有效监督并迅速反馈的管理、全过程的监测和督导,是职业教育治理的重大改革,是从传统的职业教育管理走向现代职业教育管理的重要标志。

职业教育的监测和督导,是建立健全教育督导与监测机制以及构建现代教育行政管理的迫切需要。要充分发挥职业教育督导督政督学的职能作用,规范地方政府的教育行为,通过监测和督导,对地方政府有关部门的教育工作、教育教学管理实施全面的配置性干预和决策调度性干预。这是职业教育监测与督导活力的源泉,也是职业教育监测与督导得以有效运行的基本条件。

一、强化地方政府发展职业教育的组织领导力

职业教育是面向特定受教育者服务的教育教学工作,可促使受教育者学会技能、使用技能,从而成为社会、市场所需要的人才。因此,发展职业教育就是发展地方经济,地方政府作为当地教育发展的支持者,应履行好自身的职责和提升对组织的领导能力,这对自身履行工作职能和当地教育的发展都具有

积极的影响。因此,地方政府部门必须强化自身发展职业教育的组织领导能力,为当地职业教育的发展提供支持条件。

（一）细化地方政府内部的职责分工

政府部门所具备的职责之一便是为民服务,应该做到"落实政府职责"①的管理要求。职业教育是人才资源的重要来源,是有利于促进受教育者自身学习与发展的重要教育工作。政府部门只有做好本职工作,以服务精神为受教育者的学习环境、学校的教育环境、社会与企业的人才引进环境做好保障,才能够实现为社会输送可用人才以及为职业教育发展提供良好的发展环境的社会发展目标。第一,政府部门应根据当地实际情况,对当地职业教育的发展进行分类和统筹;第二,探索出地方职业教育发展的困难,从当地发展大局进行总体规划,结合相关法律法规实行政策引导;第三,规划部门的职责分工,做到"责任人管责任事,办事者找责任人",使部门职责清晰,部门工作领域分开,减少部门责任、特权交叉使用和分散管理、实施的情况,促进政府部门的工作职能转型;第四,建立部门工作监管制度,细化、明确部门职责分工。

（二）形成多部门协同合作的沟通机制

职业教育是社会新型工业化发展的产物,其发展进程具有多样性,包括行业多样性、教育体制多样性、社会影响因素多样性。鉴于职业教育发展的新型状态,以及我国省区市、各地区社会及本土文化的差异,政府部门在没有经验基础与资料考究的前提下开始了对职业教育发展的管理。因此,在我国职业教育发展进程中政府部门存在的最大问题是职能分配的"单向性",以"人管理人"的工作本身就存在个体差异和主观性,单向性势必将导致职能的单一、解决办法的单一,在处理事务时存在单一性,就无法做到多元化、创新化,而职业教育的发展受社会环境和受众因素等多种因素的影响,地方政府发展职业教育离不开各部门的协调合作。为此,应按照以下几点形成多部门协同合作。第一,建立例行汇报工作制度,加强各部门间的交流与沟通;第二,增加各部门之间的分享学习交流会等,形成相关部门的宏观管理意识;第三,增加相关管理部门对职业教育发展的认识,使其更加了解职业教育;第四,设立谏言纳意箱,接受管理工作者对管理制度完善的优良意见;第五,管理部门应对管理对象开展调研、访查工作,随时掌控管理对象的发展。

---

① 　中华人民共和国.国务院关于加快发展现代职业教育的决定(国发〔2014〕19 号)[Z].

（三）完善职业教育决策的民主管理

职业教育的效能呈现和经济效益使其得以迅速发展，然而职业教育面对的人群和市场都决定了其管理的难度很大。地域、文化差异要求地方政府的管理工作更应贴近当地职业教育发展的需要。因此，管理的民主性显得尤为重要，只有民主决策、民主管理才能取得被管理者的认可和积极配合。另外，职业教育的客观规律决定了政府的管理应当尊崇社会发展的需要，"立于法、利于民"。第一，政府部门必须加强宏观调控，注重在《国务院关于加快发展现代职业教育的决定》（简称《决定》）等重要文件的引导下依法发展职业教育；第二，政府部门应当结合当地教育环境和市场，制定具有地方特色的职业教育管理制度；第三，建立意见投放站、箱，随时接受社会提出的意见；第四，利用互联网新媒体，建立公众平台以便于管理部门能够实时应对突发事件及向社会传递相关政策，以及加强与社会的交流以便及时得到社会反馈。

地方政府应促进职业学校与企业的协同发展。职业教育的经济效益性、专项职能性、实践操作性的特征，决定了职业教育具有多头管理、多方制约、受众多样性等特点。现行管理体制呈现出各自为政的状态，一方面有利于调动多方面积极性，另一方面又不利于政府统筹规划和整合资源。要解决管理体制不协调的问题，主要解决办法是创新管理制度，明确政府、职业学校、企业是职业教育发展中的三大主体。首先，政府要履行宏观调控和管理的职能，根据现行的职业教育发展目标及当地职业教育发展特色，进一步建立和完善适应社会主义市场经济体制，满足受教育者学习需要的结构合理、形式多样、灵活开放的职业教育管理体系，并制定、实施具体的管理方案，将责任和任务落实到各部门、各行业，与此同时，要做好监督、考察工作。其次，根据存在问题加强制度创新。制度创新要突出以下五个方面。一是政府宏观调控，整体化推进职业教育，各管理部门建立联席会议和实质性协作关系。二是部门的沟通与合作。职业教育的多变性决定了部门沟通与合作的重要性，政府必须强化部门合作、各职业行业的支持和社会参与度，实现相互配合、互惠互利。三是市场运作与企业参与。政府部门可以通过制定政策创建环境、平台，为学校、企业提供信息服务，引导职业教育院校面向市场获取信息资源并进行自主办学。四是资源整合。政府制定促进职业教育发展的优惠政策，调配市场份额，利用市场机制，鼓励部门、区域、公司、各类学校和培训机构打破传统教育界限，将各类分散职业教育资源整合并统一规划，从而提高职业教育的规模效益和市场效益。

二、推进职业教育第三方评价组织建设

(一)鼓励职业教育评价的社会参与

《教育规划纲要》指出,"建立科学、多样的评价标准,开展由政府、学校、家长及社会各方面参与的教育质量评价活动",这是教育评价制度改革的总要求和总抓手。长期以来,我国职业教育评价的行政力量过于强势,社会中介机构的生长空间有限,对中介评价的权威性、科学性、公正性的争议和质疑从未中断过。自党的十八届三中全会以来,地方政府以转变职能、简政放权和完善学校内部治理结构为重点,在"管"和"办"上做了很多工作,但"评"特别是"社会评"依然势单力薄。因此,建立健全社会参与教育评价的体系,成为教育评价制度改革的重中之重。管办评分离中所谓的"评"绝不是为了强化行政评价,相反,是在多元评价体系中弱化行政评价,突出社会参与评价。所谓"社会参与评价",既包括社会"评管",又包括社会"评办"。具体来说,"评管"就是评政府,通过社会参与评价,促使各级政府履行好经费投入、规划布局、均衡发展等职责;"评办"就是评学校,通过评价学校的办学行为、保障条件、课程设置、教育质量等实现社会监督办学的目的。

社会的评价权是由社会组织作为现代治理体系"第三部门"的组织特性决定的。这些社会组织具有机构存在的非政府性、地位影响的中间性和运行方式的独特性,具有评价监督的条件和优势。教育管办评分离中的"评",既是公众参与的形式,也是一种监督、批评和建议。① 因此,政府理应将教育的评价权交给社会,通过教育市场化改革,建立社会组织参与教育评价的工作机制和激励机制。教育管办评分离改革需要政府的政策支持,也需要省、市、县三级政府在教育职能上步调一致、相互支持,形成上下一体、有机统一、衔接运行的"政策链"。地方教育体制改革探索出的一些成果,应转化为政府的政策与制度,同时,通过进一步统一思想和提高认识,因地制宜地制定系统配套的教育政策。当前特别需要强调各级政府制度供给的执行力,确保顶层设计与基层和学校改革实践的紧密结合,做好省级及以下政府教育职能的重新定位,明确学校管理权限的界定,吸引社会力量广泛参与教育评价,建立教育管办评分离的长效机制。

---

① 杨志刚.基础教育管办评分离的实践探索与理论分析[J].中国教育学刊,2014(7):9.

(二)积极推动第三方评价组织建设

现阶段政府对职业教育第三方评价的支持主要体现在国家职业教育政策的文件上,如重视第三方评价,政府主动购买第三方评价服务,政府通过其实施的职业教育质量工程项目要求职业院校采用第三方评价等。由于政府教育职能从理念到承担方式的转变还不够深入、教育市场发育尚不充分、配套政策制度跟进尚不到位等,政府购买第三方评价机构教育服务存在降低公共教育服务供给的效率和质量、政府教育服务供给的成本增加、造成公共权力与私人利益之间的交换行为等风险。[①] 为此,政府除了采取购买服务等直接支持行为外,更重要的是要尊重职业教育第三方评价的价值追求,努力营造其所需要的市场化运行环境;通过着手完善相关法律法规确定其合法性、行为范围,从知识生产的实际出发,确定知识产品的使用价值、价值、价格、垄断价格、价值决定;[②]按照市场的供求机制、价格机制、竞争机制来购买和使用第三方评价服务,培育市场主体、市场体系及其行业组织[③],以及对市场失灵进行适时干预等,通过这些更为长效的方式支持职业教育第三方评价发展,提高其自我发展、自我约束能力。

政府要加强对职业教育第三方评价机构的建设。一是完善组织机构建设。政府要加强专业评价人力储备的能力、不断更新教育评估理念与技术,提升专业化水平和有效评估能力;坚持独立公平的价值操守。对政府下属的咨询机构或具有下属关系的行业协会等第三方评估机构而言,与母体剥离、坚持独立性尤为重要。二是要对社会中介组织发展与运行的相关法律法规进行修订和完善。地方政府需要修订社会团体和民办非企业组织条例,将"双重管理"改为直接由民政部门负责登记和管理,并积极培育和建立相关行业协会的宏观指导政策,鼓励行业协会自律并加强对行业协会下设的各组织进行专业性的规范、指导、制约和监督。正如有学者所言,"民间组织解决了'登记'问题,解决了'缺人'问题,解决了'自身治理'问题,钱就不成问题"[④]。三是制定行业规范。第三方评估机构积极组建行业协会,会同行业领军者共同制定完善行业规范和行为标准,包括评价机构或人员的准入标准与退出机制、议价规

---

① 周翠萍.我国政府购买教育服务的风险分析[J].教育科学,2010,26(5):24.
② 刘诗白.论现代知识生产[J].福建论坛(人文社会科学版),2005(4):4.
③ 郑新立.政府和市场的关系:经济体制改革的核心问题[J].求是杂志,2013(2):28.
④ 康晓光,冯利.2011中国第三部门观察报告[M].北京:社会科学文献出版社,2011:326.

则、评价流程及现场评价行为准则、评价质量保障与反馈机制、评价结果使用范围与原则等,以自身的完善和规范获得市场的话语权。

三、健全地方政府发展职业教育的督导机制

遵循宏观管理和间接管理的改革思路,政府的教育职责主要是发展与投入、统筹管理和教育监督。在加快发展现代职业教育的背景下,随着职业学校办学条件的改善和学校自主办学格局的形成,地方政府对本地区职业教育发展负有统筹协调及监管的责任。在职业教育发展方式由投入驱动向内涵发展的转变过程中,为了政府更好地履行教育职责,根据高等职业教育发展"以省为主"和中等职业教育发展"以县为主"的统筹管理体制,地方政府应加强统筹协调发展职业教育的责任、存在问题及改革进展的督导,督促政府围绕区域内职业教育的规模、结构、质量、效益统筹协调发展,强化职业教育宏观管理的目标评价,把握本地区职业教育发展的现状和问题,形成支持职业教育发展的政策措施和有利于发挥政府管理作用的体制、机制,促进政府改革创新和全面履行教育职责。

(一)地方政府发展职业教育的督导机构

目前,我国职业技术教育立法仅仅提出了发展各级各类职业技术教育的要求,然而,在教育经费主要依靠地方人民政府统筹的国情下,不同的省区市和地方在实施中会出现哪些情况?是否与法律的精神相一致?由于法律文本并没有对省区市、地方的信息反馈提出相应的要求,监督管理过程将会成为一种随意的行为,加之监督评估标准的缺乏,更使"人治大于法治"的现象时有发生。因此,创建中国职业技术教育立法的监督管理机制,使其成为法案文本的有机组成部分,将奠定其依法实施的基础。我国现行管理制度呈现出"金字塔"型,更加强调了地方政府部门建立职业教育督导机构的必要性。只有独立的管理部门才能做到有法可依和依法办事,让职业教育发展的相关工作得到妥善处理,达到政府部门对职业教育发展的支持与监督管理。其中建立独立性与专项性强的相关部门更加有助于职业教育的发展。第一,具有独立性的督导机构可以做到当紧急处理突发事件时灵活应对;第二,具有专项性的督导机构可以为相关工作者提供更专业权威的处理意见,做到"不耽误百姓的事情",这既体现政府部门的认知态度及专业性,也为职业教育发展解决实质问题;第三,具有独立性、专项性的督导部门可以展现政府部门对职业教育发展的重视,帮助职业教育相关工作部门、机构做好宣传,提高全民对职业教育的认识度,同时也可以为职业教育发展投资提供保障,促进职业教育发展。要在

各级教育督导机构内增加职业教育督导评估的职能,具体包括建立职业教育督导评估制度,制定职业学校办学条件评估和职业教育教学水平评估标准。各级职业教育督导评估机构对下级政府的职业教育工作、下级职业教育行政部门和职业学校进行监督、检查、评估、指导,保证职业教育有关政策法规的贯彻执行和职业教育目标的实现。该机构的组成除了政府部门的人员之外,还应包括行业、企业(用人单位)、学校、教师以及社会有关方面的代表,通过广泛的代表性发挥对职业教育的社会监督和导向作用。

(二)地方政府发展职业教育的督导规章

第一,开展对区域职业教育统筹协调发展的督导。一方面是监督政府依法履行发展职业教育的职责,另一方面是通过督导促进区域内职业教育的规模、结构、质量、效益协调发展,提高职业教育发展水平。具体应以职责权益机制的制度建设为抓手,以经费保障、发展规划、政策协同、权益落实、办学条件、发展绩效为重点内容,评价和监督下级政府发展职业教育及贯彻落实国家相关政策法规的情况,直至问责;提高地方政府的职业教育统筹协调能力,加强政府对职业教育的宏观管理和间接管理,促进管、办、评各司其职。通过加强区域职业教育统筹协调发展的督导,指导地方政府履行教育职责,提高职业教育发展水平。

第二,强化政府的监管责任。政府是教育督导主体,教育督导机构在本级政府领导下独立开展职业教育督导工作,职业教育督导成效与政府承担的监管责任有直接的关系。为改变当前基层职业教育督导薄弱和不受重视的局面,应强化政府的监管作用和责任,将职业教育督导的目标与任务纳入地方政府教育职责评价体系当中,强化分级督导的纵向连接关系,逐级推动职业教育督导工作的有效开展。政府要通过督学的方式切实加强对职业学校的办学条件、办学质量和办学效益的监管。事实上,加强区域职业教育统筹协调发展的督导,可以在一定程度上强化政府的监管责任。在改进政府职业教育工作的督导框架下,有必要强化政府的监管责任。现今社会是“法治社会”,任何事情都必须秉承“有法可依,依法行事”的法治理念。职业教育的发展作为社会新型工业化的强力后盾,其“有法可依,依法行事”的重要性显得尤为重要。其一,地方政府应对当地职业教育发展的疑难杂症进行调研、考察,找准症状以便后续对症下药;其二,地方政府应贯彻落实相关职业教育发展的法律法规,在法律法规适用范围内进行创新和细化;其三,地方政府应建立相关奖惩机制,对促进职业教育发展的人、部门、单位给予表彰鼓励,对损坏职业教育发展成果或因故导致职业教育发展计划失败的相关负责人给予批评、惩戒,为当地职业教育发展提供一个良好的发展环境;其四,职业教育是顺应社会发展的社会产物,其灵活多变性决定了管理部门不能够以传统的管理方式进行管理,而是要具备灵活性和强有力的应对能力,具有相关的谏言纳策机制以帮助督导部门创新工作方式。

（三）地方政府发展职业教育的督导运行

第一,根据"保基本、促公共"的原则,督促和指导下级政府建立起包含行业企业社会责任的职业教育公共政策管理目标,并对完成目标的情况实施督查、问责和公告,提高政府公共治理和对职业教育公共事务的管理能力,回应公众和社会需求,优化职业教育发展环境。

第二,通过政府加强行业企业监督。行业企业是生产活动的主体,也是支持职业教育发展的重要力量和关键的环境要素。政府要通过购买服务的契约方式和市场机制促进行业企业参与职业教育活动,发挥企业重要办学主体作用。根据企业落地或属地原则,建立政府对国有大中型企业履行职业教育社会责任的契约监督制度,教育督导机构代表政府对本行政区域内有关行业企业涉及职业教育的社会责任、提供相应教育服务等事项进行督查和总体评估,保证国家相关政策法规的贯彻落实。通过政府加强行业企业监督是考察政府的职业教育公共事务管理职责和政府对行业企业实施契约督导的需要,具有政府执法的法律依据。建立地方政府统筹管理社会,积极参与职业教育的体制和机制,关键在于对职业教育公共政策的管理以及通过政府加强行业企业监督。

从社会发展需要、学校输送人才、企业聘用人才的情况可知,职业教育的发展需要学校、企业的配合。学校方面由完善教师、教学体制、人才培养方案等要素组成。一是需要具备理论与实践双通的"双师型"教师,既能够站三尺讲台,也能够上阵实操。二是从事职业教育教学工作的相关教师,应满足现代职业教育需求,为受教育者提供货真价实的专业知识与技术技能学习。三是需要政府加强培训"双师型"教师,一方面要靠"外引",地方政府要采取措施吸引人才,如制定相关的优惠政策,在工作调动、工资待遇、户口政策等方面采取适宜的政策,吸引并留住外来"双师型"职业教育的师资力量;另一方面是通过自给自足,将好的资源留给当地社会,如通过职业学校对自己师资人才的培养,不断提高职业教育教师的职业技能素质。四是职业教育的学校教育教学工作的完善也尤为重要,需要根据社会人才需求制定相关教育教学活动,促进受教育者学习到相关理论知识,创造实践操作机会,帮助受教育者将理论与实践相结合,实现学以致用、会学会用的新型社会工业化发展要求,不让受教育者死读书、读死书,使教育教学工作真实有效,能够为社会培养适用的人才并为社会带来切实有效的经济效益。五是在人才培养方案中,应该多提供学习观摩的机会,帮助受教育者长见识,在已有知识经验的基础上开阔眼界,活跃思想,培养具有创新创造力的新社会需求人才,为社会创造更大的效益。

四、实施职业教育科学发展的动态管理监测

动态管理是指政府在对职业教育实施科学发展进行调控管理过程中,通过对职业教育发展的外部环境、影响因素的预测和内部职业教育发展已取得成果相关数据的分析,对发展策略、管理手段进行适时调整和对现行计划进行修改和补充的一种管理模式。也就是说,政府部门要根据职业教育发展内外部环境的变化及时调整管理思路,在管理上要快速适应环境的不断变化。检测是指政府部门对现行的管理工作实施实时检测,促进管理的实时性与灵活性,紧跟社会发展需求,为职业教育的发展提供良好的发展环境。因此,职业教育科学发展的管理工作需要政府部门实施好完善的动态管理监测政策,为职业教育的科学发展保驾护航,满足社会与市场的需求。

(一)职业教育治理能力的动态管理监测

职业教育管理制度是在新型工业化的发展中,调节各职业教育活动主体的一系列管理制度的总和。政府作为实施管理规则的管理者,其治理能力与各级地方政府之间、政府与职业学校之间以及各级各类职业学校之间的职责紧密相连,以职业教育发展进程中的"条块分割"①为例,其中"块"是指各行业主办的职业教育,"条"是指各级政府主办的职业教育;在职业教育发展运行的程序和过程中,政府部门对招生、课程与教学、实习等工作的治理能力都将影响到当地职业教育发展的科学性。

职业教育活动的行为主体可大致分为组织机构(团体)和个人(家庭)两类,其中组织机构(团体)主要有各级政府、职业学校及与职业教育有关的企事业单位、非政府组织(人民团体)等;个人(家庭),也就是职业教育发展的外部因素,主要包括教师、受教育者、家长等。个人(家庭)的活动和他们之间的互动构成了社会职业教育活动的全部,而这些活动的顺利进行需要有一定的规则来约束,需要相应的部门与人力去实施有效的规则,这就是我们说的管理制度与治理能力。掌握好了组织机构(团体)与个人(家庭)两个内外因素,再基

---

① 庄西真.地方政府职业教育管理制度创新分析[J].河北师范大学学报(教育科学版),2008(5):95.

于职业教育管理制度的作用范围,职业教育制度可区分为全国性(比如宪法、职业教育法)和地方性(比如各种教育条例、规章等)两种。政府部门通过掌控地方性的职业教育制度,才能充分发挥管理者的治理能力,使之基于本土文化,引进创新方法,帮助当地职业教育科学发展规划的正常实施。

(二)职业教育发展质量的动态管理监测

职业教育发展的宗旨是为现代新型工业化社会输送高技术人员,教育的质量需要政府部门做好把控,与相关职业学校做好培养计划,确保人才培养方案的有效性和效益性。

教育的目的在于提供人才与引发受教育者行为的改变,传统评价学习结果的方式是"考试"检验制。普通教育的考试检验制度,主要目的是检查、巩固、评价学习结果。职业教育的考试制度,同样是检验职业教育质量的手段。但是,与普通教育成果不同的是,职业能力作为受教育者职业教育的学习成果,在其形成与提升过程中不可通过单纯的考试来检验。评价不仅是职业教育学校对受教育者能力培养过程的延续,同时也是对受教育者学习成果的检验。考试内容及形式既要满足职业教育就业的功利性要求,又要实现在教育大前提下以人为本的素质教育目标。职业教育学校的人才培养,与社会发展和市场经济有着密切关系,对受教育者职业能力的评价问题,就是政府部门对职业教育内部的职业能力测评和社会、企业等外部因素对受教育者职业能力的认证。为达到这一目标,首先,在概念上,要厘清普通教育与职业教育的"考试制度""测评方式"以及"认证目标"的含义,然后提出对职业教育学校和受教育者职业能力测评的规则、制度和方法,进而站在国际发展大环境背景下,参考不同国家、地区职业能力认证的现行制度,从符合我国国情与地方文化差异的社会因素基础上,提出符合当地的职业能力认证的制度设计。

(三)职业教育发展规模的动态管理监测

社会新型工业化发展呈现出多行齐头并进的局面,职业教育发展涉及的行业、发展深度与规模将决定该行业的人才资源是否能够满足市场需求。这要求政府部门对当地职业教育法的调研和宏观监控要有明确的目标和方向。目标是指当地职业教育发展中可发展项目涉及的行业。抓住发展目标相当于掌控了社会外部因素,可以对该行业做更深入的了解,从而掌握该行业现行发展价值,即掌握内部数据,为政府部门提供动态管理的监测提供条件。方向是指政府部门所了解的可发展项目的发展前景是多大,能够为当地经济发展带来多少效益,这相当于掌握动态管理监测内部数据因素;同时,能够得到社会与国家的哪些政策支持等外部数据因素也需要掌握。结合目标动态管理监测条件,政府部门可制定出该行业职业教育发展的可视化发展规模,从而制定出合理的发展计划,使得职业教育发展规模最大化与最具效益化,进而为社会输送合格人才并为社会带来合理的经济效益。

（四）职业教育公平发展的动态管理监测

职业教育是在社会发展大前提下产生的,必然会携带社会性症状,再加上政府部门管理缺失,以及社会性多变因素的影响,职业教育发展很容易携带社会性常见问题,比如职业教育发展公平性的缺失。

教育的目的是保障受教育者得到应有的受教育权。职业教育的发展更要保障受教育者获取受教育权的机会,完善普通教育活动所不能兼顾的技能、专业能力的部分,帮助国民提高受教育程度。因此要想实现职业教育发展的公平性,可以围绕以下几点进行实施。第一,制定有利于当地职业教育发展的政策、法规。政策法规是政府部门行事的标准,也是相关职业教育机构、个人规范自身行为标准的准则。第二,建立起以政府财政拨款为基础的多元化职业教育投资机制。创新与创造都需要生产成本,政府部门提供了生产成本的支持,为相关参与职业教育发展的机构、个人提供支持,应着力避免市场垄断现象,营造市场与职业教育发展齐头并进的良好发展环境,促进职业教育发展的优胜劣汰,提高职业教育发展的专业性和有效性。第三,建立职业教育的宏观调控体系,不断提高管理水平。各级政府管理部门要高度重视、协调配合,积极关心和支持职业教育的发展;构思健全当地职业教育宣传制度,加强职业教育招生宣传,制定、健全招生秩序和招生行为规则,全面提高全社会、人民对职业教育的认识,形成社会关心和支持职业教育发展的强大动力;充分利用国家对职业教育发展的税收优惠政策及地方招商引资优惠政策的吸引力,吸引社会（企业、民间资本及外资）参与职业教育学校、机构的建设,站在全面发展的基础上积极营造公办、民办院校平等竞争机制,创建共同发展的良好发展环境。

参考文献

文件类

［1］国家中长期教育改革和发展规划纲要（2010—2020 年）［EB/OL］. http://www. gov. cn/jrzg/2010-07/29/content_1667143. htm.

［2］国家教育督导报告：关注中等职业教育［EB/OL］. http:// www. jyb. cn/info/jyzck/201107/t20110705_440904. html.

［3］高等职业教育创新发展行动计划［EB/OL］. http://www. moe. edu. cn/srcsite/ A07/moe_737/s3876b_cxfz/201511/t20151102_216985. html.

［4］国务院关于加快发展现代职业教育的决定［EB/OL］. http://www. gov. cn/zhengce/content/2014-06/22/content_8901. htm.

［5］面向 21 世纪教育振兴行动计划［EB/OL］. http:// baike. baidu. com/view/486181. htm.

［6］中共中央关于推进农村改革发展若干重大问题的决定［EB/OL］. http://news. xinhuanet. com/newscenter/2008-10/19/content_10218932. html.

［7］Vocational education and training（VET）and the national training system［EB/OL］. http://sw. mca. gov. cn/article/ywljczqhsqjs/xzjs/zcwg/201512/20151200878578. shtml.

［8］联合国千禧发展目标：The UN Millennium Development Goals（MDGs）［EB/OL］. http://www. un. org/Zh/millenniumgoals/.

［9］UNESCO-UNEVOC. Orienting Technical and Vocational Education and Training for Sustainable Development［Z］. Bonn,2006.

［10］教育部关于印发《依法治教实施纲要（2016—2020 年）》的通知（教政法〔2016〕1 号）［Z］.

［11］山东省教育厅. 关于开展教育经费管理年活动　进一步用好管好教育经费的通知（〔2013〕51 号）［Z］.

著作类

[1]Dewey. *Social Change，Natural Science*[M]. Dewey Research Center Documentary,1982(7):203-391.

[2]Connell H, Lowe N, Skilbeck M, et al. *The Vocational Quest：New Directions in Education and Training*[M]. London：Routledge,2002.

[3] Dewey J. *Democracy and Education* [M]. New York：The Free Press,1916.

[4]Giroux H. Introduction[M]//P Freire. *The Politics of Education：Culture,Power and Liberation*. Boston：Bergin & Garvey,1985.

[5]Gordon R H, Li W. Provincial and local governments in China：Fiscal institutions and government behavior[C]// Fan and Molck. *Capitalizing China*. University of Chicago Press,2013：337-369.

[6]Moynagh M,Worsley R. *Learning from the Future：Scenarios for Post-16 Learning*[M]. Learning and Skills Research Centre,2003.

[7][美]道格拉斯·C.诺斯. 制度、制度变迁与经济绩效[M]. 刘守英,译. 上海：上海三联书店,1994.

[8][美]乔治·马丁内斯－维斯奎泽,弗朗索瓦·瓦利恩考特. 区域发展的公共政策[M].安虎森,等,译. 北京：经济科学出版社,2013.

[9][美]弗朗西斯·斯图克斯·贝瑞,威廉·D.贝瑞. 政策研究中的创新和传播模型[C]//保罗·A.萨巴蒂尔. 政策过程理论. 彭宗超,钟开斌,等,译. 北京：生活.读书.新知三联书店,1999.

[10]李习彬,李亚. 政府管理创新与系统思想[M]. 北京：北京大学出版社,2002.

[11]俞可平.地方政府创新与善治:案例研究[M].北京:社会科学文献出版社,2003.

[12]钱民辉. 职业教育与社会发展研究[M]. 哈尔滨:黑龙江教育出版社,1999.

[13]石伟平. 中国职业教育发展报告2011[M]. 上海:华东师范大学出版社,2013.

[14]黄尧.学历证书与职业资格证书相互转换的理论与实践研究[M].北京:高等教育出版社,2007.

[15]朱新生,闫智勇.中等和高等职业教育有效衔接机制研究[M].南京:江苏教育出版社,2014.

[16]庄西真.区域职业教育发展模式创新的案例研究[M].苏州:苏州大学出版社,2013.

[17]江庆翘.职业教育的实践与思考[M].北京:兵器工业出版社,2005.

[18]钱民辉.职业教育与社会发展研究[M].哈尔滨:黑龙江教育出版社,1999.

[19]杨国祥,丁钢.高等职业教育发展的战略与实践[M].北京:机械工业出版社,2006.

[20]吴雪萍.国际职业技术教育研究[M].杭州:浙江大学出版社,2004.

[21]劳平,王则柯.市场经济与政府责任[M].北京:中国经济出版社,1999.

[22]傅明贤,张怀平.市场经济与政府职能及机构设置[M].武汉:湖北人民出版社,1997.

[23]李平,侯保疆.县级市政府职能转变问题研究[M].北京:当代中国出版社,2000.

[24][美]约瑟夫·E.斯蒂格利茨.政府为什么干预经济:政府在市场经济中的角色[M].北京:中国物资出版社,1998.

[25]徐滇庆,李瑞.政府与经济发展[M].北京:中国经济出版社,1996.

[26]叶维钧,潘小娟.中国县级政府机构改革[M].北京:社会科学文献出版社,1996.

[27]毛寿龙.中国政府功能的经济分析[M].北京:中国广播电视出版社,1996.

[28]刘丹,傅治平,曹山河,等.政府行为论:市场经济条件下政府功能研究[M].长沙:湖南人民出版社,1998.

[29]李文良.中国政府职能转变问题报告[M].北京:中国发展出版社,2003.

[30][美]萨缪尔森,诺德豪斯.经济学[M].高鸿业,等,译.北京:中国发展出版社,1992.

[31]V.奥斯特罗姆,D.菲尼,H.皮希特.制度分析与发展的反思:问题与抉择[M].北京:商务印书馆,1992.

[32]周金堂.国家背景下的工业化与县域经济发展[M].北京:经济管理出版社,2005.

论文类

［1］Wall G I. The concept of vocational education ［J］. *Journal of Philosophy of Education*,1968(1).

［2］陈拥贤. 对职业教育概念的探讨［J］. 职教论坛,2004(31).

［3］彭干梓,夏金星. "职业教育"概念与功能的历史观［J］. 职业技术教育,2004(28).

［4］Samuelson P A. The pure theory of public expenditure ［J］. *The Review of Economics and Statistics*,1954,36(4).

［5］Buchanan J M. An economic theory of clubs［J］. *Economica*,1965,32(125).

［6］董仁忠. 职业教育供给:在政府与市场之间的选择［J］. 教育学报,2009(5).

［7］Pollitt C. Justification by works or by faith? Evaluating the new public management［J］. *Evaluation*,1995(2).

［8］李云晖. 新公共管理理论对我国政府改革的启示［J］. 人民论坛,2011(14).

［9］詹福满,苗静. 有限政府理论的现代解读［J］. 法律科学,2005(3).

［10］Tiebout C M. A pure theory of local expenditures ［J］. *Journal of Political Economy*,1956,64(5):416-424.

［11］Levenson A R,Maloney W F. India-1998 Macro economic Update Reforminp for Grouth and Poverty Reduction ［R］. Washington D C:World Bank Country Study,1999.

［12］Cerny P G. Paradoxes of the competition state:The dynamics of political globalization ［J］. *Government and Opposition*,1997,32(2):251-274.

［13］Green A. The many faces of lifelong learning:Recent education policy trends in Europe［J］. *Journal of Education Policy*,2002,17(6):611-626.

［14］林宇. 准确把握和落实高等职业教育创新发展行动计划［J］. 中国职业技术教育,2016(4).

［15］苏敏. 我国职业教育经费投入的成绩、问题与政策建议［J］. 职教论坛,2013(25).

［16］Azariadis C,Drazen A. Threshold externalities in economic development ［J］. *The Quarterly Journal of Economics*,1990,105(2):501-526.

[17]Mitchell J,Clayton B,Hedberg J,et al. *Emerging Futures*：*Innovation in Teaching and Learning in VET*[C]. ANTA,2003：14.

[18]Brennan L. How prospective students choose universities：A buyer behaviour perspective[D]. Melbourne：The University of Melbourne, 2001.

[19]Moogan Y J, Baron S, Bainbridge S. Timings and trade-offs in the marketing of higher education courses：A conjoint approach [J]. *Marketing Intelligence & Planning*, 2001,19(3)：179-187.

[20]Pimpa N, Suwannapirom S. Thai students' choices of vocational education：Marketing factors and reference groups[J]. *Educational Research for Policy and Practice*,2008,7(2)：99-107.

[21]臧志军.职业教育国家制度的比较研究[J].职教论坛,2013(19):45-49.

[22]李菱菱.中等职业教育发展中的地方政府职能研究:以广西北海市为例[D].北京:中央民族大学,2015.

[23]Koo A. Expansion of vocational education in neoliberal China：Hope and despair among rural youth[J]. *Journal of Education Policy*,2016,31 (1)：46-59.

[24]龙勇.职业教育发展中的政府职能履行状况分析[D].重庆:西南财经大学,2013.

[25]李娟.中国中等职业教育发展中的政府职能分析[D].沈阳:东北大学,2009.

[26]Mitchell J, Chappell C, Bateman A, et al. Quality is the key：Critical issues in teaching,learning and assessment in vocational education and training [J]. *National Centre for Vocational Education Research*, 2006.

[27]付小庆.从适应性需求原则看我国职业教育设置出现的问题及建议[J].广东技术师范学院(社会科学版),2011(2).

[28]陈家刚.地方政府创新与治理变迁:中国地方政府创新案例的比较研究[J].公共管理学报,2004(4).

[29]谢庆奎.职能转变与政府创新[J].国家行政学院学报,2002(1).

[30]陈德茂.美国政府职能特点对我国县级政府职能转变的启示[J].成都行政学院学报,2002(7).

[31]刘小强,彭旭.体制、重心、学制、文化:影响当前我国高职教育发展的四个

问题[J].高等工程教育研究,2007(5).

[32]蒋和勇,张新平.对教育管理现代化概念及研究范式的反思[J].教育理论与实践,2003(7).

[33]吴红雨.经济非均衡状态下的地方政府职能[J].财经论坛,2003(4).

[34]杨明.珠江三角洲地方政府经济管理职能转换的理论与实践[J].新经济杂志,2005(6).

[35]付娟.转轨时期我国地方政府经济职能定位分析[J].科技情报开发与经济,2005(18).

[36]袁雪飞.优化地方政府经济职能的思考:由江苏"铁本"事件引起[J].探索,2005(1).

[37]周晓敏.地方政府职能转变与地区经济竞争力的提升[J].集团经济研究,2005(8).

[38]丁湘城.论地方政府在生态经济中的职能定位[J].中共四川省委党校学报,2005(2).

[39]李仙.中央与地方政府职能划分及对经济发展的影响[J].经济研究参考,2005(29).

[40]欧阳功林.县域经济发展与地方政府职能转换[J].统计与决策,2004(4).

[41]安筱鹏,冉晓丹.地方政府职能的演变与区域经济一体化[J].上海财经大学学报,2003(6).

[42]王安岭.县域经济发展与地方政府职能转变[J].苏州科技学院学报(社会科学版),2003(2).

[43]王晓峰.试论社会主义市场经济条件下我国地方政府的经济职能[J].广西大学学报(哲学社会科学版),2003(4).

[44]李兴江,李泉.西部地方政府经济职能定位[J].西部论丛,2002(8).

[45]任博.推导市场经济:地方政府的重要职能[J].行政论坛,2002(2).

[46]杨冬民,郑毅敏.试论地方政府在西部大开发中的经济职能[J].西南交通大学学报(社会科学版),2002(3).

[47]陈晓原.市场经济与中国地方政府的职能转型[J].上海行政学院学报,2002(3).

[48]许玲.地方政府行使经济管理职能中存在的问题及克服途径[J].呼伦贝尔学院学报,2002(6).

[49]李波.论加入WTO与完善地方政府的经济职能[J].创造,2002(8).

[50]臧旭恒,曲创.公共物品供给效率与地方政府经济职能[J].求是学刊,

2002(5).

[51]韩亚锋,任宗哲.地方政府经济职能和经济行为的思考[J].西北大学学报（哲学社会科学版）,2001(4).

[52]朱秦.西部大开发中地方政府经济职能分析[J].四川行政学院学报,2001(1).

[53]杨冬民,郑毅敏.试论地方政府在西部大开发中的经济职能[J].陕西经贸学院学报,2001(6).

[54]武巧珍.市场经济条件下的地方政府职能[J].生产力研究,2001(6).

[55]王萍.论地方政府管理市场经济职能的转变[J].山东审计,2000(7).

[56]唐启国.经济全球化与地方政府经济职能的转变[J].南京社会科学,2001(2).

[57]吴笛.市场经济条件下的地方政府经济职能定位[J].计划与市场,2001(4).

[58]宋岭,魏秀丽.地方政府经济职能转变与西部地区经济发展[J].中国软科,2001(11).

[59]梁丹.政府如何"入世":地方政府经济管理职能转变的主要措施探析[J].改革与理论,2001(11).

[60]武吉海.对地方政府经济职能转换的理性思考[J].新视野,2000(1).

[61]孙中才.论地方政府的经济职能[J].辽宁财税,2000(10).

[62]臧乃康.转轨时期地方政府经济职能及其效应评价[J].理论探讨,2000(4).

[63]李军杰.地方政府经济行为短期化的体制性根源:转变地方政府职能探讨之一[J].中国经贸导刊,2005(19).

[64]单维民.市场经济条件下政府职能定位与机构改革思路[J].黑龙江省社会主义学院学报,2005(3).

[65]包国宪.绩效评价推动地方政府职能转变的科学工具:甘肃省政府绩效评价活动的实践与理论思考[J].中国行政管理,2005(7).

[66]唐耀华,胡小坤.试论城镇化过程中地方政府职能的定位[J].桂海论丛,2005(6).

[67]全毅.强化政府公共服务,加快地方政府职能转型[J].福建论坛（人文社会科学版）,2005(12).

[68]王阳.论转型时期地方政府职能的转变[J].党政干部学刊,2005(12).

[69]李安泽.地方政府职能与地方财力研究[J].江西财经大学学报,2005(6).

[70]李军杰.转变地方政府职能需要体制突破:转变地方政府职能探讨之二[J].中国经贸导刊,2005(20).

[71]曹漫江,梁海燕.西部大开发中地方政府职能定位与角色转换探析[J].武汉船舶职业技术学院学报,2005(5).

[72]陈利昌.试论地方政府职能转变[J].农业经济,2005(9).

[73]苏祖安.发达国家地方政府职能研究及启示[J].理论月刊,2005(9).

[74]路小昆.西部区域科技创新与地方政府职能转变[J].科技创业月刊,2005(9).

[75]周晓敏.地方政府职能转变与地区经济竞争力的提升[J].集团经济研究,2005(8).

[76]刘凤辉.辽宁地方政府职能转变定位分析[J].辽宁经济,2005(4).

[77]刘福垣,谢茂林.区域竞争及其对地方政府职能行为的影响[J].江西社会科学,2005(5).

[78]熊英.论地方政府职能法定化[J].北京行政学院学报,2005(2).

[79]李仙.中央与地方政府职能划分及对经济发展的影响[J].经济研究参考,2005(29).

[80]刘琳娜.新型工业化道路与地方政府职能转变[J].经济体制改革,2005(1).

[81]徐容雅,廖亚辉.关于地方政府职能转变的几点探讨[J].哈尔滨学院学报,2004(10).

[82]田芝健.当代中国地方政府职能的配置与转变[J].行政论坛,2004(4).

[83]薄贵利.完善公共服务:地方政府职能转变的核心和重点[J].新视野,2004(5).

[84]贺青.略论中国东、西部地方政府职能差异[J].贵阳市委党校学报,2004(2).

[85]王宇波,张子刚.县级政府职能转变过程中的三大难题初析[J].湖北社会科学,2005(2).

[86]曾成贵,胡盛仪.县级政府职能怎样变[J].学习月刊,2003(10).

[87]陈德茂.美国政府职能特点对我国县级政府职能转变的启示[J].成都行政学院学报,2002(2).

[88]陈善沐.县级政府职能新模式的选择与构想[J].福州党校学报,2001(1).

[89]肖百冶.论县级政府职能转换的内涵、方向和着眼点[J].四川行政学院学报,2000(4).

[90]吴希宁.论我国县级政府经济职能的转变与实现[J].湖北民族学院学报（哲学社会科学版），1999(2)：83-89.

[91]马云波.试论地方政府职能的重新界定与转变[J].云南行政学院学报，2004(3).

[92]安筱鹏，冉晓丹.地方政府职能的演变与区域经济一体化[J].上海财经大学学报，2003(6).

[93]张中祥.从有限政府到有效政府：价值·过程·结果[J].南京社会科学，2001(3).

[94]吴松江，夏金星.职业教育和政府责任[J].职教论坛，2006(1).

[95]张力.中国职业教育发展的形势与政策重点[J].教育发展研究，2005(9).

[96]刘来泉.国际职业教育发展的主要趋势[J].教育与职业，2005(10).

[97]翟海魂.世界职业教育发展规律初探：一个历史的视角[J].河北师范大学学报（教育科学版），2006(2).

[98]四川省教育厅.强化政府责任 加大创新力度 努力促进职业教育的大发展[J].中国职业技术教育，2005(10)：5-7.

[99]郭国侠，向才毅，庞青.职业教育财政经费保障机制建设研究[J].中国职业技术教育，2012(12).

后 记

　　回首自己 1997 年 7 月从杭州大学教育系(现浙江大学教育学院)研究生毕业后的求学路,感慨万千、回味久远。从学校毕业后,我来到上海市教育科学研究院从事科研工作,一个偶然的机会,承担了《教育发展研究》杂志的编辑工作。在我看来,好的编辑要能够从大量稿件中识别和筛选出达到发表水平的作品,要做到这一点,编辑自身需要具有较高的专业研究水平。为了努力向一个好编辑的标准看齐,我开始聚焦所关注的研究领域。我怀着对知识的渴望,在更新观念、打开视野、了解外界的持久动力推动下,在老师和亲朋的鼓励、引导和帮扶下,把教育管理、职业教育研究作为研究的方向,坚持学习、悟得新知识。多年来,我在不同级别的期刊上发表了不少相关文章,2012 年,申报全国教育科学"十二五"规划 2012 年度教育部重点课题"地方政府履行发展职业教育职责的实证研究"(课题号 DJA120297)获得立项,本书也是在该课题基础上形成的。

　　在本书结束的时候,非常感谢学长们长期的鼓励和精心指导。我们每次相逢都会促膝长谈,在交流中,他们总是给予我正能量,使我更坚定学习的目标和动力,也让我知道,做一切事情既要切合实际,又要面向长远。从事编辑工作,有机会接触各领域的大咖,他们渊博的学识和满含睿智的学术思想使我少走了很多弯路,在潜移默化中增加了我今后走好学术道路的信心和决心。

　　感谢浙江大学教育学院方展画教授、吴雪萍教授,浙江现代职业教育研究中心王振洪教授对本书提出的极具价值的指导性意见;感谢浙江大学出版社宋旭华、蔡圆圆两位编辑老师对书稿的审阅和文字处理;感谢家人多年来的理解和包容。唯有不断努力前行,才能够对得起所有关心我、爱护我的亲人和朋友。

　　尽管书稿已基本完成,但依然存在需要修缮补充的地方,这是我今后继续努力的重点和方向。感谢浙江现代职业教育研究中心的出版资助,是大家的鼎力支持和友好帮助,使我能够全身心投入写作,唯有今后更好地工作,才是最好的回报。

翁伟斌

2018 年 3 月

图书在版编目（CIP）数据

地方政府履行发展职业教育职责研究 / 翁伟斌著
. —杭州：浙江大学出版社，2018.3
（现代职业教育研究前沿论丛/方展画，胡正明主编）
ISBN 978-7-308-18082-5

Ⅰ.①地… Ⅱ.①翁… Ⅲ.①职业教育-发展-研究
-中国 Ⅳ.①G719.2

中国版本图书馆 CIP 数据核字（2018）第 058290 号

地方政府履行发展职业教育职责研究

翁伟斌 著

责任编辑	蔡圆圆	
责任校对	杨利军　董齐琪	
封面设计	春天书装	
出版发行	浙江大学出版社	
	（杭州市天目山路 148 号　邮政编码 310007）	
	（网址：http://www.zjupress.com）	
排　　版	浙江时代出版服务有限公司	
印　　刷	杭州高腾印务有限公司	
开　　本	710mm×1000mm　1/16	
印　　张	14.75	
字　　数	257 千	
版 印 次	2018 年 3 月第 1 版　2018 年 3 月第 1 次印刷	
书　　号	ISBN 978-7-308-18082-5	
定　　价	45.00 元	